克羅埃西亞
斯洛維尼亞·蒙特內哥羅
Croatia · Slovenia · Montenegro
no.71

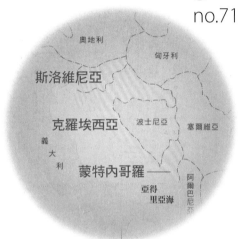

奧地利

匈牙利

斯洛維尼亞

克羅埃西亞　　　　波士尼亞　　塞爾維亞

義
大
利

蒙特內哥羅——

亞得
里亞海

阿爾巴尼亞

MOOK NEWAction

克羅埃西亞

斯洛維尼亞・蒙特內哥羅

Croatia・Slovenia Montenegro

本書所提供的各項可能變動性資訊,如交通、時間、價格(含票價)、地址、電話、網址,係以2023年4月前所收集的為準;特別提醒的是,COVID-19疫情期間這類資訊的變動幅度較大,正確內容請以當地即時標示的資訊為主。
如果你在旅行中發現資訊已更動,或是有任何內文或地圖需要修正的地方,歡迎隨時指正和批評。你可以透過下列方式告訴我們:
寫信:台北市104中山區民生東路二段141號9樓MOOK編輯部收
傳真:02-25007796
E-mail:mook_service@hmg.com.tw
FB粉絲團:「MOOK墨刻出版」www.facebook.com/travelmook

符號說明

📞 電話　📱 網址　⏱ 所需時間
📠 傳真　@ 電子信箱　📏 距離
🏠 地址　💳 信用卡　🚗 如何前往
🕐 時間　⚠ 注意事項　Ⓑ 市區交通
🈺 休日　🎖 營業項目　ℹ 旅遊諮詢
💲 價格　🎏 特色　Ⓗ 住宿

歡迎來到——
克羅埃西亞·斯洛維尼亞·蒙特內哥羅

諾貝爾文學獎得主蕭伯納以「在人間看見天堂」形容克羅埃西亞的杜布羅夫尼克，事實上，把這句讚美擴大至整個克羅埃西亞也不為過。歐洲是台灣人旅遊清單上的首選，克羅埃西亞則是歐洲人眼中最美麗的度假天堂，而鄰近的斯洛維尼亞和蒙特內哥羅，國土雖小，卻各自保有不可取代的獨特魅力。無論自然風光或人文歷史，亞得里亞海岸只會讓你有相見恨晚感慨。

夾處於東歐、西歐與南歐之間，多元民族文化在此交融，無論地形、氣候、建築或飲食都表現出獨特的混血風情。札格拉布和盧布里亞納有維也納的雍容大器，內陸的中世紀城堡古典樸拙、沿海古城呈現羅馬人的都市格局與威尼斯的文藝復興風；自然景觀上從阿爾卑斯山系的湖泊森林、喀斯特溶洞奇景、普列提維切湖層層疊疊的瀑布、湛藍海面上夢幻島嶼群到黑山驚險的懸崖公路，三

個國家串連綻放多樣風光，宛如一盒綜合巧克力，下一口總是充滿驚喜。

　　這本新版的《克羅埃西亞・斯洛維尼亞・蒙特內哥羅》，除了將三個國家分區做詳盡介紹外，更針對克、斯、蒙的國家特性整理出「精選行程」、「好味」、「好買」、「歷史」、「最佳旅行時刻」、「交通攻略」和「聰明旅行家」等單元，可協助讀者日後規劃一趟最適合自己的旅程。

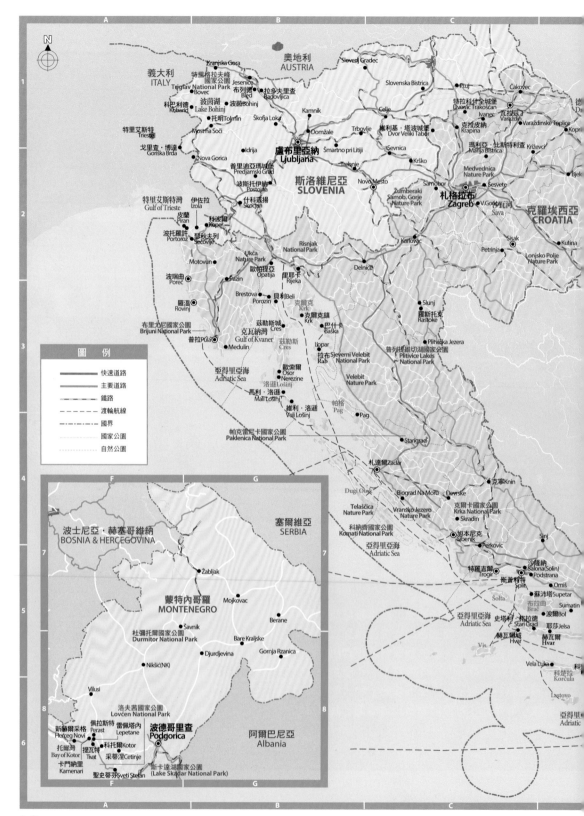

N

義大利
ITALY

奧地利
AUSTRIA

特里格拉夫峰
國家公園
Trglav National Park

Kranjska Gora

Slovenj Gradec

Slovenska Bistrica

Ptuj

Čakovec

特拉科什全城堡
Dvorac Trakošćan

瓦拉茲丁
Varaždin

Ivanec

克拉皮納
Krapina

瑪利亞·壯斯特利查
Marija Bistrica

Bovec

Jesenice

布列德
Bled

拉多夫里查
Radovljica

科巴利德
Kobarid

波茵湖
Lake Bohinj

波茵
Bohinj

Kamnik

Celje

維利基·塔波城堡
Dvor Veliki Tabor

Varaždinske Toplice

Kopri

特里艾斯特
Trieste

托明Tolmin

Mostna Soči

Škofja Loka

Domžale

Trbovlje

Sevnica

Krško

Medvednica
Nature Park

戈里查·博盧
Goriška Brda

Idrija

Šmartno pri Litiji

Trebnje

Samobor

札格拉布
Zagreb

Sesvete

Bjek

Nova Gorica

普里迪亞瑪城堡
Predjamski Grad

盧布里亞納
Ljubljana

斯洛維尼亞
SLOVENIA

Novo Mesto

Žumberak
Samob. Gorje
Nature Park

V.Gorica
薩瓦河
Sava

克羅埃西亞
CROATIA

波斯托伊納
Postojna

特里艾斯特灣
Gulf of Trieste

伊佐拉
Izola

什科添揚
Škocjan

Karlovac

Sisak

皮蘭
Piran

科波爾
Koper

Delnice

Petrinja

Lonjsko Polje
Nature Park

Kutina

波托羅許
Portoroz

瑟秋夫列
Secovlje

Motovun

Ukča
Nature Park

歐帕提亞
Opatija

里耶卡
Rijeka

波瑞曲
Poreč

Pazin

Brestova

Porozin

貝利Beli

Risnjak
National Park

克爾克
Krk

克爾克鎮
Krk

Slunj

羅斯托克
Rastoke

羅溫
Rovinj

茲勒斯城
Cres

巴什卡
Baška

布里尤尼國家公園
Brijuni National Park

普拉Pula

Medulin

克瓦納灣
Gulf of Kvaner

茲勒斯
Cres

Lopar

拉布
Rab

北維利比特國家公園
Sjeverni Velebit
National Park

普利特維切切湖國國家公園
Plitvice Lakes
National Park

Plitvička Jezera

亞得里亞海
Adriatic Sea

歐索爾
Osor
Nerezine

Velebit
Nature Park

馬利·洛遜
Mali Lošinj

維利·洛遜
Veli Lošinj

帕格
Pag

Pag

Starigrad

札達爾Zadar

Dugi Oisk

Biograd Na Moru

Benkovac

克寧Knin

科納齊國家公園
Komati National Park

Telašćica
Nature Park

Vransko Jezero
Nature Park

克爾卡國家公園
Krka National Park

Skradin

旭本尼克
Šibenik

Perkovic

Sinj

特羅吉爾
Trogir

斯普利特
Split

沙隆納
Salona(Solin)

Podstrana

Omiš

蘇沛塔Supetar

Solta

布拉曲
Brac

Sumatin

波爾Bol

亞得里亞海
Adriatic Sea

史塔利·格拉德
Stari Grad

耶莎Jelsa

赫瓦爾城
Hvar

赫瓦爾
Hvar

Vis

Vela Luka

科楚拉
Korčula

Lastovo

亞得里
Adriatic

塞爾維亞
SERBIA

波士尼亞·赫塞哥維納
BOSNIA & HERCEGOVINA

Žabljak

蒙特內哥羅
MONTENEGRO

Mojkovac

Berane

杜彌托爾國家公園
Durmitor National Park

Savnik

Bare Kraljske

Gornja Rzanica

Djurdjevina

Nikšić(NK)

Vilusi

洛夫茜國家公園
Lovćen National Park

波德哥里查
Podgorica

阿爾巴尼亞
Albania

新赫爾采格
Herceg Novi

佩拉斯特
Perast

雷佩塔內
Lepetane

托爾灣
Bay of Kotor

提瓦特
Tivat

科托爾
Kotor

采蒂涅Cetinje

卡門納里
Kamenari

聖史蒂芬Sveti Stefan

斯卡達湖國家公園
(Lake Skadar National Park)

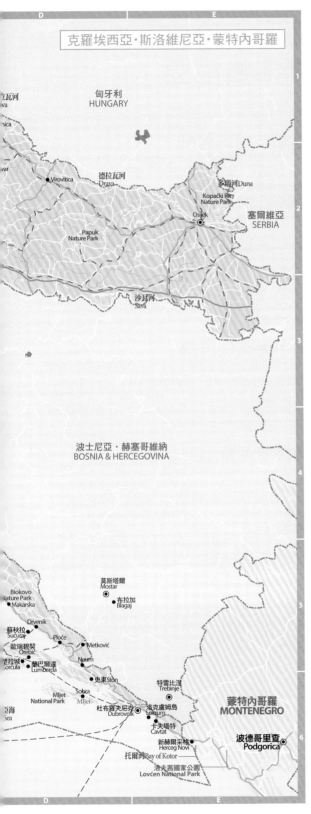

匈牙利
HUNGARY

德拉瓦河
Drava

多瑙河 Duna

Virovitica

Kopački Rit
Nature Park

塞爾維亞
SERBIA

Osijek

Papuk
Nature Park

沙瓦河
Sava

波士尼亞・赫塞哥維納
BOSNIA & HERCEGOVINA

莫斯塔爾
Mostar

布拉加
Blagaj

Biokovo
Nature Park
Makarska

Drvenik

蘇秋拉
Sucuraj

Ploče

歐瑞碧契
Orebič

Metković

Naum

洛拉城
Korčula

蘭巴爾達
Lumbarda

史東 Ston

Sobra

特雷比涅
Trebinje

Mljet
National Park
Mljet

杜布羅夫尼克
Dubrovnik

洛克盧姆島
Lokrum

亞海
Sea

卡夫塔特
Cavtat

蒙特內哥羅
MONTENEGRO

新赫爾采格
Herceg Novi

托爾灣 Bay of Kotor

波德哥里查
Podgorica

洛夫茜國家公園
Lovćen National Park

必去克羅埃西亞·斯洛維尼亞 蒙特內哥羅理由

喀斯特地形蒐奇

科托爾峽灣寫下陸地與海洋最美的相遇；什科茲揚溶洞堪稱喀斯特經典級教材，波斯托伊納的溶洞規模稱霸全歐洲，百萬年歲月塑造奇幻地底世界；普列提維切湖、克爾卡國家公園以水、石灰岩和植物共同繪千姿萬態，怎麼看也不膩。走進鬼斧神工的喀斯特地貌，除了驚嘆，還是驚嘆！

千年古城巡禮

在亞得里亞海漫長的海岸線上佇立著許多古老城鎮，由北而南包括斯洛維尼亞的皮蘭和克羅埃西亞的波瑞曲、普拉、札達爾、旭本尼克、斯普利特、特羅吉爾、杜布羅夫尼克等。成片的紅屋瓦灰白牆被湛藍大海環抱，教堂和城牆堡壘隨處可見，形成海岸獨特的風景明信片。

地中海美味嚐鮮

亞得里亞海是地中海最潔淨的海域之一，海鮮品質極佳，魚蝦貝類的烹調方式講求簡單，可以吃到原汁原味，受了義大利影響，海鮮燉飯也很流行。別忘了試試地區限定美食，達爾馬齊亞燻火腿搭配帕格島羊乳酪、十六湖烤鱒魚最鮮美，完美的句點少不了布列德奶油蛋糕和金牌獎紅酒。

閱讀東南歐混血建築

在拜占庭式的優弗拉休斯教堂欣賞黃金鑲嵌畫，進入普拉圓形競技場讚嘆羅馬人建築，攀爬威尼斯人建造的科托爾城牆，欣賞旭本尼克文藝復興式的聖雅各大教堂。從羅馬、拜占庭、文藝復興走到新古典和新藝術，古典中歐與浪漫南歐在此交會，留下各式精彩印記。

深入在地體驗

開車勇闖黑山髮夾彎驚險公路，到托明峽谷和索查河泛舟，搭渡輪享受亞得里亞海跳島之旅，讓船伕划著搖櫓渡船帶你漫遊布列德湖，走進朱利安·阿爾卑斯山脈享受森林芬多精。解放感官與肢體，深度體驗不一樣的旅行。

徜徉多姿島嶼

在春末夏初拜訪訪滿山薰衣草的赫瓦爾島；航向科楚拉島聆聽馬可波羅的身世之謎，欣賞傳統劍舞；品嘗帕格島的羊乳酪、收藏精湛的蕾絲手工藝；漫步洛遜島感受威尼斯風情、茲勒斯島拜訪歐亞禿鷹。亞得里亞海的千島故事，等你來探尋。

旅行計畫
Plan Your Trip

Top Highlights of Croatia, Slovenia & Montenegro
克羅埃西亞・斯洛維尼亞・蒙特內哥羅之最

文●李曉萍・墨刻編輯室　攝影●周治平・林志恆

杜布羅夫尼克
Dubrovnik

　　這是亞得里亞海沿岸最受歡迎的城市，也是克羅埃西亞知名度最高的世界遺產，坐落在海岸南端的石灰岩脊上，強大厚實的米白色城牆包圍著鱗次櫛比的紅色磚瓦，湛藍的亞得里亞海三面環抱，彷彿落在海面的巨大貝殼。儘管經歷毀滅性大地震、與塞爾維亞的武力衝突，古老城市面貌仍完整的保留下來，得到「斯拉夫的雅典」稱號。(P.172)

最具知名度國家公園
The Most Famous National Park

普列提維切湖國家公園／達爾馬齊亞北部／克羅埃西亞
Plitvička Jezera／Northern Dalmatia／Croatia(P.127)

克爾卡國家公園／達爾馬齊亞北部／克羅埃西亞
Krka Nacionalni Park／Northern Dalmatia／Croatia(P.140)

普列提維切湖國家公園
Nacionalni Park Plitvička Jezera

　　普列提維切湖的照片常常榮登克羅埃西亞旅遊介紹的封面景點，為喀斯特地形的代表作。其可貴之處在於從石灰岩地表就能看到溶蝕作用，以及石灰華(travertine)多孔岩石如何與藻類、苔蘚和植物交互生長，形成特殊卻十分敏感的生態體系。春季水量豐盈、夏季蓊鬱蒼翠、秋季滿山楓紅、冬季白雪皚皚，一年四季呈現萬千姿態。(P.127)

洛夫茜國家公園／蒙特內哥羅內陸地區／蒙特內哥羅
Lovćen National Park／The Montenegro Interior／Montenegro(P.283)

科納齊群島國家公園／達爾馬齊亞北部／克羅埃西亞
Kornati Islands／Northern Dalmatia／Croatia(P.125)

特里格拉夫峰國家公園／朱利安阿爾卑斯山區／斯洛維尼亞
Triglavski Narodni Park／Julian Alps／Slovenia(P.240)

喀斯特溶洞奇景
Karst Caves in Postojna & Škocjan

　　斯洛維尼亞擁有兩個舉世聞名的喀斯特地貌，一為波斯托伊納，另一個是什科茲揚溶洞。波斯托伊納的洞穴系統為歐洲最大、全球第二，加上交通便利，因此遊客最多。什科茲揚溶洞較為偏遠，開發度甚低，在科學研究上享有崇高地位，已被列入世界遺產。(P.222、226)

最具特色教堂
The Most Special Churches

聖雅各大教堂，旭本尼克／達爾馬齊亞北部／克羅埃西亞
Katedrala Svetog Jakova，Šibenik／Northern Dalmatia／Croatia(P.136)

優弗拉休斯大教堂，波瑞曲／伊斯特利亞半島／克羅埃西亞
Eufrazijeve Bazilike，Poreč／Istria Peninsula／Croatia(P.106)

探訪古羅馬遺蹟
Visiting Roman Monuments

亞得里亞海沿岸的許多城市曾經被羅馬人統治過，因此留下不少羅馬時代的遺址。其中，普拉的圓形競技場是全球僅存6座大型競技場之一，以當地的石灰岩打造，完成於西元1世紀。位於斯普利特、專為羅馬皇帝戴克里先所打造的皇宮，涵蓋了城門、高塔、神殿、教堂、陵寢、商店等設計，其規模宛如一座城市，早已列入世界遺產。(P.100、148)

聖佛羅倫斯大教堂，特吉羅爾／達爾馬齊亞中部／克羅埃西亞
Katedrala Svetog Lovre，Trogir／Central Dalmatia／Croatia(P.159)

聖母升天大教堂，札格拉布／克羅埃西亞內陸／克羅埃西亞
Katedrala Marijina Uznešenja，Zagreb／The Croatian Interior／Croatia(P.73)

方濟會修道院，杜布羅夫尼克／達爾馬齊亞南部／克羅埃西亞
Franjevačkog Samostana，Dubrovnik／Southern Dalmatia／Croatia(P.179)

赫瓦爾島
Hvar Island

也許是上帝眷顧，赫瓦爾島的薰衣草長得特別好。尤其春末夏初的收成時節造訪，空氣中飄著薰衣草香，薰衣草田景致也堪稱一絕，曾被票選為全球10大美麗島嶼。往島上的史塔利‧格拉德平原走去，一大片以石牆為界切割出的幾何形古老農耕地，連同石砌小屋和集水系統等建設，成為解說古希臘農業系統的最佳範例，極具文化價值。(P.166)

最美古城
The Most Beautiful
Old Town

札達爾／達爾馬齊亞北部／克羅埃西亞
Zadar／Northern Dalmatia／Croatia(P.121)

旭本尼克／達爾馬齊亞北部／克羅埃西亞
Šibenik／Northern Dalmatia／Croatia(P.133)

朱利安・阿爾卑斯山區
Julian Alps

廣袤山區覆蓋濃密幽深的森林，水晶藍、翡翠綠的高山湖泊鑲嵌其間，湍急流水在石灰岩地表切出深谷，蕾絲般細密的健行道迤邐蜿蜒，偶爾點綴著滑雪度假村、小木屋，及聳立的巴洛克式教堂。無論是深入特里格拉夫國家公園，朝聖斯洛維尼亞最高峰，或是留在布列德湖和波茵湖畔，爬山、健行、滑雪、划船、泛舟等數不清的戶外活動，讓你感受最原始的自然。
(P.227)

旭本尼克聖雅各大教堂
Katedrala Svetog Jakova in Šibenik

旭本尼克原是默默無聞的小城，居民們為了讓自己所住的城市能與達爾馬齊亞其他的歷史名城並駕齊驅，於是興起了建築教堂的念頭。大教堂完全以布拉曲島的白石打造，沒有用到一塊磚或木頭來支撐。從政府、議會、主教、建築大師到全體居民，上下一心，經過一個多世紀的努力，聖雅各大教堂的成就已經遠遠超越當年的夢想，這一座不朽的傑作在2000年列入世界文化遺產保護。(P.136)

科托爾與科托爾灣公路
Kotor & Boka Kotorska

這座古城位於科托爾灣深處，彷彿被時空膠囊封印，1979年就納入世界遺產保護行列，長城般的城牆盤踞黑山，不同宗教與文化在此融合。沿著公路向外探索，地中海唯一的峽灣地形壯闊展開，一座座鋸齒狀山脈陡直插入海水中，上面點綴著如鈕釦般的歷史古城，難怪英國詩人拜倫於1872年造訪後，發出讚嘆：「陸地與海洋最美的相遇！」(P.265、272)

最美麗島嶼
The Most Beautiful Islands

赫瓦爾島／達爾馬齊亞中部／克羅埃西亞
Hvar Island／Central Dalmatia／Croatia(P.166)

布拉曲島／達爾馬齊亞中部／克羅埃西亞
Brač Island／Central Dalmatia／Croatia(P.164)

微醺葡萄酒鄉
Wine Region in Slovenia

索查河谷（Soča Valley）南端與義大利接壤，受到地中海陽光的眷顧，年日照長達2900個小時，再加上葡萄樹最喜愛的泥灰土和砂岩土壤，造就了斯洛維尼亞最大的酒鄉。葡萄園沿著戈理查‧博達（Goriška Brda）連綿起伏的山丘層層展開，葡萄酒莊的紅屋瓦點綴其間，空氣中似乎也彌漫著馥郁醇香。(P.244)

科楚拉島／達爾馬齊亞南部／克羅埃西亞
Korčula Island／Southern Dalmatia／Croatia(P.190)

洛遜島／克瓦納灣區／克羅埃西亞
Lošinj Island／Kvaner Gulf／Croatia(P.116)

布列德島／朱利安‧阿爾卑斯山區／斯洛維尼亞
Bled Island／Julian Alps／Slovenia(P.231)

特羅吉爾
Trogir

　　小小一座「島城」彷彿露天博物館，從希臘羅馬的城市布局、中世紀防禦城堡、仿羅馬式教堂，到威尼斯哥德式及巴洛克風格建築，保存完好，被評列為世界遺產城市。城中最精彩的就是威尼斯式的聖羅倫斯大教堂，起建於1193年，透過多位藝術大師之手，歷經兩個世紀才打造完工。(P.157)

最佳博物館和美術館
**The Best Museums &
Art Galleries**

考古博物館，札格拉布／克羅埃西亞內陸／克羅埃西亞
Arheološki Muzej, Zagreb／The Croatian Interior／Croatia(P.83)

米馬拉博物館，／克羅埃西亞內陸／克羅埃西亞
Muzej Mimara, Zagreb／The Croatian Interior／Croatia(P.84)

尋找中世紀深山古堡
Castles in Hrvatsko Zagorje

在克羅埃西亞瓦拉茲丁西北內陸的山頭之間(Hrvatsko Zagorje區域)，隱藏著許多中世紀城堡，當初都是為了防範鄂圖曼土耳其入侵而建造，如今成了獨特的觀光景點。尤其交通甚為偏遠的維利基·塔波城堡，造型古典樸拙，散發神秘魅力，遠遠望去，彷彿美麗風景畫。(P.95)

© Croatian National Tourist Board / Allan Babic

瑟秋夫列鹽田
Sečovlje

從中世紀至今，瑟秋夫列傳統古老的手工曬鹽技術依然運作不輟，堪稱活的文化遺產。在瑟秋夫列鹽田自然公園中，同時保存了過去的歷史、仍在運作中的鹽田及濕地自然生態。從引海水入鹽田，透過水閘門控制濃縮海水，最後結晶成鹽的每一道程序都一目了然。(P.257)

斯洛維尼亞國家博物館與自然史博物館，盧布里亞納／斯洛維尼亞中央區／斯洛維尼亞
Narodni Muzej & Prirodoslovni Muzej Slovenije，Ljubljana／Central Slovenia／Slovenia(P.213)

梅什托維契美術館，斯普利特／達爾馬齊亞中部／克羅埃西亞
Galerija Meštrović，Split／Central Dalmatia／Croatia(P.153)

黑山國家博物館，采蒂涅／蒙特內哥羅內陸區／蒙特內哥羅
Narodni Muzej Crne Gore，Cetinje／The Montenegro Interior／Montenegro (P.280)

Top Itineraries of Croatia, Slovenia & Montenegro
克羅埃西亞‧斯洛維尼亞‧蒙特內哥羅精選行程

克羅埃西亞精選10天

●行程特色

克羅埃西亞的景點相當豐富，由於南北狹長，建議安排北進南出，避免花太多時間拉車，若有機會自駕，時間更彈性，可以加入普拉、赫瓦爾島等可愛的小城。若以火車和巴士貫穿行程，10天僅能蜻蜓點水，主攻幾個重量級景點，包括首府札格拉布、必訪的普列提維切湖國家公園、扮演轉運角色的札達爾和里耶卡、世界遺產城市杜布羅夫尼克和特羅吉爾，以及斯普利特、波瑞曲、旭本尼克這種有文化遺產的城鎮。

●行程內容

Day1：札格拉布Zagreb

Day2：波瑞曲Poreč

Day3：里耶卡Rijeka

Day4：普列提維切湖國家公園Plitvice Lakes

Day5：札達爾Zadar

Day6：旭本尼克Šibenik

Day7：特羅吉爾Trogir

Day8：斯普利特Split

Day9：杜布羅夫尼克Dubrovnik

Day10：杜布羅夫尼克Dubrovnik

克羅埃西亞‧斯洛維尼亞雙國12天

●行程特色

雖說是雙國遊，但在天數分配上以3：1為主，逗留在克羅埃西亞的時間較多。行程從斯洛維尼亞的迷你首府盧布里亞納開始，重點探訪布列德，體驗搖櫓渡船；參觀歐洲最大的波斯托伊納溶洞；前往伊斯特利亞海岸遊逛古城皮蘭，再從科波爾搭車進入克羅埃西亞的里耶卡。

從里耶卡沿著亞德里亞海岸一路往南，逐一拜訪斯普利特、札達爾、特羅吉爾、旭本尼克、杜布羅夫尼克等千年古城，建議去程與回程各自安排一兩個停留點，避免長程拉車。返回克羅埃西亞首都札格拉布之前，別忘了留一天給普列提維切湖國家公園，欣賞如精靈國度的自然遺產。

●行程內容

Day1：盧布里亞納Ljubljana

Day2：布列德Bled

Day3：波斯托伊納Postojna

Day4：皮蘭Piranè科波爾Koper

Day5：里耶卡Rijeka

Day6：斯普利特Split

Day7：杜布羅夫尼克Dubrovnik

Day8：杜布羅夫尼克Dubrovnik

Day9：特羅吉爾Trogir

Day10：札達爾Zadar

Day11：普列提維切湖國家公園Plitvice Lakes

Day12：札格拉布Zagreb

蒐集三國精華12天

● 行程特色

把克、斯、蒙三個國家排在12天的行程，肯定要取各國最精華的亮點。通常由北而南，從斯洛維尼亞的盧布里亞納開始，以火車和巴士為交通工具，遊逛布列德湖區、歐洲最大溶洞波斯托伊納。

緊接著進入克羅埃西亞的首府札格拉布，由此一路往南，依序探訪普列提維切湖國家公園、斯普利特、杜布羅夫尼克，並搭渡輪前往薰衣草故鄉--赫瓦爾島。從杜布羅夫尼克轉乘巴士，通過克蒙兩國邊境來到布達瓦和科托爾兩大城鎮，體驗黑山共和國獨特的地形奇觀和文化遺產。最後由杜布羅夫尼克搭國內線班機飛回札格拉布，省去走回頭路的長時拉車之苦。

● 行程內容

Day1：盧布里亞納Ljubljana

Day2：布列德Bled

Day3：波斯托伊納Postojna

Day4：札格拉布Zagreb

Day5：普列提維切湖國家公園Plitvice Lakes

Day6：斯普利特Split

Day7：赫瓦爾島Hvar Island

Day8：杜布羅夫尼克Dubrovnik

Day9：杜布羅夫尼克Dubrovnik

Day10：布達瓦Budva

Day11：科托爾Kotor

Day12：杜布羅夫尼克Dubrovnikè札格拉布Zagreb

亞得里亞海岸全覽15天

● 行程特色

千里迢迢飛來一趟，不妨待上半個月，才能安步當車的把這三個國家好好玩個夠。除了各國必訪的國際級風景點和眾多世界文化遺產，亞得里亞海沿岸的大小島嶼更是值得造訪，尤其是以薰衣草聞名的赫瓦爾島和馬可波羅的故鄉科楚拉島，千萬別錯過。全程由北到南以火車、巴士和渡輪為交通工具，為了省時省力，最後從蒙特內哥羅首都波德哥里查的機場搭飛機離開。

● 行程內容

Day1：盧布里亞納Ljubljana

Day2：布列德Bled

Day3：波斯托伊納Postojna

Day4：波瑞曲Poreč

Day5：札格拉布Zagreb

Day6：普列提維切湖國家公園Plitvice Lakes

Day7：札達爾Zadar

Day8：旭本尼克Šibenik

Day9：斯普利特Split

Day10：赫瓦爾島Hvar Island

Day11：科楚拉島Korčula

Day12：杜布羅夫尼克Dubrovnik

Day13：杜布羅夫尼克Dubrovnik

Day14：科托爾Kotor

Day15：波德哥里查Podgorica

When to go
最佳旅行時刻

克羅埃西亞、斯洛維尼亞、蒙特內哥羅這三個國家位於東南歐、巴爾幹半島西南部，國土的西側皆濱臨亞德里亞海，屬於地中海型氣候，國土東側皆為內陸山區，屬於大陸型氣候，氣候差異極大。每年4至10月是旅遊旺季，若要避開觀光人潮，建議5、6月或9、10月前往最舒適。

克羅埃西亞 Croatia

地理位置

位於東南歐，國土西側濱臨亞得里亞海，與義大利隔海相望，海岸線長達6,278公里，擁有1,244個大小島嶼。鄰國自西北方算起，順時鐘方向依序是：斯洛維尼亞、匈牙利、塞爾維亞、波士尼亞與赫塞哥維納、蒙特內哥羅。

克羅埃西亞在傳統的地理區域規劃上，由北而南，大致分為克羅埃西亞內陸、克瓦納灣區、伊斯特利亞半島、達爾馬齊亞四大區。內陸包含首都札格拉布為主的中央區、西北部薩果耶(Zagorje)和東部的斯拉佛尼亞(Slavonia)，屬於潘諾尼亞平原(Pannonia Plain)的東南部；與亞得里亞海岸平行的迪納里克阿爾卑斯山脈(Dinaric Alps)由西北向東南延伸，大多為喀斯特地形；亞得里亞海岸曲折，多港灣和島嶼，所以有「千島之國」的稱號，最大島嶼為克爾克島。

氣候和旅行季節

主要分為兩個氣候區，內陸屬溫帶大陸型氣候，海岸地區屬地中海型氣候。內陸地區夏季炎熱，高溫達攝氏26度；冬季嚴寒降雪，氣溫降到零度以下。海岸地區夏季少雨酷熱，但相對濕度低，十分乾爽，高溫達攝氏30度；冬季氣候溫和但潮濕多雨，最低溫度在攝氏5~10度之間。

每年4~10月是旅遊旺季，其中又以7、8月氣候最穩定、遊客最多。若要避開人潮，5、6月或9、10月都算適合旅遊的時節；其他月份因為船班少、大多數民宿不營業，在交通和住宿方面容易遭遇困難。

斯洛維尼亞 Slovenia

地理位置

位於東南歐，北倚朱利安‧阿爾卑斯山脈，南鄰亞得里亞海，鄰國自西方算起，順時鐘方向依序是：義大利、奧地利、匈牙利、克羅埃西亞。

斯洛維尼亞正好位居歐洲四大地貌交會處，包括阿爾卑斯山、喀斯特、地中海沿岸和中歐最大的潘諾尼亞平原(Pannonia Plain)。全國有一半面積被森林覆蓋，海岸線僅伊斯特利亞半島北部的47公里，稱的上是個內陸小國。

氣候和旅行季節

四季分明，西北部受到阿爾卑斯高山氣候及大西洋影響，夏季溫和，冬季酷寒；海岸地區屬地中海型氣候，除冬季遭受乾冷的波拉(Bora)東北風吹襲，全年都是溫暖的陽光天；東邊屬溫帶大陸型氣候，夏季酷熱，冬季嚴寒。1月平均氣溫：山區攝氏0度以下、內陸攝氏0~2度、海岸攝氏2~4度；7月平均氣溫：內陸攝氏20~22度、海岸攝氏22~24度。

每年4至10月是旅遊旺季，其中又以7、8月氣候最穩定、遊客最多。

蒙特內哥羅 Montenegro

地理位置

位於東南歐、巴爾幹半島西南部，臨亞得里亞海，鄰國自西北算起，順時鐘方向依序是：克羅埃西亞、波士尼亞與赫塞哥維納、塞爾維亞、科索沃(部分國家承認其獨立)，以及阿爾巴尼亞。

內陸地區大多是山脈和丘陵的喀斯特地貌，只有亞得里亞沿海有狹長的平原，北部科托爾灣是地中海區域唯一的峽灣地形。

氣候和旅行季節

蒙特內哥羅國土不大，但因為往往在10公里之內就可從上千公尺海拔的高山到達海岸邊，所以氣候差異極大。沿海地區就像地中海其他地區一樣，夏季乾爽宜人，冬季溫和；但內陸山區就不同了，不論夏季或冬季都冷得多，夏季經常出現午後雷陣雨，7月平均氣溫約攝氏25~28度；冬季下雪極為普遍，1月平均氣溫約攝氏-5~2度。

每年4至10月是旅遊旺季，秋冬多雨，其中又以7、8月氣候最穩定、遊客最多。

Best Taste in Croatia, Slovenia, Montenegro
克羅埃西亞 · 斯洛維尼亞 · 蒙特內哥羅好味

克、斯、蒙這三個國家擁有那麼複雜的歷史，也難怪其食物烹調受鄰國影響之深。內陸地區食材以肉、豆及穀類為主，多半是受奧匈帝國影響的中歐式口味；海岸地區則以魚、海鮮、蔬菜為主，屬於義大利地中海式風味。

文●李曉萍·林志恆　攝影●周治平·林志恆

地中海料理

魚、蝦、貝類主宰了海岸地區餐廳的菜單，由於亞得里亞海是地中海最潔淨的海域之一，因此沿海地區的海鮮在歐洲來說極為出色，魴、鰈、沙丁、鱈、鯖、鯛、鯡、牡蠣、蟹、蝦、淡菜(貽貝)、墨魚、章魚，都是常見的海鮮。

達爾馬齊亞海岸有一套烹調甲殼類的方式，稱為Buzara，使用白酒、橄欖油、大蒜、香菜、麵包屑和迷迭香等新鮮香料，悶煎後再灑點鹽就可上桌，有時也會為了調色加入蕃茄，簡單的調味能適度引出食材的新鮮滋味，大海的味道與香料味道完美融合。

海岸線上幾乎每家餐廳都提供經典的燉魚料理Brudet（或brodeto），魚肉和洋蔥、蕃茄、月桂葉、紅辣椒、橄欖和香料一起燉煮，除了魚肉，也常燉煮蝦、墨魚等其他海鮮。

由於受到義大利影響，義式料理在這裡也十分流行，以海鮮燉飯(rižot)、海鮮義大利麵和披薩最普遍。至於著名的達爾馬齊亞燻火腿(Dalmatinski Pršut)通常搭配帕格島乳酪(Paški sir)作為前菜。

淡菜Buzara Mussele

烤墨魚Lignja

達爾馬齊亞燻火腿Dalmatinski Pršut

海鮮燉飯Rižot

內陸及鄉土料理

　　內陸料理幾乎都以肉類為主，各式烤肉、燉肉、碎肉、肉串、肉排等，烹調方式受到匈牙利、奧地利影響，由於這裡冬天嚴寒，幾乎以熱食為主，通常佐以口味強烈的美味醬汁。其中有一道燉牛肉(Pašticada)，同時揉合了匈牙利和義大利菜餚，將小牛肉切塊浸泡於紅酒醋中數天，再慢火長時間燉煮，味道類似匈牙利燉牛肉(Goulash)，但搭配的主食馬鈴薯麵糰卻又是義大利式，其實這道菜沒有固定的食譜，每家餐廳都有自己的特色。

　　此外，鄉間地區到處都看得到家庭手工香腸，均有各家獨門配方，是斯洛維尼亞和克羅埃西亞的傳統美味，和德國香腸一樣，也會搭配酸菜。其中又以斯洛維尼亞的Kranjska Klobasa最有名，這種香腸起源於該國西北方山區(Carniolan地區)，香腸以80%豬絞肉和20%培根製成，加入瑟秋夫列的海鹽、大蒜和黑胡椒調味。

　　至於河湖交錯的地區，最常見到烤鱒魚，尤其推薦普列提維切國家公園附近的鱒魚，新鮮肥美而不帶土味。在蒙特內哥羅，Njeguši這個地方(距離采蒂涅不遠)，則以煙燻火腿(Pršut)和乳酪(Sir)馳名。

綜合烤肉
(烤碎肉團Ćevapčići、
烤肉串Ražnjcći)

香腸總匯
Kranjska Klobasa

燉牛肉Pašticada

烤鱒魚Pastrva na žaru

酒與甜點

　　Rožata是克羅埃西亞最普遍的甜點，材料有焦糖、奶油、蛋、牛奶、甜露酒，大部分以布丁的型態呈現；Fritule則是亞得里亞海岸常見的甜點，外型和味道都像球狀的甜甜圈。而斯洛維尼亞的布列德則以奶油蛋糕(Kremna rezina)最負盛名。

　　另外，克羅埃西亞和斯洛維尼亞的海岸地區因為受到希臘、羅馬的影響，從西元前4世紀就開始種植葡萄，早有古老的釀酒傳統；其中Dingač(產於佩萊沙茲半島Pelješac Peninsula)和Pharos(產於赫瓦爾島Hvar)兩種紅酒曾經贏得歐洲金牌獎。而戈里查‧博達(Goriška Brda)是斯洛維尼亞重要的葡萄產區，其中戈里查‧博達酒莊(Vinska Klet Goriška Brda)是斯洛維尼亞最大的酒莊，所生產的葡萄酒占了全國總量的四分之一。

奶油蛋糕
Kremna rezina

布丁Rožata

Best Buy in Croatia, Slovenia, Montenegro
克羅埃西亞‧斯洛維尼亞‧蒙特內哥羅好買

在克、斯、蒙三個國家中，以克羅埃西亞發展觀光的歷史最為悠久，因此不論走到哪裡，都可以看到發展完備的各式手工藝紀念品，尤其針織、刺繡、蕾絲、薰衣草製品等，都十分吸引人。此外，各個國家的鄉土特產，如蜂蜜、海鹽、乳酪、煙燻火腿、橄欖油等，也是極佳伴手禮。

文●李曉萍‧林志恆　攝影●周治平‧林志恆

Krasš巧克力
克羅埃西亞

　　克羅埃西亞的百年老牌巧克力，1913年就成為維也納和布達佩斯宮廷的皇家指定供應商。巧克力口味多元，包裝也相當多樣化，牛奶、薄荷、榛果巧克力都是暢銷款式，最特別的是酒釀櫻桃巧克力，黑巧克力包裹烈酒浸漬過的櫻桃，香甜的大人味，適合搭配黑咖啡。

薰衣草製品及香草精油
●克羅埃西亞

　　達爾馬齊亞很多地方都有販售薰衣草相關製品及各種香草精油，其中以赫瓦爾島(Hvar)最為知名，這裡因為一年平均約有2,800小時的強烈日照，非常適合薰衣草生長，香味更是濃郁，因而贏得薰衣草之島的美譽。

針織和刺繡
克羅埃西亞

　　除了昂貴的蕾絲，走在各大城小鎮的市集，經常可以看到婦女一邊織繡，一邊販售她們的手工藝，這些針織、刺繡多半為民俗風格，有提袋、枕套、桌巾、香包、裝飾品等各種不同用途的織品可選擇。

領帶
克羅埃西亞

　　男性服飾重要配件領帶的發源地正是克羅埃西亞，它原本是克羅埃西亞的軍隊服裝，17世紀時被法國採用，而成為今天男性正式服裝的的標準配件。若從字源分析，領帶(neck tie)舊稱cravat正好是Croat和Hrvat(克羅埃西亞的克羅埃西亞語稱呼)兩個字的結合。目前克羅埃西亞領帶的領導品牌為Croata，各大城都有分店，花色多樣，也有將克羅埃西亞國旗圖騰融入設計的紀念款。

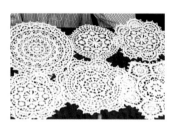

蕾絲
克羅埃西亞帕格島

　　克羅埃西亞最著名的手工藝品就是帕格島(Pag)的蕾絲，要買到真正由當地老婦人織的蕾絲，唯有前往該島才買得到，但價格非常昂貴。此外，赫瓦爾島上用龍舌蘭纖維編織的蕾絲也相當珍貴。

民俗公仔玩偶
克、斯、蒙三國

　　由於巴爾幹地區民族複雜，各地都有不同造型的傳統服飾，把這些服裝穿到玩偶身上，就是造型可愛的娃娃、玩偶，每個國家和地區的服裝略有不同。另外，一些歷史悠久的古城，例如斯普利特，也會看到一些古代戰士造型的公仔。

櫻桃酒
克羅埃西亞札達爾

櫻桃酒Maraschino的原產地就在札達爾。16世紀的多明尼加修道院藥劑師使用Marasca這種酸櫻桃釀酒，之後受到歐洲各皇室的歡迎，現在常被使用為調酒的基酒。札達爾最知名的酒廠為Marasca，出產櫻桃酒、櫻桃白蘭地等，拉達爾的酒類專賣店都有販售和試飲，但超市的價格則比較便宜。

蜂蜜
克羅埃西亞、斯洛維尼亞

斯洛維尼亞和克羅埃西亞因為有大片的森林、野地，是歐洲著名的蜂蜜產地，各式各樣不同口味的蜂蜜，包括野花、冷杉果、栗子、松林等等，都是蜜蜂採集自不同植物的花所生產出不同風味的蜂蜜和花粉，市集裡到處都看得到。此外，斯洛維尼亞人喜歡在蜂蜜中加入無花果、柑橘等蜜漬封罐，讓蜂蜜多了些不同層次的果香。

橄欖油
克羅埃西亞

橄欖除了可食用之外，所壓榨出來的橄欖油還可以製成肥皂、精油、入藥、燈油等產品，這些傳統古老用法在亞得里亞海區域依然被廣泛使用，流傳至今。克羅埃西亞最知名的橄欖油產地為布拉曲島(Brač)和赫瓦爾島(Hvar)。

羊乳酪
克羅埃西亞帕格島

帕格島的羊乳酪之所以馳名，是因為不挑食的羊吃了島上特有的香草植物以及帶點鹽分的草，所以羊肉和羊奶都帶著一種特殊的香味。而所謂的帕格島羊乳酪是把特殊濃郁香味的乳酪裹上橄欖油，然後貯放在石屋裡長期發酵熟成。

海鹽
克羅埃西亞、斯洛維尼亞

斯洛維尼亞馳名商標Piranske Soline所產的鹽，全部來自瑟秋夫列這座鹽田。因為過程全部採取傳統手工，品質嚴格控管，只有最高品質的鹽才能掛上「皮蘭鹽」的商標。而克羅埃西亞最著名的鹽田產地，則是北達爾馬齊亞的帕格島(Pag)和南達爾馬齊亞的佩萊沙茲半島(Pelješac Peninsula)。

松露
克羅埃西亞、斯洛維尼亞

伊斯特利亞半島盛產松露，這裏的人訓練狗在山區「獵松露」，克羅埃西亞的Motovun因為鄰近區域的松露品質極高，所以被稱為「松露之城」。這種相當昂貴的食材，產地價格顯得親切許多，雖然新鮮松露不能帶回台灣，還是能下手購買相關產品，例如罐裝的切片松露和黑松露、可以直接抹麵包的松露醬或實用的松露橄欖油等。

薑餅
克羅埃西亞、斯洛維尼亞

製作薑餅是克羅埃西亞和斯洛維尼亞的古老傳統，代代相傳，每個家族都有其獨家配方，不含防腐劑的薑餅，不但是年節最佳伴手禮，更能長久保存，造型五花八門，最常見的是紅色心形薑餅。

鄉土農特產 ●克、斯、蒙三國

斯洛維尼亞的東部平原是傳統農業區，來自Kras這個農業地區的產品，是斯洛維尼亞的最佳伴手禮，包括乳酪、火腿、蜂蜜、果醬、香草、酒、橄欖油等等，都具有一定程度的品質保證，除了特產品店，各城鎮農產市集都能買到價格實惠又天然的產品。在蒙特內哥羅，Njeguši這個地方的煙燻火腿(Pršut)和乳酪(Sir)也非常有名。地大物博的克羅埃西亞就更多了，各種果乾、無花果，以及各種水果口味和浸了不同香料的的調味酒，都極為出色。

Transportation in Croatia, Slovenia & Montenegro
交通攻略

航空

國際航空

三國首都與歐洲其他國家的飛航往來頻繁，但三國之間的航空交通卻不算方便，札格拉布與其他兩國均無直飛航班，只有盧布里亞納和波德戈里查之間有直航班次，蒙特內哥羅航空(Montenegro Airlines)每週一、三和週五共3班次；此外，蒙特內哥羅航空於夏季期間的每週一、三、五和週日也有盧布里亞納和提瓦特之間的直航班次。

國內航空

克羅埃西亞航空的國內航線眾多，串連了克羅埃西亞境內各大城市，包括札格拉布、杜布羅夫尼克、斯普利特、札達爾、里耶卡、普拉等，班次也相當頻繁。

斯洛維尼亞和蒙特內哥羅的國家航空公司僅飛行國際航線，沒有國內班機。

克羅埃西亞航空
🌐www.croatiaairlines.com
蒙特內哥羅航空
🌐airmontenegro.com
札格拉布機場
🌐www.zagreb-airport.hr
盧布里亞納機場
🌐www.lju-airport.si
波德哥里查機場
🌐montenegroairports.com

火車

克羅埃西亞首都札格拉布和斯洛維尼亞首都盧布里亞納連接歐陸各大城市，包括慕尼黑、維也納、布拉格、布達佩斯、威尼斯等，而札格拉布和盧布里亞納兩城市之間1天約3班火車，車程約2.5小時，購票可至車站內的國際售票處或使用德國國鐵(DB)線上預訂國際車票；札格拉布與蒙特內哥羅之間需要繞過第三個國家，不建議搭乘火車往來。

克羅埃西亞國內火車幾乎都以札格拉布為中心放射出去，連接里耶卡、札達爾、旭本尼克、普拉、瓦拉茲丁等旅遊城市，最南到達斯普利特，達爾馬齊亞海岸城市之間火車班次少，連接點不多，若要利用火車遊克羅埃西亞，時間安排上要注意。

斯洛維尼亞的國內線火車比克羅埃西亞方便且頻繁，而且比巴士便宜，由國家鐵路公司SZ營運。首都盧布里亞納與布列德湖、Koper、Nova Gorica、Postojna、Maribor等城市都有火車串連，可以到達各大旅遊景點。但斯洛維尼亞的鐵路以盧布里亞納為中心放射，只要是不同方向的串連都需要回首都轉車。

蒙特內哥羅火車系統不發達，不太建議搭乘。

克羅埃西亞鐵路 🌐www.hzpp.hr
斯洛維尼亞鐵路 🌐potniski.sz.si
DB德國鐵路
🌐www.bahn.com
歐洲跨國火車查詢
🌐www.raileurope.com

克羅埃西亞或斯洛維尼亞單國火車通行證

票種	成人個人票		青年個人票		熟齡個人票	
艙等	頭等艙	普通艙	頭等艙	普通艙	頭等艙	普通艙
1個月內任選3天	78	62	62	54	70	56
1個月內任選4天	99	78	79	67	89	70
1個月內任選5天	119	93	95	81	107	84
1個月內任選6天	139	109	111	95	125	99
1個月內任選8天	176	139	141	120	158	125

Eurail Global Pass歐洲33國火車通行證

票種	成人個人票		青年個人票		熟齡個人票	
艙等	頭等艙	普通艙	頭等艙	普通艙	頭等艙	普通艙
1個月內任選4天	328	258	246	194	295	232
1個月內任選5天	376	296	282	223	338	267
1個月內任選7天	446	352	335	264	401	317
1個月內任選10天	534	421	401	316	481	379
1個月內任選15天	657	518	493	389	591	466

另有連續15天～3個月的通行證,詳見官網。

＊單位:歐元/每人。

＊線上購票免手續費,如需人工開票,需另收開票手續費€5。

＊票價不含訂位、餐飲及睡臥舖之費用。

＊4~12歲兒童與大人同行者,需於購買時附上兒童資訊以取得兒童免費票,但仍需支付開票手續費;兒童免費票必須跟成人的火車通行證在同一個裝置上使用且為相同的居住地。持免費票的兒童訂位,仍需支

付訂位費。

＊青年票適用於已滿12歲但未滿28歲之青年。

＊熟齡票適用於已滿60歲之長者,且不得單獨於兒童免費票使用。

＊於克羅埃西亞搭乘InterCity(IC與ICN)、Night Trains(N)和EuroNight(EN)列車強制訂位。

＊於斯洛維尼亞搭乘InterCitySlovenija (ICS)、 EuroCity (EC)和EuroNight (EN)列車強制訂位。

火車通行證

如果想搭乘火車在斯洛維尼亞和克羅埃西亞旅行,除了在火車站或官網購買單程車票以外,若要以鐵路為主要交通工具,也可以購買「Eurail單國火車通行證」。若行程安排同時遊訪其他歐洲國家,可選擇「Eurail Global Pass歐洲33國火車通行證」,幾乎涵蓋所有歐洲國家的鐵路系統,如此就可從維也納或匈牙利等國搭火車進入巴爾幹半島區域。此外,使用通行證還有其他如搭乘渡輪等優惠,各國規定不同,詳見飛達旅遊官網說明。

由於通行證的發售對象為入境旅客,必須先在台灣向有代理歐鐵票務的旅行社購買,在台灣是由飛達旅行社代理,可至其官網查詢相關資訊,或直接撥打專線電話聯絡。

飛達旅遊

☎(02) 8161-3456

🌐www.gobytrain.com.tw

LINE 線上客服:@gobytrain

如何使用通行證

通行證需於開立後11個月內開始啟用,第一次使用前需至火車站內的櫃台蓋「生效章」方才生效。記得

每次上車前需先在通行證的日期欄位填上使用當天的日期及詳細行程,若寫錯不可塗改,直接在另一欄填入正確的日期,否則可能會影響當日車票的效用。查票時,只要出示通行證即可,有的查票員會要求比對護照號碼,因此搭乘時護照也要收在隨時可以拿到的地方。

凡是搭乘晚上7點後出發、翌日凌晨4點後抵達的夜車,需在火車通行證上填入班車抵達日期而非出發日期;並須確認抵達日仍在火車通行證的有效日期內。目前火車通行證因無紙化趨勢,大多改為電子票證,可搭配Eurail的APP使用。

長途巴士

克羅埃西亞和斯洛維尼亞的國際線長程巴士可直達義大利、奧地利、匈牙利、德國、瑞士、波士尼亞等歐陸國家的主要城市。不管是三國之間或是國內巴士

交通都非常發達，是三國旅行最方便的交通工具。此外，跨國巴士經國境時需下車查驗護照，若遇上下班時間，車程可能會增加1~1.5小時。

查詢巴士時刻和價格可多利用聯合訂票網站，例如GetByBus、Vollo或BusTicket4.me，以上網站均可搜尋並比較歐洲各城市、各長途巴士公司的車票，並於線上刷卡購票。

GetByBus 🚌getbybus.com
Vollos 🚌vollo.net
BusTicket4.me 🚌busticket4.me

克羅埃西亞

巴士是暢遊克羅埃西亞最便捷的交通工具，班次頻繁，城市與城市之間的交通網絡也很密集，只是準點率還有待加強。其中以Autotrans－Arriva Croatia的巴士路線分布最廣，部分車型還會提供Wifi和插座。

除非是旺季的熱門路線，一般而言，臨櫃現場買票都會有位子，同一條路線通常不只一家巴士公司可選擇，但冬天的班次會減少。大部份巴士站的月台資訊不清楚，很難從電子看板得知巴士停靠哪個月台，記得購票時詢問售票人員。行李若要放在巴士下層行李艙須額外加收費用，每家公司及路線收取的價格不定。

各區域有主要營運的巴士公司，在該區各點內班次較頻繁，此外，冷門路線或是偏僻的小鎮，使用聯合查詢網站都不會有結果，只能靠這種區域龍頭，各公司網站如下：

Autotrans(以里耶卡為基地)
🚌www.arriva.com.hr
Brioni Pula(以普拉為基地)
🚌www.brioni.hr
Croatiabus(以札格拉布為基地，連接Zagorje和Istria地區)
🚌www.croatiabus.hr
Samoborček(以札格拉布為基地，連接達爾馬齊亞地區)
🚌www.samoborcek.hr

斯洛維尼亞

斯洛維尼亞的巴士也很發達，各大小城市之間都有巴士行駛，但票價可能比火車貴些，主要巴士公司有Avtobusna postaja Ljubljana(AP Ljubljana)、Arriva Slovenija、Alpetour。

AP Ljubljana(以盧布里亞納為基地)
🚌www.ap-ljubljana.si
Arriva Slovenija
🚌arriva.si

Alpetour(以布列德為基地)
🚌alpetour.si

蒙特內哥羅

蒙特內哥羅因沒有國內飛機，火車也不發達，城際之間的交通都靠巴士運輸。各大城之間班次都很密集，遊客不妨善加利用。

行駛於克羅埃西亞‧蒙特內哥羅
🚌www.autobusni-kolodvor.com
BLUE LINE D.O.O.
🚌blueline-mne.com

租車自駕

想要遊遍克、斯、蒙三個國家，最便捷而彈性的交通方式非租車莫屬。斯洛維尼亞和克羅埃西亞路況佳，指標清楚，加油簡便，國際租車公司服務專業，自行駕車機動性高，可以節省不少等待時間，且沿途風景優美，開車相當舒服。尤其克羅埃西亞境內車子上下渡輪來去自如，更可駕車一座島嶼玩過一座島嶼。

唯一需要擔心的是租車成本較高，而暑期旺季來自歐陸其他國家的車子蜂擁進克羅埃西亞海岸城市和島嶼，路上十之八九都是各國車輛，不同國家開車習慣不同，難免較易造成事故。蒙特內哥羅多崎嶇的山路，車子在懸崖邊緣彎彎繞繞，路況比前二者驚險許多，對駕駛也是一種挑戰。

租車

◎在哪裡租車

租車公司在三個國家的各機場、市區和火車站附近多半設有服務櫃檯，可自行洽詢或事先上網預約。

由於歐洲多為手排車，如果到了當地才臨櫃辦理，經常租不到自排車，建議先在網路上預約，不但可以好整以暇地挑選車型，還能仔細閱讀價格計算方式及保險相關規定，租起來比較安心，也不需擔心語言溝通問題。若擔心英文介面問題，Hertz有中文網頁及台灣區代理旅行社，可以輕鬆搞定所有租車問題。

大型租車公司多有提供甲租乙還的服務，但需另外加價。此外，國外租車都有指定駕駛制度，若要登記另一位駕駛，也需另外付費。

Hertz 🚌www.hertz.com.tw
Avis 🚌www.avis-taiwan.com
Europcar 🚌www.europcar.com
◎臨櫃辦理

每家公司標準不太一樣，一般規定年滿21~25歲之間可租車。若事先已於網路上預約，需要準備以下證件臨櫃取車：

◎租車的預約確認單
◎國際駕照
◎台灣駕照（1~2年以上駕駛經歷）
◎網路預約時作為擔保之用的信用卡

◎保險

租車的保險都是以日計價，第三責任險(Liability Insurance Supplement，簡稱LIS)是強制性，此外，比較需要考慮的有碰撞損毀免責險(CDW)、竊盜損失險(TP)、輪胎底盤玻璃Wheels, underside and glass coverage (WUG)、人身意外保險(PAI)、個人財產險(PEC)，可視個人國內保險的狀況決定是否加保。

雖然交通意外不常發生，但在人生地不熟的地方開車，A到刮傷時有所聞，因此強烈建議CDW一定要保。希望獲得全面保障的話，強烈建議直接投保全險(Super Cover)，也就是所有險種一次保齊。若是駕駛不只一位，一定要把所有駕駛都寫上，否則會影響到保險理賠。

出發上路

拿到鑰匙後，記得先檢查車體有無損傷，以免還車時產生糾紛。發動引擎，檢查油箱是否加滿。接著調整好座椅與照後鏡，弄清楚每個按鍵的位置，並詢問該加哪一種油，然後就可以出發上路。若車款太新對操作上沒有把握，也可請服務人員示範。

還車

大部分機場都設有租車公司的專屬還車停車位，服務人員會大致檢查是否有碰撞刮傷並簽收。有時還車時不一定有服務人員立即檢查確認，在租車公司的指定停車格停妥，並把鑰匙還給櫃檯人員或是丟進還車鑰匙箱即可。務必在還車前先把油加滿，因為沒有滿油的話，會被收取不足的油錢，而租車公司的油價絕對比石油公司高很多。

注意事項

交通規則和台灣大同小異，只是克羅埃西亞和蒙特內哥羅的舊城區道路狹窄，中心通常為徒步區，建議在舊城外圍就找好停車場停車。此外，三國都規定要全天開車燈，所有乘客需繫上安全帶。斯洛維尼亞規定11月中至3月中期間，所有車輛均須使用雪胎或者於一般輪胎加上雪鍊。

雖然路上很少見到測速照相機，但偶爾還是有警車架設移動式照相，雖然高速公路上幾乎所有人都開很快，但為了避免高額罰單，最好遵守以下道路速限：

◎高速公路：130km/h
◎主要道路或快速道路：110km/h
◎區域道路：90km/h
◎市區道路：50km/h

◎加油

加油站大多採自助式，可選擇直接使用信用卡付費，或是至加油站附設的便利商店內付費。若選擇商店付費的加油機，自助加油後不用急著移開車子，進入商店告知店員油槍號碼並付費即可。

◎意外事故及道路救援

一旦發生交通事故，一定要立刻打兩通電話，一是警察局(克國92、斯國113、蒙國122)，一是租車公司，通常如果保了險，責任也在對方，租車公司不會讓你多付一毛錢，而且非常專業地處理善後。警方對遊客都很友善，但切記，千萬不可酒駕，警方在這方面執行得非常嚴格。

道路上如果發生拋錨、爆胎、電瓶或汽油耗盡等狀況時，車上通常會有道路救援的免付費電話號碼，而道路救援的費用則會在還車後顯示在信用卡簽單上(拋錨停在路肩時，別忘了在車後100公尺放置三角警示牌，克國規定需穿上反光背心，才能站在馬路邊)。

◎停車

路邊停車格都採用先繳費制，停車格附近一定能找到售票機，通常最多可預付2小時停車費，投幣後會列印出有效時間的停車單，只要把停車單夾在擋風玻璃內側即可。每小時停車費依城市而異，若沒有照規定執行，可能需要繳納一倍以上罰金！一般來說，21:00以後以及週末假日都是免費停車。

◎高速公路過路費

斯洛維尼亞：無人工收費，採用類似ETC貼紙的方式。上高速公路前可在任一加油站購買收費貼紙（Vignett），7天15歐元。

克羅埃西亞：上高速公路的閘口先按機器取一張過路費卡，下高速公路前，選擇人工收費車道（ENC為電子收費），依照距離計算費用，可使用庫納或信用卡付費。

渡輪

到「千島之國」克羅埃西亞，一定得嘗試搭船出海，克羅埃西亞最大的輪船公司Jadrolinija，航線幾乎涵蓋亞得里亞海沿岸和島嶼，關於渡輪資訊詳見P.58。在蒙特內哥羅的科托爾灣，也有一段渡輪可搭，詳見P.272。

Festival & Events in Croatia, Slovenia, Montenegro
克羅埃西亞‧斯洛維尼亞‧蒙特內哥羅節慶活動

經過長年的民族獨立運動，斯洛維尼亞、克羅埃西亞、蒙特內哥羅終於各自爭取成為獨立國家，而在尋求身份認同的過程中，節慶、民歌、民俗舞蹈等傳統，無疑是長期被外人統治之後，最直接有效的訴求，多采多姿的慶典活動迅速從各個大小城鎮復甦。

其中不少傳統節慶是依附著宗教而生，通常結合了地區性古老民俗及基督信仰，幾乎每個城鎮都有自己的守護神，守護神紀念日這天也就是這座城鎮最盛大的日子。以下列舉幾個較特殊盛大的節慶活動，安排行程時若能剛好遇上，將會是難忘的體驗。

月份	國家	地點	節慶名稱	活動內容
1月底至復活節前	克羅埃西亞	里耶卡Rijeka	里耶卡嘉年華 Rijeka Carnival	克羅埃西亞最盛大的嘉年華，延續一整個月，街上無止盡的遊行、花車、舞蹈。
2月	克羅埃西亞	杜布羅夫尼克Dubrovnik	聖布萊斯節 Feast of St Blaise	每年2月3日為杜布羅夫尼克守護神聖布萊斯的紀念日，全城為他舉行一場盛大的宗教節慶。
2月	蒙特內哥羅	科托爾Kotor	科托爾嘉年華 Kotor Carnival	蒙特內哥羅境內最大的娛樂節慶，節慶期間，到處是音樂會、地方美食，成千上萬群眾擠進科托爾城。
6月	蒙特內哥羅	布達瓦Budva	布達瓦音樂節 Budva Music Festival	南亞得里海地區最大的音樂節慶，以地中海地區的音樂為主。
6月底至7月初	斯洛維尼亞	盧布里亞納Ljubljana	街頭戲劇節 Ana Desetnica Street Theatre Festival	由Ana Monro劇院所主辦，為期一週，是盧布里亞納最有特色、也最有組織的節慶。
7月下旬	克羅埃西亞	札格拉布Zagreb	國際民俗節慶 International Folklore Festival	從1966年起已經舉辦了45屆，是克羅埃西亞最具代表性的國際民俗節慶。
7~9月	克羅埃西亞	科楚拉島Korčula	劍舞 Sword Dance Festival (Moreška)	男士穿上黑色和紅色的騎士裝扮，在銅管樂隊伴奏下，以極戲劇性的對話、複雜的舞蹈，互相揮擊木劍。傳統上只有在7月29日聖西奧多節這天表演，但現在作為科楚拉島的重要觀光資源，7~9月間每週都有演出。
7月中旬	斯洛維尼亞	普里迪亞瑪城堡Predjamski Grad	騎士比武大會 Erazem Knight's Tournament	古堡外，騎士們全副武裝，進行一整天的馬上長槍比武、決鬥、射箭等競技。
7月	克羅埃西亞	歐米什Omiš	達爾馬齊亞卡拉帕節 Festival of Dalmatian Klapa	克拉帕是達爾馬齊亞沿海地區特有的人聲無伴奏合唱，偶爾也會加入吉他或曼陀林。這段期間，你可以聽到各式各樣的優美歌聲。
8月	克羅埃西亞	瑪利亞‧比斯特利查Marija Bistrica	聖母升天節 Assumption Day	克羅埃西亞境內最大的宗教節日，每年8月15日許多札格拉布人會翻過梅德維尼卡山，沿者步道前來瑪利亞‧比斯特利查朝聖。

克羅埃西亞・斯洛維尼亞・蒙特內哥羅百科
Encyclopedia of Croatia, Slovenia & Montenegro

World Heritage of Croatia, Slovenia & Montenegro

克羅埃西亞‧斯洛維尼亞‧蒙特內哥羅世界遺產

克、斯、蒙這三個國家共13座世界遺產，其中有3座為自然遺產，都是喀斯特地形中的上乘之作；而文化遺產方面，多半是從羅馬時代到中世紀的古城及傑出的宗教性建築；較特殊的是克羅埃西亞赫瓦爾島上的古老農田，因為持續耕種了兩千多年，而被納入保護之列。

② 克羅埃西亞
普列提維切湖國家公園
Plitvice Lakes National Park

登錄時間：1979年

遺產類型：**自然遺產**

　　普列提維切湖是克羅埃西亞最有價值的自然景觀，1949年成為國家公園，1979年被列為世界遺產，是克羅埃西亞最早一批進入名單的世界遺產。它之所以吸引人，在於它豐富多變的地貌所產生的和諧美感，四季都呈現不同面貌。

　　湖區由16座湖泊及無數的瀑布組成，所以又稱為16湖國家公園，屬於喀斯特地形，也就是石灰岩與水蝕交互作用所形成的特殊地理與水文地質景觀。這種水、岩石，與植物交互影響所形成的獨特景觀，從萬年前次冰何時期結束到現在，就未曾受干擾。

① 克羅埃西
杜布羅夫尼克古城
Old City of Dubrovnik

登錄時間：1979年

遺產類型：**文化遺產**

　　杜布羅夫尼克是克羅埃西亞最受歡迎的世界遺產城市，它坐落在達爾馬齊亞海岸南端的一塊石灰岩脊上，從高處俯瞰，強大厚實的米白色城牆包圍著斑駁紅色磚瓦，清澈湛藍的亞得里亞海三面環抱，展現出人為建築與自然景觀的完美結合。

　　這裡曾經是繁華的地中海貿易中心，海權力量僅次於威尼斯。儘管1667年經歷一場毀滅性的大地震，近代又發生克羅埃西亞與塞爾維亞之間的武力衝突，杜布羅夫尼克仍然把古老遺產完完整整地保存下來，而贏得「斯拉夫的雅典」稱號。

③ 克羅埃西亞
斯普利特的戴克里先皇宮
Historical Complex of Split with the Palace of Diocletian

登錄時間：1979年　遺產類型：**文化遺產**

　　這是克羅埃西亞境內最重要的羅馬時代遺跡。羅馬皇帝戴克里先(Diocletian)出生於達爾馬齊亞貧寒之家，本人行伍出身，西元284到305年間出任羅馬皇帝，是3世紀時最偉大的軍人皇帝。他遜位前，在他出生地附近Spalato(即今天的Split)為自己打造了退位後使用的皇宮。

　　皇宮以一座傳說中的堡壘為樣本，幾乎算是一座城市。以布拉曲島(Brač)所產的光澤白石建造，耗時10年，同時不惜耗資進口義大利和希臘的大理石，以及埃及的獅身人面像和石柱。整座皇宮長215公尺，寬180公尺，城牆高28公尺，4個角落有4座高塔，4面城門裡有4座小塔，都兼具防禦守衛功能。

④ 克羅埃西亞
特羅吉爾歷史城
Historic City of Trogir

登錄時間：1997
遺產類型：**文化遺產**

　　這是一座狹窄的島嶼城市，城牆環島而繞。歷史的鑿痕使得整座「島城」彷彿露天的城市博物館，從城市外觀可以清楚看到社會、文化發展的脈絡——希臘羅馬的城市布局、中世紀的防禦城堡、仿羅馬式的教堂、威尼斯哥德式、文藝復興與巴洛克風格的宅邸在狹窄的中世紀街道交錯，外圍環繞寬闊的濱海大道。

　　當許多達爾馬齊亞城市被威尼斯併吞後，逐漸失去活力，唯有特羅吉爾持續創造出偉大的藝術家，使得這座結合仿羅馬、哥德、文藝復興、巴洛克的複合風格城市，不僅在亞得里亞海，甚至整個中歐，都是保存最完整的一座。

⑤ 克羅埃西亞
波瑞曲歷史中心的優弗拉休斯大教堂
Episcopal Complex of the Euphrasian Basilica in the Historic Centre of Poreč

登錄時間：1997年
遺產類型：**文化遺產**

　　波瑞曲是羅馬人於西元前2世紀建立起來的城市，至今城裡許多角落仍然可以看到傾頹的羅馬遺址，西羅馬帝國滅亡之後，西元539年由拜占廷帝國接手，並設立了一個主教席位，今天城裡最珍貴的資產優弗拉休斯大教堂，便是這個時期遺留下來的。

　　優弗拉休斯主教來自拜占庭帝國首都君士坦丁堡，他有緣見識到聖索菲亞教堂所象徵的拜占庭文化黃金年代，而決心在他的教區波瑞曲，也蓋一座代表拜占庭文化的教堂，於是召集君士坦丁堡最有名的藝術大師前來參與教堂的興建，其中最具價值的就在那些貼著金箔的鑲嵌畫，代表著拜占庭最高藝術創作。

世界遺產

⑥ 克羅埃西亞
旭本尼克聖雅各教堂
The Cathedral of St James in Šibenik

登錄時間：2000
遺產類型：**文化遺產**

　　1402年規劃、1432年興建之初，聖雅各大教堂原本規劃為威尼斯哥德風格，最終在1555年完成時，卻轉變為托斯卡尼文藝復興風格，共耗時一個半世紀。

　　這棟宗教建築在建築史上有幾個獨特之處：聖雅各大教堂從牆壁、筒形拱頂到圓頂都是以特殊技術把石塊準確地組合起來，在19世紀之前的歐洲，多半只能用木材及磚頭接榫與架構，偉大的建築師尤拉・達爾馬齊亞(Juraj Dalmatinac)卻用石材辦到了。也因為如此，建築物外觀及內部，形狀幾乎一模一樣，而這也是我們今天看到的，正面大門的三葉狀山牆與三堂式的教堂規劃，以及三塊筒形拱頂完全一致，這在歐洲可說是獨一無二。

　　1991年到1995年之間，大教堂受到戰火波及，經過國際專家努力不懈修復，西元2000年，旭本尼克的聖雅各大教堂以單一建築榮登世界遺產之林。

⑦ 克羅埃西亞
史塔利格拉德平原
Stari Grad Plain

登錄時間：2008
遺產類型：文化遺產

史塔利格拉德平原位於亞德里亞海上的赫瓦爾島(Hvar)，打從西元前4世紀之前，來自帕洛斯島(Paros)的古希臘人在這裡建立殖民地並開墾農地以來，這塊土地上的農業景觀至今幾乎與昔日無異。這些仍舊種植農作物的古老農地上，以葡萄、橄欖樹和薰衣草為主，依然欣欣向榮，這一切，都得歸功於已經超過2400年歷史的古老石牆。

這些以石牆為界切割出的幾何形耕地，連同石砌小屋和集水系統等建設，成為解說古希臘農業系統的最佳範例，它們整體構成的文化景觀留下了極其重要的價值。

⑧ 蒙特內哥羅
科托爾自然與文化歷史區域
Natural and Culturo-Historical Region of Kotor

登錄時間：1979
遺產類型：文化遺產

打從西元7世紀創立時，科托爾就是一座貿易、航海城市，中世紀時更因為著名的石工技藝和肖像藝術畫派，而成為藝術與商業重心。古城包圍著城牆與稜堡，大部分結構出現在威尼斯人統治時期，保存完善的中世紀都市面貌，又以多座羅馬天主教堂和東正教堂最具代表性，某些建築可回溯到羅馬和拜占庭時期，展現該城多元的文化價值。

1979年時的一場大地震，讓科托爾這座亞得里亞海上的自然港口及其周遭區域蒙受嚴重的破壞，因而被聯合國教科文組織列為瀕危遺產，歷經多年的整修與重建，才使得它於2003年時從瀕危名單中除名。

⑨ 蒙特內哥羅
杜彌托爾國家公園
Durmitor National Park

登錄時間：1980
遺產類型：自然遺產

創立於1952年的杜彌托爾國家公園，由杜彌托爾山脈、塔拉(Tara)峽谷、蘇齊查河(Sušica)和德拉加河(Draga)以及寇馬尼查(Komarnica)峽谷高原組成，面積廣達390平方公里。

冰與水的交互作用，在杜彌托爾的石灰岩山脈上留下13座冰河湖，被稱為「山之眼」(Gorske Oči)，其中最大的一座為「黑湖」(Crno Jezero)，背後就是地標之一、呈圓形的「熊峰」(Međed，海拔2287公尺)。杜彌托爾山脈共有48座高峰超過2000公尺，最高峰為波波托夫庫克(Bobotov Kuk)，海拔2523公尺。另外深達1300公尺的塔拉河峽谷，全世界僅次於美國科羅拉多大峽谷的1500公尺。

⑩ 斯洛維尼亞
什科茲揚溶洞
Škocjan Caves

登錄時間：1986
遺產類型：自然遺產

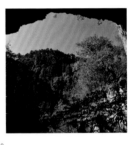

雖然沒有波斯托伊納的名氣和人氣，什科茲揚反而因為保留更多原始的石灰岩地貌，在科學研究上享有更崇高的地位。

總長6.2公里的什科茲揚溶洞，就像世界上大多數偉大的喀斯特地貌一樣，都有一段奇特的形成過程。早在西元前3000年前洞穴內就出現人類身影；到了西元前2世紀，什科茲揚溶洞開始有文字紀錄；17世紀時，斯洛維尼亞偉大的科學家瓦瓦索(J. V. Valvasor)探勘了雷卡河盆地、坑洞以及其地下伏流；而真正有系統的探勘，要到19世紀之後。目前整個景區由什科茲揚溶洞地區公園(Škocjan Caves Regional Park)管轄，占地401公頃，全部涵蓋在世界遺產的範圍。

⑪ 斯洛維尼亞、瑞士等國
阿爾卑斯山周圍的史前高腳屋
Prehistoric Pile Dwellings around the Alps

登錄時間：2011
遺產類型：文化遺產

在阿爾卑斯山周圍發掘了史前人類生活遺跡，估計是新石器時代和青銅器時期沿著湖泊、河流或濕地所建造的高腳木屋，遍布於瑞士、德國、法國、奧地利、義大利和斯洛維尼亞共6個國家，聯合國教科文組織從上千個考古遺址中選出111個，見證了歐洲史前時代的社區與環境互動模式。

⑫ 斯洛維尼亞、西班牙

阿爾馬登和伊德里賈的汞遺產

Heritage of Mercury Almadén and Idrija

登錄時間：2012　遺產類型：文化遺產

　　汞是一種稀有的金屬，全世界僅少數幾個礦場大量生產，其中兩個最大的採礦城鎮分別是：斯洛維尼亞的伊德里賈(Idrija)和西班牙的阿爾馬登(Almadén)，從中古時代開採，至今依然運作。

⑬ 克羅埃西亞、蒙特內哥羅、塞爾維亞、波士尼亞與赫塞哥維納

Stećci中世紀墳墓

Stećci Medieval Tombstones Graveyards

© Adnan Šahbaz

登錄時間：2016
遺產類型：文化遺產

　　這個遺產散布在塞爾維亞西部、黑山西部、克羅埃西亞中部和南部、波士尼亞與赫塞哥維納，總共28個地點，全數是西元12至16世紀留下來的石棺墳墓與大型墓碑，採用石灰石製作雕刻，其銘文和裝飾圖案充分反映了當地獨特的傳統文化。

⑭ 克羅埃西亞、蒙特內哥羅、義大利

16至17世紀威尼斯防禦工事

Venetian Works of Defence between the 16th and 17th Centuries: Stato da Terra – Western Stato da Mar

登錄時間：2017　遺產類型：文化遺產

　　16~17世紀威尼斯共和國修築防禦工事，從義大利北部倫巴底地區延伸1000公里至亞得里亞海東岸，被指定為世界遺產的堡壘共6處，分布於義大利、克羅埃西亞和蒙特內哥羅，這些堡壘的設計反應出火藥引進歐洲後的影響，軍事科技和防禦建築上的設計都有大幅度改變，而威尼斯共和國這些堡壘的設計，成為歐洲其他國家的樣板。遺產包含札達爾(Zadar)的舊城牆、旭本尼克的聖尼可拉堡壘(Fort of St. Nikola)以及蒙特內哥羅科托爾的城牆堡壘。

© Roland Mayr/NATIONALP

⑮ 克羅埃西亞、斯洛維尼亞等共12國

喀爾巴阡山脈和歐洲其他地區的古老和原始山毛櫸森林

Ancient and Primeval Beech Forests of the Carpathians and Other Regions of Europe

登錄時間：2007、2011、2017
遺產類型：自然遺產

　　這項自然遺產遍及歐洲12個國家的森林，斯洛伐克和烏克蘭共同擁有的一片原始山毛櫸林於2007年首先登錄世界遺產，因其樹齡、種類的多樣性、高大的尺寸和範圍廣闊而擁有突出的價值。2011年增加了德國中部和西北部的15處山毛櫸林，2017年又擴大範圍，加入阿爾巴尼亞、奧地利、比利時、保加利亞、克羅埃西亞、斯洛維尼亞、義大利、羅馬尼亞和西班牙。其中，克羅埃西亞境內的山毛櫸林位於達爾馬齊亞北部的帕克尼采國家公園（Paklenica National Park）。

⑯ 斯洛維尼亞

普雷契尼克在盧布里亞納的作品－以人為本的城市設計

The works of Jože Plečnik in Ljubljana – Human Centred Urban Design

登錄時間：2021
遺產類型：文化遺產

　　建築師普雷契尼克在戰間期，為故鄉盧布里亞納設計出一系列充滿人文情懷的公共空間與建築，其中包括橋樑、公園、街道、廣場、長廊、市場、教堂、圖書館與公墓等，這些設計也被精巧地融入城市的自然和文化環境，造就了盧布里亞納今日遍佈著新古典主義與新藝術風格的新形象。

Croatia History
克羅埃西亞歷史

從舊石器時代到伊利亞人時代
●西元前50000年~西元前4世紀

舊石器時代的尼安德塔人(Neanderthal)於20世紀初，在北部地區的克拉皮納(Krapina)被挖掘出土，這意味著3萬至5萬年前，就有智人在這一帶活動。但真正展開克羅埃西亞歷史的，是一只鴿子形狀的祭祀用器皿(Vučedol Dove)，時間可以上溯到西元前2000到3000年，代表新石器時代晚期工藝技術，如今這只鴿子祭器已成為克羅埃西亞的國家象徵。

西元前1200年左右，屬於印歐民族的伊利里亞部族(Illyrian)移居到帕諾尼亞平原(Pannonian plain)、海岸地區以及大型島嶼，隨著他們定居不同區域而產生不同部落名稱，但都統稱為伊利亞人，直到羅馬人及凱爾特人(Celts)入侵，才結束了伊利亞人時代。

希臘勢力延伸與羅馬帝國統治
●西元前4世紀~西元5世紀

西元前3至4世紀，希臘文化勢力延伸到亞得里亞海岸地區，例如赫瓦爾(Hvar)、科楚拉(Korčula)都能找到希臘人定居過的痕跡，直到羅馬人入侵，才奠定了今天亞得里亞海岸許多城市的基礎。

西元9年，奧古斯都皇帝(Augustus)征服東部的帕諾尼亞平原，並沿著多瑙河岸建立堡壘，從此克羅埃西亞大部分區域都納入羅馬帝國領土，大致可分為兩省，海岸地區為達爾馬齊亞省，東部平原為帕諾尼亞省。

羅馬人實質掌控這片土地長達5個世紀，並以沙隆納(Salona，今名稱為Solin)為首府。羅馬廣場、競技場、凱旋門、神殿、劇場、浴場以及工整的街道，構成典型的羅馬城市樣貌，札達爾(Zadar)、斯普利特(Split)、普拉(Pula)、波瑞曲(Poreč)、羅溫(Rovinj)都是當時著名的羅馬城市。

西元395年羅馬分裂為東西兩大帝國時，克羅埃西亞被畫入西羅馬範圍，直到西元476年西羅馬帝國滅亡為止，在後來斯拉夫民族入侵前，部分西羅馬城市被東羅馬帝國(拜占庭)接收。

斯拉夫人與克羅埃西亞王朝
●6世紀~11世紀

羅馬帝國瓦解後，斯拉夫民族從北方趁虛而入，占領了帕諾尼亞平原，從7世紀之後，一支斯拉夫人與原本住在達爾馬齊亞地區的拉丁人開始通婚交融，被稱為Hrvati(也就是Croat克羅埃西亞人)，歷史上首度出現克羅埃西亞一詞。

受到拜占庭帝國查理曼大帝(Charlemagne)影響，他們很快接受拉丁人的文明與基督信仰，8、9世紀之交，出現了以克羅埃西亞人為主的政權。西元925年，史上第一個克羅埃西亞國王湯米斯拉夫(Tomislav)在Duvno(今天波士尼亞西南方)加冕，統一帕諾尼亞平原與達爾馬齊亞兩個地區的克羅埃西亞人，疆域等同於今天的克羅埃西亞、波士尼亞及蒙特內哥羅。

在新王朝尚屬脆弱階段，不能不提到寧斯基主教(Grgur Ninski)的貢獻，在湯米斯拉夫繼任者克雷斯米爾四世(Krešimir IV)任內，他可以說扮演了新國家重要的支柱，勇於向羅馬教皇挑戰，爭取以斯拉夫語及文字進行宗教彌撒，而不使用拉丁語，進一步確立了克羅埃西亞的身分。

只是克羅埃西亞王國彷彿曇花一現，接下來整整一個千禧年，克羅埃西亞始終擺盪在鄰國強權手中。

結盟匈牙利與蒙古人入侵
●12世紀~16世紀

克雷栩米爾四世的繼任者Zvonimir於1089年被刺身亡後，他的妻舅匈牙利國王Ladislaus於兩年後順理成章接收了克羅埃西亞王權地位，可說是匈牙利與克羅埃西亞結盟，也是史上匈牙利勢力第二次伸入克羅埃西亞。

匈牙利掌控了克羅埃西亞內陸，但要進一步前進達爾馬齊亞海岸卻沒那麼順利，因為另一頭威尼斯正虎視眈眈。

13世紀還發生一件大事，那就是蒙古人入侵，蒙古人揮軍南下，摧毀許多城市，包括札格拉布在內，並迫使匈牙利國王貝拉四世(Bela IV)向南遷移到特羅吉爾(Trogir)，還好蒙古勢力迅速退去，匈牙利國王又重新控制了克羅埃西亞，但時間不長，緊接著新威脅又到來。

鄂圖曼土耳其強力壓境
●14世紀~17世紀初

14世紀開始，從東方崛起的鄂圖曼土耳其(Ottoman Turk)，其威脅力道既強且久，持續時間長達3個世紀之久。信奉伊斯蘭教的鄂圖曼於1453年滅了拜占庭帝國，並以君士坦丁堡(今天土耳其伊斯坦堡)為基地，向八方進犯。當巴爾幹半島的波士尼亞、塞爾維亞在幾場慘烈戰役完全臣服於鄂圖曼之後，克羅埃西亞也不能倖免，此時匈牙利王朝完全無法發揮庇護作用，任由各個城市單打獨鬥，有的被攻陷，有的築起厚實高牆，成為抵抗鄂圖曼的堅強堡壘，今天克羅埃西亞境內尚留存的古堡大多在這個時期興築。北邊奧地利哈布斯堡王朝(Habsburgs)給予些許協助對抗鄂圖曼，但僅侷限北部地區。

鄂圖曼在巴爾幹半島留下了深厚影響，除了塞爾維亞能維持東正教信仰，其餘阿爾巴尼亞、波士尼亞都改信伊斯蘭教。而克羅埃西亞因為扮演了捍衛羅馬天主教的前鋒角色，相對來說不但對抗得艱苦，也造成許多克羅埃西亞人逃離家園，前往威尼斯掌控的海岸城市避難。

威尼斯殖民統治時期
●15世紀初~18世紀末

1409年，匈牙利國王以10萬金幣把達爾馬齊亞海岸地區賣給威尼斯，從此之後，整個亞得里亞海實質落入威尼斯手中，一直到1797年，威尼斯投降於法國拿破崙為止。

威尼斯統治伊斯特里亞半島和達爾馬齊亞純粹以經濟為考量，而且是竭盡資源地利用這塊土地，包括砍伐森林建造威尼斯的船艦，所生產的橄欖油、無花果、酒、魚和鹽全數歸公。由於鹽為獨占事業，達爾馬齊亞的漁夫甚至不能用鹽來醃存自己所捕獲的魚；他們也不能造自己的船，免得與威尼斯的造船業競爭；這期間，威尼斯人沒有為這些城市鋪橋造路、沒有設立學校、沒有工業發展，甚至農產等民生必需品都得仰賴進口。因此凡是被威尼斯統治的城市，在經濟上都失去了光彩。

不過文化面倒是有不同發展，許多從鄂圖曼手中逃難的克羅埃西亞知識份子及羅馬天主教徒，紛紛前往威尼斯占領的城市避難，他們一方面對威尼斯的殖民統治保持覺醒，另一方面則盡情發揮文學、藝術，以及出版克羅埃西亞文的宗教書籍。

杜布羅夫尼克城邦繁華五百年
●拉古沙共和，1382~1808年

克羅埃西亞史上唯一以克羅埃西亞身份發光發熱的獨立城市。1205年之後的150年間，它也曾經被威尼斯統治過，塑造出今天的城市樣貌；1358年被匈牙利短暫占領，不過從1382年之後，杜布羅夫尼克就以「拉古沙」(Ragusa)之名的獨立共和城邦身分，發展成海上貿易強權，並成為克羅埃西亞重要的心靈

及文化中心，而有「克羅埃西亞的雅典」稱號，直到1808年拿破崙軍隊攻入，才結束了近500年的繁華歲月。

從哈布斯堡王朝到奧匈帝國
●16世紀~1918年

維也納哈布斯堡王朝與鄂圖曼土耳其之間從16世紀起的零和戰爭，雙方一進一退，使得奧地利勢力得以伸進克羅埃西亞，尤其是北部的瓦拉茲丁(Varaždin)和札格拉布，都實質由維也納掌控，而東部的斯拉弗尼亞地區(Slavonia)則變成一塊由克羅埃西亞人、塞爾維亞人、日耳曼人、匈牙利人交織的多元民族馬賽克拼貼。許多巴洛克式建築都在這個時期留下。

18、19世紀之交，拿破崙橫掃歐洲，過去由哈布斯堡占領的達爾馬齊亞海岸，全數納入法國拿破崙王朝的「伊利里亞省」(Illyrian Province)。就像拿破崙的短暫政治生命，法國所管轄的伊利里亞省也沒維持多久，1815年，維也納很快要回了達爾馬齊亞海岸，整個克羅埃西亞都納入奧地利版圖，並在1867年奧匈帝國誕生後，成為奧匈帝國的一省，並由匈牙利統治。

在匈牙利的語言、文化強制影響下，終於喚醒克羅埃西亞人的民族意識，過去克羅埃西亞北部、東部的人說德語、匈牙利語，南部海岸地區則說義大利語，1830年代，一項說自己語言、寫自己文字的「伊利里亞運動」首度在札格拉布誕生。

首任克羅埃西亞總督耶拉齊查(Ban Josip Jelačića)倡導克羅埃西亞自治，反抗匈牙利，儘管其功未竟，卻已埋下民族獨立的種子。

南斯拉夫共黨政權壓制
●1918年~1991年

1918年奧匈帝國垮台之後，由克羅埃西亞、斯洛維尼亞、塞爾維亞組成的「南斯拉夫委員會」，迅速成立了三個王國，1929年，三個王國同時被併入南斯拉夫王國，直到二次世界大戰後，由共產黨扶植的狄托(Tito)政權建立了「南斯拉夫社會主義聯邦共和國」，統治整個南斯拉夫長達30年，以鐵腕壓制南國各族群之間的衝突。

狄托於1980年死後，南斯拉夫實行集體領導，由各共和國合組成弱勢的執政團，各國之間的嫌隙日深。冷戰結束，東西方在東歐與中歐的對峙解除，南斯拉夫在國內及國際政治出現權力真空的情況下開始分裂，斯洛維尼亞、克羅埃西亞、馬其頓與波士尼亞相繼在1991和1992年宣告獨立，打破狄托統治帶來的和平寧靜，並揭開了血腥內戰的序幕。

克羅埃西亞獨立建國
●1991年至今

1989年柏林圍牆倒塌，1990年蘇聯解體，1991年6月，克羅埃西亞順勢宣布脫離由塞爾維亞主控的南斯拉夫聯邦，自行獨立建國。隨後境內的塞爾維亞裔立即展開武裝叛亂，並進而演變成全面戰爭。在塞爾維亞軍隊的強力援助下，克國塞裔發動一波強大攻勢，占領了三分之一的領土，並且建立「克拉耶納共和國」(Republic of Krajina)。這波戰事造成一萬人喪生，數十萬人無家可歸，杜布羅夫尼克老城被圍困7個月。在聯合國居間協調及監督之下，克羅埃西亞境內的戰事在1992年1月宣告停火，但零星衝突不斷。

克羅埃西亞政府並未因為停火而放棄收復失土的決心，而境內的塞裔與塞爾維亞亦是藕斷絲連。1995年8月對境內塞裔部隊發動絕地大反攻，收回克拉耶納共和國占走的土地。

內戰期間，百業蕭條，結束戰爭後經過十多年的休養生息，克羅埃西亞的經濟命脈－觀光終於得以重整，再度受到歐洲人的青睞。

2012年克羅埃西亞通過公投加入歐盟，並於2013年7月正式成為歐盟第28個會員國。

Slovenia & Montenegro History
斯洛維尼亞・蒙特內哥羅歷史

斯洛維尼亞歷史

歷史上，斯洛維尼亞多數時候都是臣服於大帝國之下，西元8世紀被查里曼大帝(Charlemagne)征服，於是從神聖羅馬帝國到奧匈帝國，斯洛維尼亞一直是日耳曼世界的附庸，以首都盧布里亞納為例，有不少比例的奧地利人住在這裡，斯洛維尼亞語和傳統文化反而在鄉間較為通行。

1809年到1813年期間，拿破崙橫掃全歐洲之後，指定盧布里亞納為「伊利亞省」(Illyrian Province)的省府，斯洛維尼亞語首度在官方和學校使用，激起斯洛維尼亞的民族意識，特別是愛國詩人法藍斯·普雷雪倫(France Prešeren)最受到後世景仰。

進入20世紀之後，斯洛維尼亞便步入其他巴爾幹國家相同命運，兩次世界大戰的摧殘以及前南斯拉夫統治，直到1990年才走上獨立之路。2004加入歐盟後，面對西歐那一邊的國界消失，犯罪率相對提高，西歐富人紛紛來此置產，似乎又要開始面對另一次身份認同的角力。

蒙特內哥羅歷史

沒有第二個歐洲國家像蒙特內哥羅這樣，如此一步到位，2006年5月以55.5%的贊成票通過、脫離塞爾維亞而獨立，隨即加入歐盟、使用歐元，也是前南斯拉夫最後一個獨立的成員國。歷史上，蒙特內哥羅的面孔並不清晰，有時有獨立的政權，有時又屬於塞爾維亞王國；始終在鄂圖曼土耳其、義大利威尼斯、奧匈帝國這幾大勢力之間擺盪。

其中比較明顯的幾段，為伊凡·斯諾耶維契(Ivan Crnojević)於1478年建都於采蒂涅(Cetinje)，16世紀之後以主教兼任國家領導者的身分統治周邊地區。其中最受蒙特內哥羅人愛戴的，便是彼得洛維契·涅果什(Petrović Njegoš)王朝中的彼得(Petar)一世和二世兩位主教，他們在19世紀之交驅逐鄂圖曼勢力，讓蒙特內哥羅的輪廓更加清晰。特別是身為詩人的彼得二世，擁有2公尺高的身軀，他的詩作更是把蒙特內哥羅人團結起來，對抗外侮。

兩次世界大戰之後，蒙特內哥羅和南斯拉夫其他成員國一樣，失去國家身分，直到2006重新建國。

45

Melting Pot of the Balkans
巴爾幹大熔爐

文●林志恆　攝影●周治平・林志恆

複雜的民族和交纏數代的民族恩怨，注定了巴爾幹半島始終脫離不了「歐洲火藥庫」的稱號，地理上，夾處在東歐和西歐之間，克羅埃西亞、斯洛維尼亞、蒙特內哥羅這三個位在西巴爾幹的國家，長期以來就是一塊兵馬交踏的要塞之地。受到海岸地帶的拉丁文化以及內陸地帶的奧匈文化影響，多元民族、文化在這裡交融，留下大量可觀而精采的文化遺產。

從克、斯、蒙這三個國家獨立前所屬的「南斯拉夫社會主義聯邦共和國」，不難看出端倪：境內有兩種字母，其一是拉丁字母，其二是斯拉夫字母；三種官方語言，分別是塞爾維亞—克羅埃西亞語、斯洛維尼亞語、馬其頓語；四種主要宗教，分別為羅馬天主教、東正教、伊斯蘭教與猶太教；五大族群，分別是塞爾維亞人、克羅埃西亞人、斯洛維尼亞人、馬其頓人與蒙特內哥羅人；還有六大共和國，分別為斯洛維尼亞、克羅埃西亞、塞爾維亞、波士尼亞・赫塞哥維納、蒙特內哥羅、馬其頓。

身份認同與價值觀

儘管這六大共和國主要人種同為斯拉夫人，但文化差異極大，也因為如此，克、斯、蒙三國獨立不僅有先後，難易也不同。1991年6月，只有為期10天的交戰，斯洛維尼亞率先踏上獨立之路；克羅埃西亞持續了半年多的獨立戰爭，才在1992年1月贏得勝利；蒙特內哥羅則直到2006年6月，才投票通過從塞爾維亞分離出來。

如果問克羅埃西亞和斯洛維尼亞人，他們的文化和巴爾幹半島上其他國家有什麼不同？他們必定會回答：「他們是東歐，我們則屬於西歐。」

相較於波士尼亞・赫塞哥維納、馬其頓、塞爾維亞、蒙特內哥羅等國家，克羅埃西亞和斯洛維尼亞人吃不同食物，聽不同音樂，有不同的習俗，說不同的語言，更重要的是上不同的教堂。

追溯歷史，克羅埃西亞和斯洛維尼亞的確與西歐緊緊相繫，16、17世紀鄂圖曼土耳其在東歐、巴爾幹半島攻城掠地時，他們甚至是阻擋伊斯蘭教勢力進入西歐基督教世界的堅強堡壘。

也因此，面對巴爾幹半島幾個世紀以來的動盪，克羅埃西亞和斯洛維尼亞總是急於擺脫被列為巴爾幹一員的傳統印象，而不斷堅稱：「我們是現代化歐洲的一部分，而不是動盪的巴爾幹。」

於是他們所形塑的歐洲價值是：好酒、美食、衣著講究、在海邊度假、重視環境議題、保護歷史資產，沈著、有禮的行為舉止，以及民主、和平與包容。

從地理位置來看，克羅埃西亞和斯洛維尼亞正好介於東歐、西歐、南歐之間，它們既曾經歷東歐的戰亂，又具有南歐拉丁民族的地中海風情；歷史文化上，則是跟隨西歐腳步發展，也許不偏不倚的中歐，才是這兩國最確切的身份，至於蒙特內哥羅，文化和地理上則更接近東歐。

融合古典中歐和浪漫南歐風情

從地圖上看，克羅埃西亞就像一把形狀奇特的回力棒，一邊沿著青翠的帕諾尼亞平原(Pannonian plain)向東走，隔著德拉瓦河(Drava)掛在匈牙利下方；另一邊則順著乾燥的山脈，綿延向亞得里亞海透迤伸去。斯洛維尼亞位於回力棒的中心點，大部分土地伸向歐陸，少部分靠海，與克羅埃西亞分享同一座伊斯特利亞半島。

這兩邊的人洋溢著截然不同的風情。屬於歐陸的那一部份，冷靜、保守、優雅，帶著一點日耳曼民族作風；而海洋的克羅埃西亞，則是充滿拉丁的熱情、富於冒險精神。

前者被奧地利哈布斯堡王朝統治長達數個世紀，人民頭髮淡黃、膚色白皙，顯然是克羅埃西亞人、斯洛維尼亞人、匈牙利人及日耳曼人長期通婚的結果。今天奧匈帝國勢力雖已退去，卻在文化及生活留下深厚影響，除了顯而易見的巴洛克式、新古典主義式公共建築，首都札格拉布(Zagreb)就像一座老維也納，咖啡館裡的維也納式咖啡、奶油蛋糕以及一份報紙，仍然是大多數札格拉布人早晨生活不可或缺的一部份，德文則是他們的第二語言。

亞得里亞海的達爾馬齊亞地區(Dalmatia)則受到威尼斯長期支配，人們髮色墨黑、眼神炯炯，顯然已經混和了南歐及義大利人的血液。相較之下，達爾馬齊亞人顯得豪放不羈，在這裡，義大利文是第二語言，

義大利麵、燉飯和比薩是街頭常見的餐點，城牆和舊城內處處有威尼斯文藝復興時期建築的影子，亞得里亞海的影響無所不在，許多辦公室到下午三點就空無一人，允許人們儘早到海灘上享受太陽。

虔誠的基督子民

宗教對克羅埃西亞人來說占據他們生命中最重要的位置，儘管共產主義統治半個世紀期間，宗教信仰被迫退位，但畢竟長達十多個世紀的信仰，已在人民心中根深柢固。根據統計顯示，斯洛維尼亞有95%信奉羅馬天主教；克羅埃西亞有88%信奉羅馬天主教，其餘則為塞爾維亞東正教徒；蒙特內哥羅則相反，高達74％為塞爾維亞東正教徒，其他則信奉伊斯蘭教和羅馬天主教。

很顯然，信仰與民族的比例是一致的，斯洛維尼亞、克羅埃西亞人大都信奉羅馬天主教，塞爾維亞、蒙特內哥羅則是東正教信徒，波士尼亞則有將近一半的人為伊斯蘭教徒。而在克羅埃西亞與塞爾維亞人發生種族衝突時，梵諦岡教廷協助克羅埃西亞獨立，相對的，也提升了羅馬天主教在克羅埃西亞人心中的地位。

早在西元9世紀，克羅埃西亞人就開始效忠羅馬天主教，直到今天，教會仍享有文化及政治上最崇高的地位，並臣服於教廷梵諦岡之下；不論結婚或喪禮，天主教主導整個儀式的進行。

建築藝術之美

The Architecture in Croatia, Slovenia & Montenegro

文●林志恆　攝影●周治平・林志恆

在亞得里亞海岸地區，因為受到威尼斯長期統治，居民、藝術家頻繁往來亞得里亞海兩岸，義大利藝術家經常來到克羅埃西亞小島追尋藝術創作靈感，而達爾馬齊亞人也跨海到義大利半島，隨著時代推進，帶回仿羅馬式、哥德式、文藝復興風格的建築與藝術；而內陸地區在奧地利、匈牙利影響下，城市建築風格始終跟隨維也納和布達佩斯的潮流，從巴洛克、洛可可風走到新古典主義，20世紀初的新藝術旋風也吹過盧布里亞納和札格拉布的大街小巷。達爾馬齊亞湛藍海水與鬼斧神工的石灰岩激發了住民的藝術天分，將夢想和詩意刻畫在建築與雕塑上頭，孕育出不少傑出的克羅埃西亞籍藝術家。

克羅埃西亞在藝術上的創作，首推雕塑，也許是來自石頭的靈感。最早的時候，羅馬人在普拉(Pula)、斯普利特(Split)以當地的石灰岩建造皇宮、競技場、神殿、凱旋門，為後來亞得里亞雕刻家立下傳統。

在仿羅馬式時期，以拉多凡(Radovan)於1240年為特羅吉爾(Trogir)聖羅倫斯大教堂(Sv.Lovre)所打造的大門最具代表性。文藝復興時期，旭本尼克(Šibenik)的聖雅各大教堂(Katedrala Sv. Jakova)，則造就了尤拉・達爾馬齊亞(Juraj Dalmatinac)、尼古拉・佛羅倫斯(Nikola Firentinac)兩位雕塑大師。此外，科楚拉島的地方石匠，在克羅埃西亞也受到推崇。

雕刻藝術到了20世紀，由伊凡．梅什托維契(Ivan Meštrovi)集其大成，不論走到克羅埃西亞的任何角落，都能欣賞到他的作品。

仿羅馬式
西元11世紀~16世紀末

　　過了黑暗時期，10世紀歐洲社會秩序漸趨穩定，一種「仿羅馬式」的建築藝術應運而生，建築最大的特色，就是把厚重堅固的基礎加在拱頂工程上。克羅埃西亞最早的仿羅馬式建築出現在旭本尼克，由11世紀的西妥會僧侶(Cistercian)引進，這種建築形式一直持續到16世紀末。以札達爾的聖安娜史塔西亞教堂為例，從建築立面來看，垂直和水平線條裝飾與義大利比薩教堂十分神似，顯然受到義大利比薩王國的影響。

●代表性建築

札達爾：聖安娜史塔西亞教堂Katedrala Sv Stošije, Zadar
特羅吉爾：聖羅倫斯教堂西側門Katedrala Sv Lovre , Trogir
科托爾：聖特里普納大教堂Katedrala Sv Tripuna, Kotor
科托爾：聖路克教堂Crkva Sv Luke, Kotor

拜占廷建築
西元6世紀~10世紀

　　西羅馬帝國於西元476年滅亡之後，東羅馬拜占廷帝國順勢接收部分西羅馬城市，建築風格帶著些許東方色彩。雖然類似土耳其伊斯坦堡聖索菲亞大教堂那種圓球狀的屋頂，在這裡不復見，不過誇大教堂外觀的力學美則是如出一轍，例如札達爾聖多那教堂是一棟圓柱形龐然大物。至於波瑞曲的優弗拉休斯教堂貼著金箔的鑲嵌畫，則代表著拜占庭最高藝術創作。

●代表性建築

札達爾：聖多那教堂Crkva Sv Donata, Zadar
波瑞曲：優弗拉休斯教堂Eufrazijeve Bazilike, Poreč
科托爾：聖路克教堂Crkva Sv Luke, Kotor

羅馬古典時期
西元1世紀~5世紀

　　羅馬人天性較實際，與民生相關的建築包括道路、橋樑、水道、隧道、排水道、下水道系統、浴場等，隨著羅馬人征戰各地，以羅馬為核心向外擴散。位於亞得里亞海岸的克羅埃西亞，直接受到羅馬人殖民統治，到處都可見古羅馬遺址。

　　最道地的羅馬式建築，非圓形競技場莫屬，位於伊斯特利亞半島(Istria Peninsula)普拉的圓形競技場，是目前全世界僅存6座大型競技場其中的一座，與羅馬的圓形競技場幾乎同一個時間建造。另一座代表性的羅馬建築戴克里先皇宮，則是羅馬皇帝戴克里先為自己打造退位後所使用的皇宮。

●代表性建築

普拉：圓形競技場Amfiteatar, Pula
斯普利特：戴克里先皇宮Dioklecijanova Pala a, Split

哥德式
13世紀~17世紀

隨著城市運動興起，12世紀在歐洲誕生的哥德式建築，建築物漸趨華麗，創新的工程技術結合一套新的建築語彙，創造出一種全新的教堂建築風格，伸向無際蒼穹的尖塔，尖拱形高窗、飛樑、扶壁、彩繪玻璃、圓形玫瑰窗，都是哥德式教堂的最大特色。克羅埃西亞之所以出現大量哥德式建築，而且遠比其他建築形式多，主要來自威尼斯長年殖民統治伊斯特利亞半島和達爾馬齊亞海岸的結果。

●代表性建築
特羅吉爾：聖羅倫斯教堂鐘樓 Katedrala Sv Lovre, Trogir
科楚拉：聖馬可教堂鐘樓 Katedrala Sv Marka, Korčula

巴洛克式與洛可可風格
17世紀~18世紀

文藝復興晚期，矯飾主義非常受到歡迎，於是矯飾、華麗的「巴洛克建築」從17世紀起，開始在歐陸攻城掠地。巴洛克晚期，更為享樂、感官的「洛可可風」出現，把建築物的「奢華」發揮到極限。

在17世紀末鄂圖曼土耳其威脅退去之後，克羅埃西亞的巴洛克式建築開始發展，以北部和東部地區受奧國、匈牙利影響的城市為代表。

●代表性建築
瓦拉茲丁：帕塔契宅邸 Pala a Pata i , Varaždin
札格拉布：聖凱薩林教堂 Crkva Sv Katarine, Zagreb
盧布里亞納：聖雅各教堂 Cerkev Sv Jakoba, Ljubljana
盧布里亞納：烏爾蘇拉的聖三一教堂 Uršulinska Cerkev Sv Trojice, Ljubljana
盧布里亞納：羅巴水池 Robbov Vodnjak, Ljubljana
布列德島：聖母升天教堂 Cerkev Marijinega Vnebovzetja, Bled

文藝復興式
15世紀~17世紀

15世紀興起文藝復興運動，歐洲從中世紀對宗教的迷思走出來，重新發現人本的價值，所要復興的就是古典時期對完美比例及天人合一的美感。這個思維表現在建築上，就是建築物的幾何圖形、線條、或任何柱式，比例都要經過精密的計算以及理性的處理，增一分則太多，減一分則太少。義大利的文藝復興風潮從翡冷翠發軔，接著是羅馬，然後威尼斯。

克羅埃西亞的文藝復興式建築風格自然傳承自義大利，而且發展在沒有淪陷於鄂圖曼土耳其的城市，偉大的建築師尤拉·達爾馬齊亞(Juraj Dalmatinac)和尼古拉·佛羅倫斯(Nikola Firentinac)在旭本尼克所打造的聖雅各大教堂，成為克羅埃西亞文藝復興式建築的重要藍本。

●代表性建築
旭本尼克：聖雅各大教堂 Katedrala Sv Jakova, Šibenik
杜布羅夫克：史邦札宅邸 Pala a Sponza, Dubrovnik
瓦拉茲丁：維利基‧塔波城堡 Dvor Veliki Tabor, Varaždin
波斯托伊納：普里迪亞瑪城堡 Predjamski Grad, Postojna

新古典主義到歷史主義時期
18世紀末~20世紀初

　　18世紀下半葉，歐洲回歸希臘羅馬的「新古典主義」，開始重尋古典的簡單、雍容之美。原本在歐洲建築史上，每個時代都有一個屬於自己的風格，但19世紀中葉之後，有仿哥德式，有仿文藝復興式，有仿巴洛克式，也有回歸古典，把各種建築類型融為一體，這就是所謂的「歷史主義時期」。

　　札格拉布從19世紀起成為克羅埃西亞的政治和文化中心，可謂集各種建築風格之大成。

●代表性建築

札格拉布：國會大廈(新古典主義)Sabor, Zagreb
札格拉布：大教堂(新哥德式) Katedrala Marijina Uznešenja, Zagreb
札格拉布：米馬拉博物館(新文藝復興式) Muzej Mimara, Zagreb
札格拉布：國家劇院(新巴洛克式) Hrvatsko Narodno Kazalište, Zagreb
盧布里亞納：國家歌劇院(新文藝復興式)SNG Opera in balet, Ljubljana
科托爾：聖尼古拉教堂(新拜占庭式)Crkva Sv Nikole, Kotor

新藝術或分離派
19世紀末~20世紀初

　　所謂的「分離派」(Secessionist)開始於1897~1907年，由當時維也納一群畫家、建築師、設計師所組成，為當時流行的新藝術風格分支。其中以建築師奧圖華格納為首，後來設計分離派會館的奧布里希就是華格納的學生，這位中年轉型的建築師，在建築史具有舉足輕重的地位，講究理性的「現代建築」就是從華格納手中建立雛形。

　　其實，這波對復古的反動潮流在當時是不約而同地蔓燒在整個歐陸，離維也納最近的盧布里亞納和札格拉布，在20世紀初同樣感染這個風潮，不少打造這些新建築的建築師，都是奧圖華格納的學生。後代通稱這一時期的主張為「新藝術」(Art Nouveau)，他們表現在建築上要求物品的結構、型態必須合理，所用的材料要合乎邏輯。

●代表性建築

盧布里亞納：郝普特曼之屋Hauptmanova Hiša, Ljubljana
盧布里亞納：飛龍橋Zmajski Most, Ljubljana
盧布里亞納：人民信貸銀行People's Loan Bank, Ljubljana
盧布里亞納：合作銀行Cooperative bank, Ljubljana
盧布里亞納：大聯合飯店Grand Hotel Union, Ljubljana
札格拉布：克羅埃西亞國家檔案館Hrvatski Državni Arhiv, Zagreb
札格拉布：藝術展覽館Umjetni ki Paviljon, Zagreb

Wonderful Karst Topography
喀斯特奇景
石與水、山與海的絕美相遇

文　墨刻編輯部　攝影　周治平・墨刻攝影組

克羅埃西亞、斯洛維尼亞和蒙特內哥羅這三國的土地面積都不大，地形卻極其複雜，高山、平原、河流、湖泊、峽谷和島嶼，各種地貌都含蓋在內。

變化多端的地形地貌

克羅埃西亞的山區主要有兩大系統，位於西北部的山區是阿爾卑斯山脈的支脈，南邊是石灰岩地質的第拿里茲山脈(Dinaric)，兩條山脈就像天然的堡壘，屏障著帕諾尼亞平原和亞得里亞海岸地區。

在第拿里茲山脈山腳下的狹長海岸，就是克羅埃西亞最負盛名的夏日度假勝地，若以直線計算，不過600公里長，但由於海岸崎嶇蜿蜒，實際的海岸線長達1778公里，如果把近海1244座島嶼加進來，整個克羅埃西亞海岸線更長達6278公里。

斯洛維尼亞的面積不及克羅埃西亞的二分之一，以高山和丘陵為主。高山地區屬於阿爾卑斯山脈的支脈，最有名的便是朱利安‧阿爾卑斯山(Julian Alps Train)，而特里格拉夫峰(Triglav)海拔2864公尺，為這三國的最高峰。從克羅埃西亞向西北延伸的第拿里茲山脈，在斯洛維尼亞境內轉為低矮丘陵，即鼎鼎大名的喀斯特區，與義大利為界。至於短短47公里的海岸線，則與克羅埃西亞同享一座伊斯特利亞半島(Istria)。

斯、克兩國共享兩條重要的河川，分別是沙瓦河(Sava，全長221公里)和德拉瓦河(Drava，全長144公里)，最終都往東南注入多瑙河(Danube)。

第拿里茲的石灰岩山脈繼續向南走，便進入蒙特內哥羅境內，造就了驚人的科托爾峽灣(Kotor Fjord)，儘管地理學上對峽灣的定義為冰河運動所形成，而這裡實際上為下沈的喀斯特峽谷，但蒙國人仍習慣稱呼這裡為峽灣。但蒙國還是有冰河湖泊，就是位於北部的杜彌托爾國家公園(Durmitor National Park)。蒙國境內還有一座巴爾幹最大湖泊斯卡達湖(Lake Skadar)，位於東南部與阿爾巴尼亞(Albania)為界。

歐陸與地中海物種交會

由於克羅埃西亞沒有重工業，所以國土內還能幸運地保留30％的森林覆蓋率，山區林相大致由松、冷杉、雲杉、栗樹、山毛櫸、櫟樹組成，森林裡的野生動物包括了熊、狼、野豬、山貓、獾、狐狸、獐及鹿。

北部與斯洛維尼亞接壤的帕諾尼亞平原(Pannonian)土壤肥沃，是克、斯兩國的穀倉，玉米、小麥、大豆、煙草等作物為出口大宗，邊緣的山丘上圍繞著葡萄園，偶爾點綴著斯拉夫尼亞橡樹(Slavonian oak)。

海岸地區就是地中海型氣候所主宰的地中海植物景觀，在布拉風(Bora，亞得里亞海及其沿岸乾冷兇猛的東北風或北風)的背風面，長滿茂盛的橄欖樹、葡萄藤、檸檬樹及紫色薰衣草、金黃色金雀花(Broom)和桃紅的歐洲夾竹桃(Oleander)。而迎著布拉風，克羅埃西亞最神奇的鳥類就是禿鷹，主要棲息在克瓦納灣區，其中以茲勒斯島東岸族群最多，牠們展翅可達3公尺，身長1公尺，目前設立了保護區及保育計畫，族群數量在穩定回升中。

至於普列提維切湖、克爾卡兩座國家公園，以及沙瓦、德拉瓦、多瑙河幾大水系的濕地生態，則是重要的水生植物、魚類及禽鳥棲息地，最顯著的大型鳥類就是喙長而堅實的鸛鳥(Stork)。

談到克羅埃西亞，不能不提大麥町狗(Dalmatian)，牠的原文與達爾馬齊亞地區(Dalmatian)一模一樣，沒錯，全身長滿黑色斑點的大麥町狗，原產自達爾馬齊亞海岸，在達爾馬齊亞一座方濟會修道院裡，就可以看到一幅1724年的大麥町狗油畫。

在斯洛維尼亞，森林覆蓋率更高達58%，動植物種類與克羅埃西亞相仿，其中較特殊的是索查河(Soča)的大理石鱒(Salmo marmoratus)，以及波斯托伊納溶洞(Postojnska Jama)裡的盲螈(Proteus Vivarium)。

喀斯特原鄉

喀斯特地形主宰了克、斯、蒙三國大部分的自然地貌，而地質學上的「喀斯特」(Karst)，其實就是來自亞得里亞海沿岸、從斯洛維尼亞西南一直延伸到克羅埃西亞、蒙特內哥羅的第拿里茲(Dinaric)石灰岩山脈。這裡因溶蝕作用，幾乎所有河流均在地表消失，形成暗流水系，地層表面僅見石灰阱、岩溝、峽谷及灰岩盆地等，呈現一片乾荒景象。

地理學家喬凡克維契(Jovan Cviji，1865~1927)長期在第拿里茲山脈作研究，並於1893年出版一本《岩溶現象》(Das Karstphänomen)，書中關於「喀斯特地貌的診斷」這個章節，指出此區域大部分峽谷的形成，石灰岩的溶蝕作用扮演了關

鍵性角色。由於喬凡克維契以斯洛維尼亞喀斯特區(Kras，德語則為Karst)來解釋所有的石灰岩地貌現象，「喀斯特」從此便成為適用全世界的地質專有名詞，喬凡克維契也被封為「喀斯特地形學之父」。

不過有些地方地表水系與石灰岩交互作用形成的豐富景觀，更甚於暗流水系，甚至石灰華的形成過程以及石灰華如何與藻類、苔蘚和植物交互生長，都能觀察得一清二楚。

喀斯特地形主要代表

斯洛維尼亞
波斯托伊納溶洞Postojnska Jama
　歐洲最大、世界第二大的石灰岩溶洞，除了石筍、鐘乳石、石柱等地質景觀，生態也相當豐富，有200多種動物和昆蟲棲息於洞穴中。

斯洛維尼亞
什科茲揚溶洞Škocjanske Jame
　除了石筍、鐘乳石、石柱等溶洞景觀，更能目睹喀斯特地形的形成過程，包含因溶蝕作用而陷落的盆地、大峽谷、地底河流、瀑布等地貌。

克羅埃西亞
普列提維切湖國家公園
Plitvice Lakes National Park
　少數地表就可以觀察到的喀斯特地形，除了大大小小的瀑布、石灰華台階，還可以觀察石灰華如何與藻類、苔蘚和植物交互生長。

克羅埃西亞
克爾卡國家公園
Krka National Park
　水勢盛大的河流、峽谷、瀑布、湖泊景觀，最大瀑布長800公尺，涵蓋17座台階，落差達46公尺，場面壯觀。

克羅埃西亞
科納齊群島國家公園
Kornati Islands
　這是亞得里亞海上最大、島嶼密度最高的群島，總共由147座無人島組成，島上到處是洞穴、崖壁、岩洞。

克羅埃西亞
帕克雷尼查國家公園
Paklenica National Park
　從亞得里亞海高高拔起的韋來比特斷層(Velebit Massif)延伸145公里，隔開克羅埃西亞的內陸和海岸，這裡有斷崖、深谷，表層一片乾荒，是攀岩者的天堂。

蒙特內哥羅
洛夫茜國家公園
Lovćen National Park
　濃密的黑色山毛櫸形成這裡的黑山印象，儘管平均雨量高，水很快便滲漏到石灰岩裡。

蒙特內哥羅
科托爾灣Bay of Kotor
　一座座鋸齒狀的山脈陡直插入海水中，青山映著藍海，灣中有灣。

五感旅行
在地體驗

文 李曉萍　攝影 周治平

　　克、斯、蒙三國有豐富多變的自然景觀，經過各民族統治與政事，仍然留下完整的歷史痕跡，若只是拍照、打卡、聽故事，難免有隔靴搔癢的遺憾，不妨拋開必遊景點的限制，嘗試更精彩的體驗。

　　毛細孔感受到鐘乳石洞冰涼濕冷的空氣，薰衣草的香氣飄散赫瓦爾島巷弄之間，腳底傳來溫柔回彈，那是健行步道上滿地落葉的柔軟，手中觸摸的光滑石牆是數百年歷史，手心緊握的船槳是激流泛舟的緊張刺激。解放五感與四肢，與在地生活及地景有更真實地接觸，這才是旅行的真正意義。

溶洞地底探險

也許你參觀過許多鐘乳石洞，但一定沒試過像印第安納瓊斯的探險般，在山洞中搭乘小火車，朝地底飛奔前進。穿越濕冷的空氣，穿梭山洞與岩石之下，時而加速經過幾乎要撞到頭的長隧道，時而放慢速度滑行於和禮堂一樣寬闊的大岩洞中，這一刻還驚嘆頭頂上一根根懸掛的鐘乳石，下一秒華麗繁複的石柱已奪走目光。不管是不是周遊列國的老手，波斯托伊納溶洞的開場必定讓你印象深刻。

若一般的溶洞參觀行程還不能滿足，參加晉級版的地底探險吧！戴上頭燈與安全帽，換上特別的服裝，繩索垂降至更深、更黑暗的無人之境，與夥伴協力合作，上上下下攀爬岩洞、搭乘橡皮小艇渡過地底伏流，百分百刺激難忘。

體驗地點：斯洛維尼亞波斯托伊納

峽谷健行森呼吸

濃密森林覆蓋著斯洛維尼亞西北方廣袤的山區，偶爾點綴村落、小木屋或高聳的教堂尖塔，碧綠色、寶藍色高山湖泊鑲嵌綿延起伏的山脈間，湍急河水劃破石灰岩地表，切出一條條幽深奇險的峽谷，健行步道逶迤蜿蜒，引導遊人走向特里格拉夫峰國家公園最原始的自然。

攀爬斯洛維尼亞最高的特里格拉夫峰（2864公尺）也許不容易達成，布列德湖和波茵湖畔的健行步道也能窺見朱利安·阿爾卑斯山脈的美。呼吸最純淨的空氣，感受沁涼水霧，一步一步深入峽谷，揭開瀑布的面貌，欣賞水流在石灰刻下的雕塑創作，不同難度的步道，滿足從戶外玩家到休閒遊客的需求。

體驗地點：斯洛維尼亞布列德文特加峽谷、波茵湖區沙維查瀑布、莫斯特尼查峽谷、特里格拉夫峰國家公園

瀑布下的天然泳池

不同於普列提維切湖國家公園只能走在木棧道上，帶著點距離欣賞靈透夢幻之美，克爾卡國家公園顯得親民許多，每年夏季，Skradinski Buk瀑布周邊的湖區開放民眾戲水，河谷間迴盪歡鬧聲，游泳、泡水或日光浴，呈現出另一種截然不同的休閒氣氛。

克爾卡河(River Krka)水量充沛，以每秒55立方公尺的水奔騰流過17層石灰華台階，一層層直洩而下，形成壯觀的Skradinski Buk瀑布，銀帶交纏堆疊，濺水成霧。圍方圍出一個戲水區，和瀑布的強勁水流保持安全距離，但這絕對是與國家公園瀑布的最親密接觸，換上泳衣泡在冰涼碧綠的湖水中，水聲轟鳴、蟲鳥啾唧合奏不間斷的環景音樂，夏季旅遊少不了這一泓沁涼。

體驗地點：克羅埃西亞克爾卡國家公園

亞得里亞海跳島大富翁

　　克羅埃西亞有1244座島嶼，海岸線長達6278公里，其中66座島有人居住，亞德里亞海面散落大大小小島嶼，像灑落在燦亮蔚藍畫布上的珍珠項鍊，如果來到克羅埃西亞卻沒登船出海，等於只見識到一半的克羅埃西亞風光。

　　每個島嶼都帶點不同個性，在赫瓦爾島滿山遍野的薰衣草間要浪漫；登上科楚拉島欣賞傳統劍舞，嘗試解開馬可波羅的身世之謎；茲勒斯島上尋找瀕臨絕種的保育禿鷹；洛遜島的彩色漁村洋溢威尼斯風情；布拉曲島的白石海灘向海上逶迤延伸，打開夏日水上樂園的大門；科納齊群島讓文學家蕭伯納也驚艷讚嘆，是最熱門的潛水和帆船巡遊點；帕格島靠著羊乳酪和精緻手工蕾絲異

軍突起，在達爾馬齊亞海岸佔據一個亮點。島嶼太多有選擇障礙嗎？下一站要跳上哪個島，擲骰子決定吧！

跳島怎麼玩？

　　千島之國的航線和蜘蛛網一樣密布亞得里亞海，不論是開車、騎單車或搭公車，渡輪都能迅速有效率地載送你航行於本土與離島之間，或是從一座島跳到另一座島，甚至更遠一點，航行到義大利等地中海其他國家。

　　要搭乘渡輪遊克羅埃西亞，不能不認識「亞得羅里尼亞」（Jadrolinija)，這是克羅埃西亞最大的輪船公司，已有上百年歷史，大多數的航線都由它獨家經營，由各種型號、大大小小船隻組成的龐大船隊，連結境內40個以上航點，平均一年載送800多萬人次。

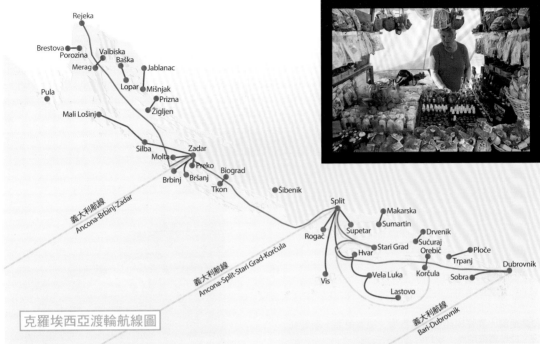

克羅埃西亞渡輪航線圖

義大利航線
Ancona-Brbinj-Zadar

義大利航線
Ancona-Split-Stari Grad-Korčula

義大利航線
Bari-Dubrovnik

　　每到夏日旺季，來自歐洲各地的人、車擠進各個港口碼頭，準備前往各個島嶼度假，亞得羅里尼亞船公司人員制式而熟練的售票、疏導交通、指揮上下船、泊車，總能迅速確實地消化不斷湧入的車陣，不論小客車、休旅車、露營車、貨車，還是大公車，都難不倒超大的渡船胃納。

　　除了Jadrolinija渡輪提供全區航線，各地也有區域性的渡輪公司，例如專營達爾馬齊亞中南部海域的Kapetan Luka，提供斯普利特、赫瓦爾、布拉曲、科楚拉和杜布羅夫尼克等地的頻繁航班。善用整合性的渡輪網站Coratia Ferrires，能夠查詢所有航點、航線、輪船公司、時刻表、價格、渡輪型號（汽車可否上船）等資訊，甚至包含與義大利間的跨國航線，相當方便。

　　一般來說都可以現場購票，但熱門航線在暑期旺季經常大排長龍，不過相對船班也較頻繁。但為了保險起見，如果開車上船，長程線事先訂票可以免去長久等候的不耐；有些航線則是採取先來後到原則，依照車子到達順序上船，如果不開車只是單純乘客，則完全沒有這層顧慮，一定上得了船。秋冬的渡輪班次則大幅減少，有些航線甚至不行駛。

體驗地點：
克羅埃西亞沿岸島嶼
Jadrolinija
🌐 www.jadrolinija.hr
Coratia Ferrires
🌐 www.croatiaferries.com

穿越時空住一晚

旅行中最難忘的就是「非日常體驗」，住宿也是旅程中重要的一環，來到亞得里亞海沿岸旅行，至少要住一次千年古城的舊城區，親自演一回時空穿越劇，當一天古羅馬人！

走進斯普利特迷宮般的石板巷弄，住進羅馬皇帝戴克里先皇宮的某個角落，房間內石砌牆壁訴說百年物語，夜裡遊人散去的老城恢復靜謐，昏黃燈光下恍惚回到古羅馬時光，在這裏，世界遺產不是書本裡的照片，而是觸手可即的生活風景。別擔心百年老屋住起來不舒適，無論民宿或旅館，大多已更新設備，讓旅客在古蹟中享受最先進的衛浴與一夜好眠。

體驗地點：克羅埃西亞特羅吉爾、旭本尼克、斯普利特、杜布羅夫尼克；蒙特內哥羅科托爾

布列德湖漂蕩

如果沒有試過漂蕩在湖心，感受湖面清風吹拂、360度群山與湖水包圍的靜謐，就不算真正看過布列德湖的美。

你當然可以自己努力划船，但搭乘搖櫓渡船是更輕鬆悠閒的方式。Pletna是布列德湖特有的無龍骨平底船，木船為純手工打造，擺渡人（Pletnarstvo）職業則世代傳承。Pletna船頭尖翹，船尾寬口方便乘客入座，船身加了頂蓬遮陽擋雨，船夫雙槳劃破水面，划向湖心的布列德島，薄霧山嵐環繞，船身輕輕晃蕩，像夢境一般令人沈醉。

體驗地點：斯洛維尼亞布列德湖

攀爬百年城牆

高大厚實的城牆盤踞山壁，或呈之字形蜿蜒而上，或如巨蟒繞過山腰連接另一個城鎮，長城串起一個又一個堅固堡壘，數百年來忠實守護城鎮，扼守峽灣與港口，擋下鄂圖曼土耳其的進攻。

不管攀爬哪個城鎮的城牆，都要費點體力，不過換得的美好代價，就是能夠從至高點享受王者視野，坐擁整片紅瓦老城、湛藍海灣，將近處的翠綠山巒和遠方的島嶼都收進回憶。

體驗地點：克羅埃西亞史東、杜布羅夫尼克、赫瓦爾島；蒙特內哥羅科托爾

索查河泛舟

綿延96公里的索查河是斯洛維尼亞西北角的主宰，這是一條野性十足的河流，河流最寬處可達500公尺，最窄還不到1公尺，但河水一樣地深、一樣湍急，因此成為歐洲知名的泛舟勝地。

泛舟多半集中在Trnovo ob Soi這個河段，獨木舟則大多在Otona和Kobarid之間。兩岸是高聳的灰白石灰岩峽谷，河水呈現不真實的牛奶綠色，在這裡泛舟不只刺激，更是一種視覺饗宴。

體驗地點：斯洛維尼亞索查河

©www.slovenia.info/ Iztok Medja

分區導覽
Area Guide

Croatia

克羅埃西亞

陽光、海灘、鮮嫩多汁的海鮮、上千座島嶼，以及數千公里的海岸線，使得克羅埃西亞成為西歐的後花園；當然，這裡也充滿歷史深度，從羅馬競技場、拜占庭馬賽克鑲嵌畫、威尼斯鐘樓到哈布斯堡別墅宅院，還有共產主義留下來的生硬標誌。

相較於維也納和布達佩斯冷靜的東歐，這裡接近地中海的拉丁熱情多一些，尤其達爾馬齊亞沿岸及其島嶼，已是全世界遊客的度假天堂。除了熱情洋溢的海岸，內陸地區也有驚喜，首都札格拉布的老城、咖啡街、博物館，還有隱身於鄉間謎樣的古堡，都魅力十足。

克羅埃西亞之最Top Highlights of Croatia

普列提維切湖國家公園
Nacionalni Park Plitvička Jezera
豐富多變的喀斯特地貌，流水、石灰岩和多樣生物共存的和諧美感，春天水量豐盈，夏季蓊鬱蒼翠，秋季楓紅葉落，冬季白雪皚皚，四季都呈現不同面貌。(P.127)

杜布羅夫尼克Dubrovnik
克羅埃西亞最受歡迎的世界遺產城市，坐落在海岸南端的一塊石灰岩脊上，強大厚實的米白色城牆包圍著斑駁紅色磚瓦，湛藍的亞得里亞海三面環抱，彷彿落在海面的巨大貝殼。(P.172)

特羅吉爾Trogir
小小一座「島城」彷彿露天博物館，中世紀防禦城堡、仿羅馬式教堂，到威尼斯哥德式及巴洛克風格建築，保存完好，被聯合國教科文組織列為世界遺產城市。(P.157)

赫瓦爾島Hvar Island
曾被票選為全球10大美麗島嶼，春末夏初時節，空氣中飄著薰衣草香，此時的薰衣草田景致堪稱一絕。島上的史塔利‧格拉德平原已列名為世界遺產。(P.166)

戴克里先皇宮
Dioklecijanova Palača
一座皇宮就是一個羅馬城市的規模，戴克里先皇宮是多數遊客來到斯普利特的主要目標，走進白石打造廣場、神殿和住宅巷道，開啟穿越時空之旅。(P.148)

How to Explore Croatia
如何玩克羅埃西亞

克羅埃西亞的國土地形狹長，從北到南分布了大大小小的城鎮和島嶼，初次造訪前，面對密密麻麻的景點難免霧煞煞，不知從何規劃起。別擔心，以下為你精選出各大區域的城鎮，以地圖清楚標示位置，並輔以文字介紹，讓你快速掌握各城鎮的旅遊特點，打造屬於自己的精彩旅程。

❶札格拉布Zagreb

克羅埃西亞的首都和最大城市，長久以來，始終站在中歐多條路線的交叉點，經商、傳教、征戰、殖民的歷史戲碼不斷交替上演，眾多民族文化在此融合，形成今日面貌。

代表性景點：聖母升天大教堂、耶拉齊查廣場、警盜鐘之塔、聖馬可教堂

❷瓦拉茲丁Varaždin

以巴洛克式建築立面飾著淡彩的灰泥裝飾而聞名，優美的教堂、精雕的貴族宅邸、巍峨的城堡，促使瓦拉茲丁一直積極地爭取被列為世界遺產。吸引人的是小鎮農村的安閒靜謐，以及聳立在山頭的神秘古堡。

代表性景點：城堡與城市博物館、維利基‧塔波城堡

❸普拉Pula

想看全球僅存不多的羅馬圓形競技場，歡迎來到普拉！城裡到處是圓形競技場、凱旋門和神殿等羅馬古蹟。從普拉往北走，擁有克羅埃西亞最美夕陽的羅溫是知名度假小鎮，漫步於威尼斯風格的狹窄巷弄間，別有一番風情。

代表性景點：普拉圓形競技場、奧古斯都神廟、羅溫

❹波瑞曲Poreč

波瑞曲城鎮就擠在一塊400公尺長、200公尺寬的半島上，從空中俯瞰十分美麗。老城區的優弗拉休斯教堂，是早期基督教信仰與拜占庭式建築的完美結合。對於迷戀拜占庭黃金鑲嵌畫的人來說不容錯過。

代表性景點：優弗拉休斯教堂

❺里耶卡Rijeka

不論從陸路或海路而來，都先在這裡交會，再輻射出去。便利的交通帶來了過路遊客，真正停留下來的人卻不多。里耶卡沒有非去不可的景點。鄰近的度假勝地歐帕提亞洋溢貴族氣息，高級飯店與別墅錯落在山丘上，人氣比里耶卡還旺。

代表性景點：歐帕提亞、特爾沙特城堡&教堂、城市鐘塔

❻克爾克島Krk Island

里耶卡的國際機場就設在這座島上，交通實在太便利，成了歐洲人度假的最愛。歐洲遊客幾乎都往島嶼最南端的巴什卡海灘去曬日光浴，而克爾克鎮上除了古老城牆和教堂，穿梭在迷宮般的巷道也饒富趣味。

代表性景點：巴什卡海灘、克爾克鎮

❼茲勒斯島與洛遜島
Cres Island & Lošinj Island

這兩座狹長險峻的雙子島，中間僅以11公尺寬的人工水道隔開，並以開合吊橋連接起來。雙子島上的茲勒斯鎮和馬利，洛遜鎮港灣四周環繞著層層疊疊的屋舍彷彿童話世界裡的小漁村。

代表性景點：茲勒斯鎮、馬利‧洛遜鎮

❽札達爾Zadar

札達爾是天然良港，許多渡輪在此進出停靠，周邊又有普列提維切湖、克爾卡、科納齊等國家公園環繞，讓這裡成了通往熱門景區的轉運站。

代表性景點：聖多那特教堂與羅馬廣場殘蹟、海管風琴、帕格島

❾普列提維切湖國家公園 Nacionalni Park Plitvička Jezera

　　這是必訪的風景區，遊客透過園內提供的渡輪、搖槳船、環湖車或步行，可以穿梭在16座湖之間，認識石灰溶岩地貌和獨特動植物生態。

❿旭本尼克Šibenik

　　若非擁有一座世界遺產聖雅各大教堂，旭本尼克也許會被多數遊客忽略，但這座海港城市正好位於前往克爾卡和科納齊群島兩大國家公園的交通門戶，因此發展成觀光重鎮。

代表性景點：聖雅各大教堂、聖米迦勒堡壘、克爾卡國家公園

⓫斯普利特Split

　　斯普利特是渡輪和郵輪進出頻繁的港城。除了世界遺產戴克里先皇宮，在城牆之外也有不少景點值得造訪，特別是博物館和羅馬城遺址。

代表性景點：戴克里先皇宮、沙隆納、人民廣場

⓬特羅吉爾Trogir

　　想看多種不同時期風格的建築宅邸在狹窄的中世紀街道同時聚集，絕對要走進這座可愛的島城，來了，你就能明白這座島城之所以被納入世界遺產的原因。

代表性景點：聖羅倫斯大教堂、敞廊與塔鐘

⓭布拉曲島Brač Island

　　喀斯特地貌和上等建築石材讓這座小島揚名於世，旭本尼克聖雅各教堂和斯普利特戴克里先宮的石造建材就來自於此。島上的礫狀白石海灘最吸引遊客。

代 表 性 景 點： 波 爾 的 Zlatni Rat海灘、蘇沛塔鎮

⓮赫瓦爾島 Hvar Island

　　它曾被票選為全球10大美麗島嶼，島上滿山遍野的紫色薰衣草被圈圍在白色石灰岩之間，充滿野性美感；島嶼北方還有一片史塔利‧格拉德古老農地被列為世界遺產。

代表性景點：赫瓦爾城、史塔利‧格拉德平原

⓯杜布羅夫尼克 Dubrovnik

　　不少人千里迢迢就為了一睹古城風采，知名度遠遠超過首都札格拉布。湛藍的亞得里亞海三面環抱，視覺景觀扣人心弦。無論攀登城牆，漫步老城區，或搭纜車俯瞰全城，都有走進時光隧道的歷史美感。

代表性景點：城牆與城門、鐘樓、纜車

⓰科楚拉島 Korčula Island

　　旅行家馬可波羅的身世之謎，使得這座島嶼永遠充滿話題。它究竟是不是馬可波羅的出生地呢？來島上聽故事，答案就會揭曉。

代表性景點：科楚拉城、馬可波羅之家

克羅埃西亞
內陸

克羅埃西亞內陸
The Croatian Interior

克羅埃西亞內陸地區主要分成首都札格拉布
(Zagreb)、北部的薩果耶(Zagorje)，及東部的斯拉佛尼亞(Slavonia)三塊區域。札格拉布為克羅埃西亞主要對外門戶及第一大城，充滿濃濃的中歐古城風味；在札格拉布西北方的一大片內陸地區，與匈牙利和斯洛維尼亞兩國接壤，傳統上稱為薩果耶，峻嶙起伏的山陵點綴著田園村落，中世紀古堡與溫泉隱藏在鄉間小徑；東部的斯拉佛尼亞則因曾受戰亂影響，較少受遊客青睞，但也保留更多原始風貌。

札格拉布
Zagreb

文●李曉萍‧林志恆 攝影●周治平‧林志恆

身為克羅埃西亞首都及最大城市,札格拉布理應獲得最多的關愛眼神,然而克羅埃西亞向來以海岸、島嶼風光聞名,每逢夏天,來自歐洲各地的遊客往往直奔大海,很少在札格拉布停留,使得這個身處內陸的國家首府似乎遭到些許的冷落。

它不是第一眼就很吸引人的城市,名氣也不若奧地利維也納、匈牙利布達佩斯、捷克布拉格等鄰近國家的首都,不過仍然十足展現了中歐及東歐城市的特色,愈是深入探索,愈能被它深厚文化根基的魅力所感染。而去過上述城市的遊客,來到札格拉布,也許會覺得似曾相識,特別是城市的街道和建築風格。

1994年,這個城市舉辦了建城900週年紀念,這也意味著9個多世紀以來,札格拉布因為位於中歐多條路線的交叉點,經商、傳教、征戰、殖民的歷史戲碼不斷交替上演,這其中包括韃靼人的占領、鄂圖曼土耳其的兵臨城下、奧匈帝國及蘇聯的殖民。事實證明,札格拉布總是懂得如何在困難中求生存,進而成長茁壯,甚至它還是阻擋伊斯蘭教勢力進入中歐基督教世界的堅強堡壘。

北有梅德維尼卡山(Mt Medvednica),南有沙瓦河(Sava),1880年,一場大地震重創整座城市,許多重要建築都是地震之後興建或復原的。20世紀之後,札格拉布確立了它在克羅埃西亞政治、經濟、文化中心的地位,如今已是一個人口百萬的大城。

INFO

基本資訊
人口：767,131
面積：約641.32平方公里
區域號碼：(0)1

如何到達―航空
　　台灣沒有航班直飛札格拉布，可經由土耳其、維也納等歐洲主要城市轉機前往，但與斯洛維尼亞、蒙特內哥羅無直航班機，詳細資訊可參考P.285。札格拉布機場（Zračna luka / Zagreb Airport，機場代號ZAG）位於市中心東南方17公里處，是克羅埃西亞的出入門戶。

札格拉布機場
☎60-320-320
🌐www.zagreb-airport.hr

◎機場巴士Airport Shuttle
　　從機場到市區可搭乘機場巴士Pleso Prijevoz，車程約35~ 40分鐘， 單程票價約€8， 每30~60分鐘一班，市區終點為巴士總站（Zagreb Central Bus Station），機場出發的巴士營運時間6:00~20:00(20:00後，巴士於飛機抵達後發車至午夜)，市區至機場為4:00~20:00。
🌐www.plesoprijevoz.hr

◎電動車巴士ZET Bus
　　可乘坐ZET Bus 290號，從市區Kvaternikov Trg出發，經過機場至終點站Velika Gorica，沿途停靠20站，機場出發的營運時間4:20-23:25(週日5:20起發車)，市區至機場為4:30~00:15(週日5:35起發車)，每35分鐘一班。

◎計程車Taxi
　　從機場至市區，花費約在€25~€33.5之間。

◎租車
　　可以在機場租車開進市區，知名的國際租車公司均有設點。

如何到達―火車
　　火車站位於市中心南緣，地理位置十分便利，步行約10分鐘可到達耶拉齊查廣場，火車站前也可轉乘地

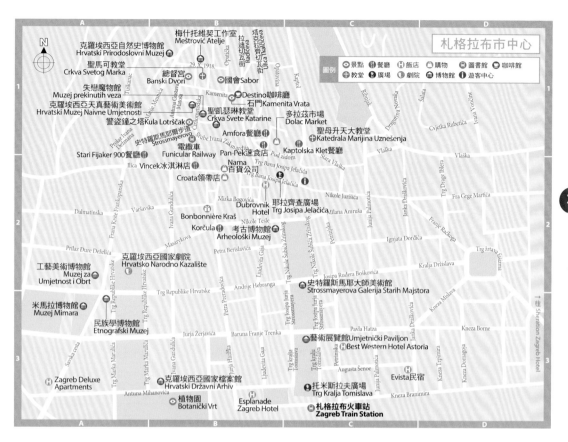

面電車前往市區各處。札格拉布往返於歐洲各國城市的車程及班次大致如下：布達佩斯5~6小時，每日1班；盧布里亞納2.5小時，每日3班；慕尼黑8.5~9小時，每日1班；維也納6.5~7小時，每日1班。

札格拉布火車站

🚩Trg Kralja Tomislava 12
📞60-333-444
🌐www.hzpp.hr

如何到達—長途巴士

從布拉格、格拉茲、慕尼黑、蘇黎世、漢堡等歐洲各國城市，可搭乘Croatia Bus前往札格拉布。巴士總站位於札格拉布的東南邊，距離火車站約1公里，從巴士總站對面搭乘2、6號線的地面電車可前往火車站，乘坐6號線地面電車可抵達耶拉齊查廣場(Trg Bana Josipa Jelačića)。

巴士總站Autobusni Kolodvor

🚩Avenija Marina Držića 4

📞072-500-400
🌐www.akz.hr

市區交通

◎地面電車Tram

市區的地面電車(Tram)和巴士由ZET營運，電車共有15條日間路線、4條夜間路線，幾乎可以到達多數景點，包括郊區在內。在書報亭購買單次券，30分鐘內有效票券，每張€0.53；60分鐘內有效票券，每張€0.93；90分鐘內有效票，每張€1.33，皆限同一方向轉乘，直接向司機購買€1.99；1日券可在1日內無限次搭乘，票價€3.98，3日券票價€9.29。

上車前記得在車上的黃色剪票機打上日期和時間，目前這些黃色剪票機多半改為感應式，如果找不到可以插入的地方，可以到車首試試看。

📞72-500-400 🕐日間路線的營運時間每條略有不同，平均為4:30~00:00；夜間路線營運時間，平均為00:00~4:50 🌐www.zet.hr

◎計程車Taxi

計程車上都有里程表，約€1.3~€1.9起跳，每公里加€0.66~€0.95，週日和夜間加成20％；另外也可選擇搭乘uber。

◎開車Rent a Car

由於市區狹小、停車位有限，停車費每小時更高達€1.6，加上不時與電車爭道，建議盡量不要開車。

優惠票券

◎札格拉布卡Zagreb Card

如果你在札格拉布待的時間超過3天，買一張札格拉布卡絕對划得來，有效日內無限搭乘公車、電車、纜車等公共交通（限Zone 1），可免費參觀失戀博物館、札格拉布城市博物館、當代藝術美術館與札格拉布動物園等四個景點，部分博物館、餐廳、商店享有折扣。每張卡€17.92，效期72小時，另有24小時卡可選擇，每張€13.01，可以在官網或遊客服務中心購買。

🔯 zagrebcard.com

旅遊諮詢

◎耶拉齊查廣場遊客中心

🏠 Trg Bana Josipa Jelačića 11
☎ 148-14-051；148-14-052
🕐 平日9:00~20:00，週末10:00~18:00
🔯 www.infozagreb.hr

◎警盜鐘之塔遊客中心

🏠 Strossmayerovo šetalište 9
☎ 148-51-510
🕐 平日9:00~18:00，週末10:00~18:00

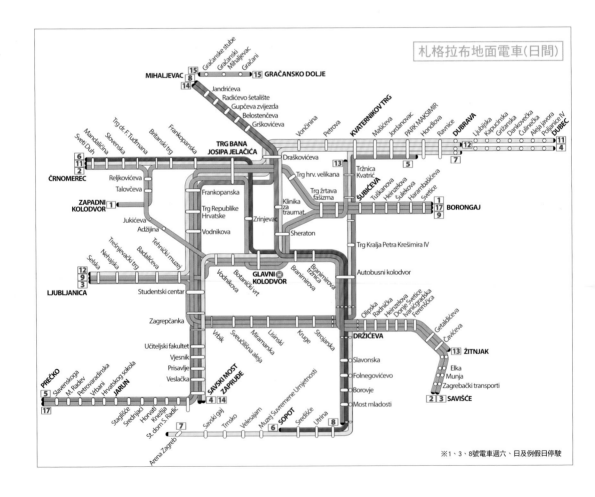

札格拉布地面電車(日間)

※1、3、8號電車週六、日及例假日停駛

城市概略City Guideline

札格拉布的市中心面積不大，大致分為上城與下城兩大部分，而上城正是札格拉布的歷史中心地帶（The Historic Center），由卡普托(Kaptol)、果涅‧格拉德(Gornji Grad)組成。

卡普托(Kaptol)是札格拉布城最古老的區域，其歷史與聖母升天大教堂並存，早在西元1094年，札格拉布就被列為主教轄區，大教堂、大主教宅邸都是區內最重要的建築和精神象徵。Gornji Grad即「上城」的意思，是一座中世紀建立的古城，建城歷史可以回溯到1242年，整座城就位於格拉德(Gradec)山丘上，原本有四座城門。這裡也是克羅埃西亞的政治中心，從過去的王室到今天的政府機構，都在此辦公。

不同於歷史中心區位於山丘高地上，下城的唐涅‧格拉德(Donji Grad)則是一片平坦的平原，範圍大致是在伊利查路(Ilica)以南，沙瓦(Sava)河以北，多半是1830年之後才發展起來的，因此道路、廣場和公園都呈整齊規則的分布，從地圖上看，公園綠地剛好呈現一只長馬靴形狀，主要的博物館、國家劇院都位於此。

札格拉布行程建議
Itineraries in Zagreb

◎如果你有2-3天

上城的遊賞景點相當集中，非常適合來一趟城市散步之旅。無論看建築、逛博物館、徘徊在波西米亞式的悠閒街頭，或體驗當地人的生活文化，都值得花上至少2天時間，放慢腳步，細細品味。

第一天以耶拉齊查廣場為起點，清早逛進多拉茲市場，體驗當地人的採買生活；一路前往譬盜鐘之塔登高眺望，搭乘古早電纜車遊走於上下城之間，走進史特羅斯馬耶爾步道享受清新愜意；當然別忘了拜訪石門、國會、總督宮等歷史性建築，以及聖馬可教堂和聖母升天大教堂兩座重量級地標。利用空檔，逛逛塔克拉齊切瓦街，坐在街角喝杯咖啡或品嚐傳統料理，感受在地的飲食風潮和藝術美學。

第二天就往下城的方向去，以徒步加地面電車的交通方式，首先一睹克羅埃西亞國家劇院的建築風采，再針對個人喜好，將主題豐富的眾多博物館和美術館好好看個夠，從考古、手工藝、民族服飾、在地藝術家作品到私人收藏，絕對能滿足館迷們的好奇心。

◎如果你有3-4天

逛累了市區的博物館，第三、四天不妨前往植物園觀賞喀斯特和地中海區熱帶花卉，徜徉於寬廣綠地，轉換一下心情。

接著，直接離開札格拉布市中心，搭乘4、7、11或12路電車往東邊走，可以到達市內最大的公園馬克西米爾(Maksimir)，裡面有一座大型體育場，是著名的克羅埃西亞國家足球隊的主場地；搭5或17路電車越過沙瓦河向西南走，雅朗湖(Lake Jarun)是當地市民夏天游泳的消暑勝地，搭電車7號線可抵達當代藝術博物館；在北邊，海拔一千多公尺的梅德維尼卡山(Mt Medvednica)就像台北市的陽明山一樣，錯落著許多山間別墅，同樣是札格拉布市民夏天的最佳避暑去處，著名的米洛果耶墓園就位於山腳下。

札格拉布散步路線
Walking Route in Zagreb

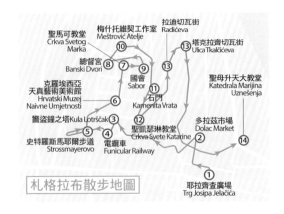

聖馬可教堂
Crkva Svetog Marka

梅什托維契工作室
Meštrović Atelje

拉迪切瓦街
Radićeva

總督宮
Banski Dvori

塔克拉齊切瓦街
Ulica Tkalčićeva

國會
Sabor

克羅埃西亞
天真藝術美術館
Hrvatski Muzej
Naivne Umjetnosti

聖母升天大教堂
Katedrala Marijina
Uznešenja

石門
Kamenita Vrata

警盜鐘之塔 Kula Lotrščak

多拉茲市場
Dolac Market

史特羅斯馬耶爾步道
Strossmayerovo

電纜車
Funicular Railway

聖凱瑟琳教堂
Crkva Svete Katarine

耶拉齊查廣場
Trg Josipa Jelačića

札格拉布散步地圖

這條散步路線涵蓋了札格拉布上城區的靈魂與核心地帶,站在中歐各國環繞的交叉點,歷經了傳教、征戰、商業交易和殖民等過往,都透過教堂、廣場、城門和防禦工事而留存下來。於是,當遊客漫步其中,腳邊走過的都是歷史,眼裡所見的都是上百年建築,以及一頁頁屬於札格拉布的故事。

位居上下城交接處的①**耶拉齊查廣場**正好處於交通輻射地帶,通常被視為約會相聚的集合地標,當然也是這趟散步之旅的最佳起點。廣場上佇立著克羅埃西亞人民心目中的英雄耶拉齊查的雕像,瞻仰之餘,記得聆聽這位英雄當年的起義事件,以及這座雕像的歷史轉折。往北走約3分鐘,來到②**多拉茲市場**,馬上就被一攤攤色彩繽紛的蔬果和鮮花所吸引,置身於當地居民採買的生活畫面中,不妨嘗嘗雪白色乳酪,買點水果,或坐在旁邊簡單的咖啡座吃個早餐,體驗札格拉布美好的早晨。

離開市場,橫越拉迪切瓦街,沿著Zakmardijeve stube可銜接前半段的史特羅斯馬耶爾步道,走往③**警盜鐘之塔**,登上瞭望台,可以四面俯瞰札格拉布市區,想像當年成功阻擋敵人入侵的堅強防禦;接著走到對面搭乘④**電纜車**,體驗上坡下坡的交通樂趣。返回起點之後,可接續走完後半段的⑤**史特羅斯馬耶爾步道**,或折返走回警盜鐘之塔,沿著Dverce ul.往北走,進入⑥**克羅埃西亞天真藝術美術館**,觀賞當地農民畫家的藝術創作,充滿鮮豔童趣色彩。

沿著Ćirilometodska ul.往北走、銜接Trg Sv. Marka,來到聖馬可廣場。廣場上的⑦**聖馬可教堂**以馬賽克拼貼的屋頂聞名,從哥德式外觀、壁龕雕刻到內部的雕塑都很精彩;廣場左右兩側分別是⑧**總督宮**和見證獨立建國的⑨**國會**。對知名雕塑家伊凡．梅什托維契著迷的人,可往北走Mletačka ul.拜訪⑩**梅什托維契工作室**,沒興趣者,則繞過國會前往現今唯一被保存下來的老城門⑪**石門**,瞻仰聖母子畫像,隨後參觀美麗的巴洛克式教堂⑫**聖凱瑟琳教堂**。

逛累了,到⑬**拉迪切瓦街**或**塔克拉齊切瓦街**找家咖啡館用餐、小憩片刻,欣賞街道旁巴洛克式的建築立面。最後,從逛街購物中一路走向⑭**聖母升天大教堂**,在這座札格拉布保存原貌堪稱最古老的建築前,畫下旅程句點。

距離:3.5~4公里
所需時間:約3小時

歷史中心區 The Historic Center

MAP ▶ P.69C1

MOOK Choice

聖母升天大教堂

Katedrala Marijina Uznešenja/ Zagreb Cathedral

札格拉布的重量級地標

⊙ 從耶拉齊查廣場步行約5分鐘可達　⌂ Ulica Kaptol 31　☎48-14-727　⊙週一至週六10:00~17:00，週日13:00~17:00　ⓦwww.zg-nadbiskupija.hr　❗教堂因2020年札格拉布大地震造成損毀，目前進行整修暫停開放。

　這是克羅埃西亞最大的宗教建築，因為位於高丘上，加上兩座高達105公尺的哥德式尖頂，走在札格拉布任何角落，都無法忽視它直入雲霄的天際線，尖塔上因整修工程而纏繞多年的鷹架，也於2022年11月卸下。而今天克羅埃西亞人多數是虔誠的天主教徒，有別於鄰近國家的東正教和穆斯林，這座教堂扮演了關鍵性角色。

　回顧歷史，西元1094年它已經是札格拉布的主教堂，1242年毀於入侵的韃靼人，13至15世紀期間改建為哥德式教堂。1880年一場大地震過後，在20世紀初教堂立面重建為新哥德樣式(neo-Gothic)，並添加兩座高聳的鐘塔，也成為札格拉布最重要的地標。

　教堂內部則是各種建築風格並陳，地震之前留存的有文藝復興時期的神職人員座椅，巴洛克風格的大理石講道壇，地震之後則增加新哥德式的主祭壇。地下室的主教聖器收藏室保存了大教堂的寶藏，包括從11世紀到20世紀的教堂藝術品，以及11世紀國王Ladislaus的斗蓬。歷來的克羅埃西亞達官顯要，也有部分被埋葬在教堂裡，包括19世紀克羅埃西亞首任總督耶拉齊查(Josipa Jelačića)。不妨注意教堂左側樞機主教Alojzije Stepinac的墓碑，那是出自雕刻大師伊凡·梅什托維契(Ivan Meštrović)的手筆。

　在大教堂前的卡普脫廣場，立著金色的聖母瑪麗亞與四尊天使雕像，與耶拉齊洽廣場上的耶拉

齊查雕像一樣，出自19世紀維也納雕塑家Antun Fernkorn的手筆。

　大教堂旁的斜坡上有一組龐大的建築群，包括圍牆、堡壘，以及大主教宅邸(Nadbiskupska Palača)。16世紀初，為了防止鄂圖曼土耳其的攻擊，大教堂周圍蓋起了圍牆堡壘等防禦工事，主要有6座圓塔及2座方塔，屬於早期文藝復興建築。巴洛克式的大主教宅邸則是在1730年建造的，建築群裡有一座仿羅馬式的聖史蒂芬小禮拜堂，建於13世紀中葉，這是目前為止，札格拉布唯一還保存原貌的最古老建築。對歐洲人來說，這些堡壘要塞也是阻止信仰伊斯蘭教的鄂圖曼勢力入侵歐洲的重要據點。

MAP ▶ P.69B1

失戀博物館

MOOK Choice

Muzej prekinutih veza/ Museum of Broken Relationship

心碎治癒所

🚇從耶拉齊查廣場步行約8分鐘可抵達 🏠Ćirilometodska 2 ⏰6~9月：9:00~22:10；10~5月：9:00~21:00 💲全票 €7，半票€5.5 🌐brokenships.com ❶持札格拉布卡免費

來自世界各地無數破碎的心，在這裡組成失戀陣線聯盟，安慰更多需要陪伴的傷口。以失戀為主題的博物館，一開幕就搶佔各旅遊媒體的版面，成為札格拉布最特殊的博物館。

博物館的展品募集自世界各地在感情上受過傷害的人，一張相片、一隻高跟鞋、一把斧頭或一個破掉的娃娃，每個展品都是一段心碎的故事，不只是愛情，也包含親情和友情，其中也有台灣女孩寄來的展品。依循手中的故事本參觀(導覽書有中文版)，閱讀他人的回憶，也間接療癒自己的傷痕。

其實，失戀博物館不是負能量集中營，而是在黑暗中帶來微光，鼓勵大家送出手中的紀念物，送走曾經流過的淚，成為新的自己。

MAP ▶ P.69B1

多拉茲市場

MOOK Choice

Tržnica Dolac/Dolac Market

體驗在地人日常採買生活

🚇從耶拉齊查廣場步行約3分鐘可抵達 🏠Dolac 9 ☎642-2501 ⏰6:30~16:00(週六至15:00，週日至14:00) ❶建議13:00以前前往

要體驗札格拉布人日常吃的、買的、用的，想見識克羅埃西亞有什麼物產，一定不能錯過多拉茲市場。這座市場剛好位於上下城之間，因此被形容為「札格拉布的肚臍」。早上的市場最熱鬧，各種蔬果、鮮花搭配鮮紅的遮陽傘，顏色紛呈，也不妨試試札格拉布的雪白色乳酪和克羅埃西亞的蜂蜜。周邊有一些簡單的咖啡座，可以在此解決早餐。

從1930年代市場開始交易以來，這裡就是市民最重要的購物採買中心，一旁的聖瑪利教堂融合了巴洛克和哥德建築形式，已有600多年歷史，不過今天的樣貌也是在1880年大地震之後重建的。

在市場賣花的區域，有一尊名為Petrica Keremph的銅像正對著一位遭吊死的人撥彈樂器，他是克羅埃西亞傳說中著名的遊唱詩人，也是克羅埃西亞人心目中的英雄。

歷史中心區 The Historic Center

MAP ▶ P.69B1

塔克拉齊切瓦街 &
拉迪切瓦街
Ulica Tkalčićeva & Radićeva

散步喝咖啡的特色街道

🚶 從耶拉齊查廣場步行約3分鐘可進入街頭

　　塔克拉齊切瓦街與拉迪切瓦街是從卡普托通往上城兩條最具特色的街道，沿途特色商店、餐廳及咖啡座林立，巴洛克式的建築立面雕琢精巧，這裡也是札格拉布市民最主要的約會和散步地點。

　　塔克拉齊切瓦街過去是一條小溪，隔開上城和卡普托區，兩旁的房子原本沿河岸而立，還有幾座水車，後來因為水患而於1930年代填平，今天河床已成了一條散步大道。

　　拉迪切瓦街則是銜接上城的東邊入口—石門，西元1396年，這裡的一座橋曾經發生過一場血戰，因此又名「血之橋」(Krvavi Most)。老札格拉布人都稱這條街為「長街」，過去是城裡的主要商業中心。

歷史中心區 The Historic Center

MAP ▶ P.69B1

石門

MOOK Choice

Kamenita Vrata / Stone Gate

昔日老城門今日朝聖地

🚶 從耶拉齊查廣場步行約5分鐘可抵達　📍 Ulica Kamenita

　　石門是舊城4座城門中唯一被保存下來的老城門，也是步行進入上城的主要入口，儘管中世紀就有這座城門的紀錄，不過今日的城門是在1760年重建的。

　　城門裡供奉著一張聖母子畫像，傳說1731年一場大火吞噬掉整座城門，唯獨這張畫像絲毫未損地保存下來，信徒們於是為它建造一座壁龕，並鍛造一道精緻的鐵門保護起來，鐵門的年代大約1758年，是克羅埃西亞巴洛克式鍛工的最佳見證。如今此地已成為朝聖地，跪禱、點燭、獻花的信徒絡繹不絕。城牆石板上到處刻著感謝和讚美聖母的文字。

　　石門外頭有一尊「多拉」(Dora)雕像，是克羅埃西亞18世紀歷史小說中的一位女英雄，她就跟父親住在石門附近。

歷史中心區 The Historic Center

MAP ▶ P.69B1

MOOK Choice

聖馬可教堂

Crkva Svetog Marka/St. Mark's Church

馬賽克拼貼屋頂的歌德式教堂

從耶拉齊查廣場步行約8~10分鐘可抵達　Trg Sv. Marka 5　48-51-611　平日9:00～12:00；彌撒：平日18:00，週六7:30，週日10:30與18:00　教堂因2020年札格拉布大地震造成損毀，目前進行整修暫停開放。

第一眼瞥見聖馬可教堂屋頂上童話故事般的馬賽克磁磚拼貼圖案，就很難忽略它的存在。教堂所在的聖馬可廣場也是整個上城的中心點，克羅埃西亞國會、總統府都環繞在廣場周圍。每年6月到10月的週六、日中午，廣場都會舉行衛兵交接儀式。

聖馬可教堂的歷史可以追溯到13世紀中葉，但今天的哥德式外觀是在1882年由建築師Herman Bollé重建，屋頂馬賽克的圖案分別由兩個中世紀的盾形紋章構成，左手邊代表當時克羅埃西亞境內三個王國：克羅埃西亞(紅白相間的格子，就是今天克羅埃西亞國旗圖案)、達爾馬齊亞(Dalmatia，三顆獅子頭)、斯拉佛尼亞(Slavonia，一隻貂奔跑在沙瓦河Sava和德拉瓦河Drava兩條河之間)，右手邊則是札格拉布城的標誌，顯示是一座有城牆、固若金湯的城市。

哥德式的大門上半部有15尊雕像嵌在11座淺壁龕，那都是14世紀的作品。教堂內部也有精采之作，包括克羅埃西亞天才雕塑家伊凡‧梅什托維契(Ivan Meštrović)的作品—主祭壇正中央的大十字架，左邊的聖殤像，以及右手邊的聖母子。

歷史中心區 The Historic Center

MAP ▶ P.69B1

聖凱瑟琳教堂

Crkva Svete Katarine/
St. Catherine's Church

當地最美的巴洛克式教堂

🚶 從耶拉齊查廣場步行約8分鐘可抵達。 📍Katarina trg 🕐週一至週五每晚18:00彌撒之前，週日11:30 ❗教堂因2020年札格拉布大地震造成損毀，目前進行整修暫停開放。

　　聖凱薩琳教堂被譽為札格拉布最美麗的巴洛

克式教堂，光從它的立面就知道不虛此名，純白的大片牆面有一道大門、四座飾著雕像的壁龕、六支突出的半露方柱，以及上層一座雕著瑪麗亞的壁龕。這座只有一個大殿的教堂於1632年由耶穌會教徒興建，18世紀時，許多國內外大師又賦予不少巴洛克藝術創作，包括幻覺派的壁畫、屋頂及牆壁的灰泥雕飾。

歷史中心區 The Historic Center

MAP ▶ P.69B1

國會與總督宮

Sabor & Banski Dvori/
Croatian Parliament & Ban's Court

見證歷史的政府建築

🚶 從耶拉齊查廣場步行約8~10分鐘可抵達。 📍Trg Sv. Marka 6 & 2 🌐www.sabor.hr

　　許多近代重大事件都是在國會簽署完成，包括第一次世界大戰末期，先有克羅埃西亞人在國會大廈陽台上宣布從奧匈帝國分離出來，才緊接著有克羅埃西亞、塞爾維亞(Serbia)、斯洛維尼亞三國的建立。而1990年克羅埃西亞從南斯拉夫獨立出來，第一次多黨選舉也是在這裡舉行。

　　總統府年代較早，建於1800年，位於聖馬可廣場的左側，1991年10月克羅埃西亞爭取獨立時，曾被塞爾維亞的火箭筒襲擊。目前克羅埃西亞的中央檔案室、法院、總統官邸、首相辦公室全都在這棟建築裡。

歷史中心區 The Historic Center

MAP ▶ P.69B1

克羅埃西亞
天真藝術美術館

Hrvatski Muzej Naivne Umjetnosti/
The Croatian Museum of Naive Art

鮮豔繽紛的農民創作

🚶 從耶拉齊查廣場步行約8分鐘可抵達 📍Ćirilometodska ul. 3 🕐平日10:00~17:00 😴週末 ☎48-51-911 💲全票€5.5，半票€3 🌐hmnu.hr

　　天真藝術繪畫用色鮮豔，敘事性高，即使不懂繪畫的人也很容易立即被那強烈的視覺所吸引。克羅埃西亞的天真藝術繪畫發展自農村地區的業餘畫家，然後經由20世紀一位非克羅埃西亞籍的畫家Krsto Hegedušić(1901–1971)推動鼓勵，誕生了Ivan Generalić、Franjo Mraz及Mirko Virius等克羅埃西亞著名的畫家，進而創立一個獨特的畫派——Hlebine(位於斯拉佛尼亞東北部)，這座美術館永久展覽的大部分都是他們的作品，收藏超過1,900件繪畫、素描、雕刻等。

MAP ▶ P.69B1

梅什托維契工作室

Atelijer Meštrović/
Ivan Mestrovic Museums

知名雕塑家的住所兼工作室

🚇 從耶拉齊查廣場步行約10~15分鐘可抵達　🏠Mletačka 8　☎48-51-123　🕐週二~週五10:00~18:00，週末10:00~14:00　🚫週一　💲全票€4，半票€2　🌐mestrovic.hr　❗自2022年3月起進行整建，目前暫停開放。

　　1922年到1942年，克羅埃西亞雕塑家伊凡·梅什托維契(Ivan Meštrović)就住在這棟17世紀的房子裡，並以此為工作室，如今房子已經改為藝廊，專門展出梅什托維契的作品。屬於梅什托維契基金會的藝廊除了札格拉布之外，還有另一座佔地更廣，位於達爾馬齊亞地區的斯普利特(Split)，那裡有他最著名的一尊雕像—寧斯基主教(Nin)。

　　目前札格拉布的梅什托維契藝廊的永久性展出，以他創作生涯前40年的作品為主，包括100件雕塑品、草圖、素描等。(關於梅什托維契生平及藝術創作，詳見P.153)

MAP ▶ P.69B1

克羅埃西亞自然史博物館

Hrvatski Prirodoslovni Muzej/
Natural History Museum

自然科學研究迷的寶庫

🚇 從耶拉齊查廣場步行約12分鐘可抵達　🏠Demetrova 1　🕐週二至週五10:00~17:00（週四至20:00），週六10:00~19:00，週日10:00~13:00　☎48-51-700　🚫週一　💲全票€4，半票€2.7　🌐www.hpm.hr　❗博物館目前因進行整修工程暫時關閉，預計2023年完工開放。

　　自然史博物館收藏了大量的礦石、化石、植物、動物標本，然而與其說它是博物館，不如說更像是一座實驗室，滿滿一屋子的化石、標本，陳設雜亂而且少有說明標示，若非對自然科學有所研究，絕難窺其堂奧。曾經，這座博物館擁有價值連城的寶藏，那就是史前人類尼安德塔人的遺骸，不過這批遺骨已歸還原來的發掘地克拉皮納(Krapina)，位於札格拉布北方。

歷史中心區The Historic Center

MAP ▶ P.69B1

警盜鐘之塔

MOOK Choice

Kula Lotrščak/Lotrščak Tower

札格拉布保存最完好的防禦工事

從耶拉齊查廣場步行約8分鐘可抵達　Strossmayerovo Šetalište 9　48-51-768　全票€3，半票€2　週二至週五9:00~18:00，週末10:00~18:00　休週一　gkd.hr/kula-lotrscak　傍晚登塔可拍攝順光的舊城景觀

警盜鐘之塔是一座四邊形的仿羅馬式高塔，共有四層，因緊鄰上城山丘崖壁，加上塔身高度，視野極佳。攀上塔頂，有一座環繞塔身的瞭望台，可以三百六十度俯瞰整個札格拉布市：上城這邊，聖馬可教堂、聖凱薩林教堂，以及紅屋頂構成的格狀老建築，近在咫尺；下城那邊，視野開闊，可以覽盡市中心及沙瓦河(Sava)南岸的新城區。

13世紀時，當時的國王貝拉四世(Béla IV)興建

這座高塔的原始目的，與上城城牆形成的原因一樣，主要用來阻止韃靼人進犯，是目前為止札格拉布市內保存最完好的防禦工事。

到了15世紀，面對鄂圖曼土耳其的威脅，仍有相同作用。據說，有一次鄂圖曼土耳其兵臨城下，駐紮在沙瓦河南岸時，當時塔頂的一具加農砲在某天中午對土耳其人開火，恰巧擊中一隻公雞，公雞瞬間化為灰燼，鄂圖曼土耳其從此士氣一蹶不振，攻城失敗。

後來隨著時代演進，這座塔有各種不同用途。曾經有一段時間，塔裡有一具大鐘，每天傍晚城門要關閉時，會敲響塔上的鐘作為警示，而羅特爾許查克(Lotrščak)的意思就是「警盜之鐘」。19世紀時，塔樓裡又架設了一具加農砲，每天正午時分開火鳴砲，作為全城居民對時之用，這項措施持續了一百多年，頗有紀念當年嚇退鄂圖曼的意味。直到今天，特定的時間鳴砲儀式還是繼續，但已轉為觀光用途。

MAP ▶ P.69B1

史特羅斯馬耶爾步道

Strossmayerovo Šetalište/ Strossmayer Promenade

走進札格拉布最美的角落

🚶 從耶拉齊查廣場步行約5分鐘可進入步道　⌂ Strossmayerovo

　整條史特羅斯馬耶爾步道環繞上城南緣，原址是舊城牆，因為高懸在上城的邊緣，靠上城那邊古木高聳，林蔭翳天，另一邊則是開闊的視野，下城就在腳底下。雖然沿途除了警盜鐘之塔的藝品店之外，沒什麼商店，卻十分適合散步賞景，石頭拼組的步道、古樸的路燈，以及供行人休息的長凳……，在逛完一連串的古蹟、博物館之後，心情可以稍作轉換。

　其中一座最具特色的椅凳是雕塑家Ivan Kožarić的作品，銀白色的銅雕椅身斜靠著一尊人像，他是克羅埃西亞著名的詩人Antun Gustav Matoš(1873-1914)，他因為很喜歡這裡，因此曾經這樣描寫：「那裡有一條長凳，是秋天裡札格拉布最美的角落。」路過的行人總喜歡坐在他身旁，模仿相同坐姿合照一番。步道沿途還有幾家景觀餐廳，占地利之便，走高級路線，消費並不便宜。

MAP ▶ P.69B1

電纜車

MOOK Choice

Uspinjaca/Funicular Railway

行走於上下城的時空膠囊

🚶 從耶拉齊查廣場步行約8~10分鐘可抵達（警盜鐘之塔對面）　⌂ Tomićeva bb　🕒 6:30~22:00，每10分鐘一班　💲 電纜車單趟€0.66　🌐 www.zet.hr　❶ 持札格拉布卡免費

　往來上下城之間，不想揮汗爬陡坡，最便利的方式就是搭乘百年電纜車。纜車從1890年開始營運，當時的動力還是蒸汽式的，1934年才改用電力，號稱世界最短的纜車，軌道只有66公尺、高度40公尺，兩個車廂一上一下同時發動，

64秒就結束旅程，來札格拉布一定得體驗搭乘電纜車搖搖晃晃的樂趣。

下城Donji Grad

MAP ▶ P.69B2

耶拉齊查廣場

MOOK Choice

Trg bana Josipa Jelačića/
Ban Jelačić Square

城市散步的最佳起點

🚋搭乘1,6,11,12,13,14,17等多條路線地面電車可抵達廣場

嚴格說來耶拉齊查廣場既不屬於上城，也不歸於下城，它正好銜接了卡普托、上城與下城三塊區域，大部分電車都從這座廣場輻射出去，要來一趟城市散步，也都以此為起點。由於廣場十分開闊又是全城的輻湊，被譽為札格拉布的「時代廣場」。

耶拉齊查廣場不僅是札格拉布市區的地理中心，還是札格拉布的精神象徵，從廣場上那尊騎著駿馬、手揮軍刀，兩眼虎目炯炯的耶拉齊查(Ban Josip Jelačića，1801–1859)雕像，就知道這座廣場對札格拉布，甚至整個克羅埃西亞的深厚意義。

西元1848到1859年，耶拉齊查被奧匈帝國任命為克羅埃西亞總督，他率領克羅埃西亞軍隊協助奧地利哈布斯堡鎮壓匈牙利的一次起義事件，以換取克羅埃西亞獲得更多的自治權，例如以克羅埃西亞語為官方語言。

克羅埃西亞成為獨立自主的民族國家概念，就是從耶拉齊查時代開始萌芽，因此成為人民心目中的英雄。西元1866年，維也納雕塑家Antun Fernkorn在耶拉齊查死後，為他打造了這尊雕像。然而二次世界大戰後，克羅埃西亞被蘇聯共產制度併吞時，因為意識型態關係，前南斯拉夫總統狄托為免克羅埃西亞國家主義再度被喚醒，於是下令把雕像撤除，直到1991年蘇聯瓦解，雕像才又被重新挖掘出來，廣場名稱也從前南斯拉夫時代的共和廣場，恢復為原來的耶拉齊查廣場，而耶拉齊查的肖像也出現在克幣20KN的紙鈔上。過去雕像原本朝著北方的敵人匈牙利，如今則轉了方向，面對南邊的塞爾維亞。

民族學博物館

Etnografski Muzej/
Ethnographic Museum

克羅埃西亞民族文化飾品齊聚

🚋 從耶拉齊查廣場搭乘12、13、14、17號線地面電車，在Trg Republike Hrvatske(Trg Rep. Hrvatske)站下車 🏠Trg Mažuranić 14 🕐週二至週六10:00~18:00，週日10:00~13:00 🚫週一 📞48-26-220 💲全票€3.98，半票€2.65 🌐emz.hr

民族學博物館成立於西元1919年，凡是與克羅埃西亞民族相關的文物都收藏在此，館藏約

85000件，經常展出有2800件，包括陶瓷器、珠寶、樂器、武器，以及克羅埃西亞各地民族服飾，其中有來自斯拉佛尼亞(Slavonia)的金繡圍巾和帕格島(Pag)的蕾絲，還有克羅埃西亞探險家Mirko和Stevo Seljan從南美洲、剛果、衣索匹亞、中國、日本、新幾內亞、澳洲各地帶回來的藝術品。這座博物館建築建於1904年，中央有個大圓頂，為分離派宮殿式建築的代表作。

MOOK Choice

克羅埃西亞國家劇院

Hrvatsko Narodno Kazalište/
Croatian National Theatre

走進新巴洛克式殿堂建築看表演

🏠Trg Republike Hrvatske 15 🚋從耶拉齊查廣場搭乘12、13、14、17號線地面電車，在Trg Republike Hrvatske(Trg Rep. Hrvatske)站下車步行可達；或從耶拉齊查廣場步行約15分鐘可抵達 🕐售票窗口：平日10:00~19:00或至表演開始，週六10:00~13:00及演出前90分鐘，週日自演出前90分鐘 📞48-88-488 🌐www.hnk.hr

國家劇院是克羅埃西亞的首席表演場地，有節目表演時內部才對外開放，平時只能欣賞其外觀。

國家劇院屬於新巴洛克式殿堂建築，1895年由兩位著名的維也納建築師 Ferdinand Fellner和Hermann Helmer設計建造完成，堪稱19世紀末、20世紀初克羅埃西亞的代表性建築，這兩位建築師還合作過不少知名建築，例如維也納的音樂廳和城堡劇院烏克蘭歐德薩(Odessa)的歌劇院，以及克羅埃西亞另一座城市里耶卡(Rijeka)的國家劇院。

除了建築物本身，劇院周邊還有兩座雕塑值得欣賞：一座是劇院西南角落草坪上的《聖喬治屠龍》，與耶拉齊查廣場上的耶拉齊查雕像

同樣出自Antun Fernkorn的手筆；另一座是梅什托維契(Meštrović)的《生命之泉》(Well of life)，位於劇院正前方，這是梅什托維契1905年的作品，這個時期他正跟維也納分離派(Secessionist)的成員一同舉辦展覽。

如果還有興趣，不妨走過對街，位於札格拉布法律學院前有一尊梅什托維契名作的複製品，名為《克羅埃西亞之母》(Mother of the Croats)，那是一位看起來十分堅強的女性，盤坐的雙腿上有一塊厚重石板，上頭刻著古代的格拉哥里字母(Glagolitic)。

下城Donji Grad

MAP ▶ P.69B2

考古博物館

MOOK Choice

Arheološki Muzej/ Archeological Museum

典藏珍貴國寶

🚶 從耶拉齊查廣場步行約5分鐘可抵達 🏠Trg Nikole Šubića Zrinskog 19 ⏰平日12:00~16:00（週四延長至18:00）， 週六10:00~14:00 ❌週一 ☎48-73-101 🌐www.amz.hr ❗博物館目前進行整修，常設展區暫停關閉，開放免費入場。

　雖名號不若米馬拉博物館響亮，不過博物館裡有幾項特別收藏，其價值都是克羅埃西亞之最。

　館藏高達40萬件，主要分為幾大主題：史前、埃及、希臘羅馬、古代與中世紀歐洲，以及錢幣收藏，其中錢幣收藏有26萬件，在歐洲可謂名列前茅。史前(新石器時代到鐵器時代晚期)及埃及館各有一件鎮館之寶，分別是《鴿子祭器》與《札格拉布木乃伊》；希臘館以手繪陶器最具可看性，羅馬館則收藏了羅馬帝國時期的雕塑、浮雕、碑銘，主要是從達爾馬齊亞中部的沙隆納(Salona，請見P.154)遺址挖掘出的古物。

　博物館後面有一座庭園，陳設了許多羅馬時代留下來的石雕殘骸。

札格拉布木乃伊與伊特魯利亞的亞麻書
The Zagreb Mummy & Etruscan Linen Book

　整座博物館只有這間位於二樓的木乃伊室特別獨立出來，並小心控制其溫濕度。這是一具女性的埃及木乃伊，肌肉、毛髮還很完整，年代可推溯到西元前4世紀，根據陪葬品——一本紙莎草書的記載，她的名字叫Nesi-hensu，是一位埃及底比斯(Thebes，今天的路克索Luxor)占卜師的妻子。然而埃及的木乃伊究竟與克羅埃西亞有什麼關聯？原來是19世紀中葉一位克羅埃西亞貴族從埃及帶回來的私人收藏，後來捐贈給克羅埃西亞國家博物館。

　然而在考古學上真正具高度價值的卻是被當成裹屍布的一本亞麻書，整本書是以伊特魯利亞文(Etruscan，西元前8世紀至西元2世紀出現於義大利中西部的民族)所寫，整本書展開有340公分，共1200個字，是目前全世界保存最完整的一本伊特魯利亞文字書籍，只是文字的意義仍在破解當中。

鴿子祭器
Vučedol Dove

　這只鴿子形狀的祭祀用器皿，無疑是克羅埃西亞最珍貴的國寶，如今不僅成為象徵克羅埃西亞的圖騰之一，也被印製在20元的克羅埃西亞紙幣上。整支器皿高19.5公分，據推測應該屬於西元前3000年的銅器時代，儘管材質粗糙，仍十足代表前伊利亞文明(Illyrian，亞得里亞海東岸沿海和山區的古代稱呼)的精緻工藝技術。

下城Donji Grad

MAP ▶ P.69A3

米馬拉博物館

MOOK Choice

Muzej Mimara/Mimara Museum

品項豐富的私人收藏

🚋 從耶拉齊查廣場搭乘12、13、14、17號線地面電車，在Trg Republike Hrvatske(Trg Rep. Hrvatske)站下車步行可達 🏠Rooseveltov trg 5 🕙10~6月：週二至週六10:00~17:00(週四至19:00)，週日10:00~14:00；7~9月：週二至週五10:00~19:00，週六10:00~17:00，週日10:00~14:00 🚫週一 ☎48-28-100 🌐www.mimara.hr
❗博物館因2020年札格拉布大地震造成損毀，目前暫停開放。

館內收藏主要來自富商Ante Topić Mimara於1972年的捐贈，他自己同時也是一位收藏家、畫家和古物修復家，儘管是私人收藏，卻是目前克羅埃西亞展覽最豐富的綜合性博物館，大約有3750件來自世界不同地區、不同時期的展品。

在人類學方面，大約有200件來自埃及、美索不達米亞、波斯、前哥倫布時期美洲、克里特、希臘、伊特魯利亞、羅馬和早期歐洲的收藏；約50件是亞洲的日本、柬埔寨、印度、印尼，以及超過300件古中國的古物。此外還有玻璃、織品、陶瓷、雕塑等作品。

館內最具價值的收藏當屬陳列於二樓歐洲的繪畫藝術，質量俱豐，不輸於歐洲其他知名博物館，包括義大利的拉斐爾(Raphael)、洛倫采蒂(Lorenzetti)、卡納萊托(Canaletto)、喬久內(Giorgione)、維洛內些(Veronese)、波提且利(Botticelli)，荷蘭的林布蘭(Rembrandt)、魯本斯(Rubens)、梵戴克(Van Dyck)、雷斯達爾(Ruisdael)，西班牙的委拉斯奎茲(Velasquez)、哥雅(Goya)、慕里歐(Murillo)，德國的霍爾班(Holbein)，英國的根茲巴羅(Gainsborough)、透納(Turner)，以及法國的馬內(Manet)、雷諾瓦(Renoir)等，光是這些大師作品的坐鎮，就使得米馬拉博物館享有極高的藝術價值與地位。不過藝術界對某些作品的真偽有所質疑。

博物館建築物本身十分壯觀，建於1895年，屬於新文藝復興式建築，建築物前身是一所學校。

下城Donji Grad

MAP ▶ P.69A2

工藝美術博物館

Muzej za Umjetnost i Obrt/ Museum of Arts and Crafts

從中世紀到現代的手工藝展藏

🚋 從耶拉齊查廣場搭乘12、13、14、17號線地面電車，在Trg Republike Hrvatske(Trg Rep. Hrvatske)站下車步行可達 🏠Trg Republike Hrvatske 10 🕙週二至週六10:00~19:00，週日10:00~14:00 🚫週一 ☎48-82-111 🌐www.muo.hr ❗博物館因2020年札格拉布大地震造成損毀，目前進行整修暫停開放。

工藝美術博物館與國家劇院隔一條街相對，為1892年由建築師Herman Billé所設計。主要展出

從中世紀到現代的家具、紡織品、服裝、金屬器皿、陶瓷器及玻璃器皿。除此之外，也可以看到克羅埃西亞北部一帶的哥德式和巴洛克式雕刻，以及繪畫、印刷品、時鐘、火爐、精裝書、玩具、照片和工業設計等，總共有16萬件收藏品。

下城Donji Grad

MAP ▶ P.69B3

植物園

Botanički Vrt/Botanical Gardens

充滿喀斯特和地中海植物的花園

🚋 從耶拉齊查廣場搭乘6、13號線地面電車到Glavni kolodvor站，轉搭2、4、9號線電車在Botanički vrt站下車，步行可達 🏠 Trg Marka Marulića 9A ⏰ 週一和週二9:00~14:30，週三至週日9:00~16:00 🚫 冬季(1~2月或11~3月)，依當時氣候而定 💲 全票€2，半票€1 ❗ 如遇極端天氣，依情況可能暫停開放

　　植物園就位於下城「馬靴」的鞋底部分，如果看累了這一座座博物館，不妨換個心情，走進這片林木茂密的綠地。植物園由植物學家Anton

Hejintz成立於1889年，占地4.7公頃，就像一座英式花園，園裡有蜿蜒的步道、蓮花池、溫室及涼亭，種植著1萬種植物，以克羅埃西亞的喀斯特、地中海區植物為主，此外還包括1800種熱帶植物。

　　在植物園對面，有一座克羅埃西亞國家檔案館(Hrvatski Državni Arhiv)，可以說是全克羅埃西亞最美麗的一棟新藝術時期建築，也是札格拉布最早使用水泥建材的建築之一。

下城Donji Grad

MAP ▶ P.69C3

史特羅斯馬耶大師美術館

Strossmayerova Galerija Starih Majstora/ Strossmayer Gallery of Old Masters

富豪主教的畢生收藏

🚋 從耶拉齊查廣場步行約10分鐘可抵達 🏠 Zrinski trg 11 ⏰ 週二10:00~19:00，週三至週五10:00~16:00，週末10:00~13:00 🚫 週一 ☎ 48-95-117 🌐 info.hazu.hr ❗ 美術館因2020年札格拉布大地震造成嚴重損毀，目前進行整修暫停開放。

　　西元1884年，有錢有勢的史特羅斯馬耶爾(Strossmayer)主教把他的畢生收藏捐贈出來，成就了這座美術館，儘管目前9500件收藏的大部分是19、20世紀克羅埃西亞藝術家的雕刻和繪畫，仍然有不少義大利、法蘭德斯等大師的作品，例如波提且利(Botticelli)與利比(Lippi)的

《聖母子與天使》、貝里尼(Bellini)的《聖尼古拉與聖本篤》等。

　　美術館是一棟19世紀的新文藝復興式建築，有一座大型廊柱中庭，在入口後方廣場立著史特羅斯馬耶爾主教的雕像，是1926年雕塑家梅什托維契的作品。

85

MAP ▶ P.69C3

藝術展覽館與托米斯拉夫廣場

Umjetnički Paviljon & Trg Kralja Tomislava／Art pavilion & King Tomislav Square

到百年建築觀賞藝術展品

🚋 從耶拉齊查廣場搭乘6、13號線地面電車到Glavni kolodvor站下車，步行可達；或從耶拉齊查廣場步行約10分鐘可抵達
🏠 Trg Kralja Tomislava 22 🕐 週11:00~20:00（週五至21:00，每月最後一個週五至22:00）🚫 週一 ☎ 48-76-487
🌐 www.umjetnicki-paviljon.hr ❶ 展覽館因2020年札格拉布大地震造成嚴重損毀，目前進行整修暫停開放。

這是前南斯拉夫地區最早的一座展覽大廳，專門展示大型的展品。從1898年開幕展覽名為「克羅埃西亞沙龍」(The Croation Salon)開始，100多年來，舉辦過許多重要展覽，而且多半以讚訟克羅埃西亞為主題。

藝術展覽館坐落於托米斯拉夫廣場，屬於維也納分離派的新藝術建築，乍看之下，建築樣貌與克羅埃西亞國家劇院十分相似，這是因為打造國家劇院的兩位維也納建築師Hellmer和Fellmer也曾參與設計。目前藝術展覽館的展品都是主題性的臨時性展出。

藝術展覽館前的托米斯拉夫廣場，立著一尊10世紀克羅埃西亞首位國王托米斯拉夫的騎馬雕像，從火車站走出來，你第一眼就會看到它。第一次世界大戰後，克羅埃西亞終於從奧匈帝國的統治中解放，恰逢西元1925年是托米斯拉夫加冕的1000週年紀念，於是有了建造這座雕像的計畫，然而政治動盪、經費不足，直到1933年雕像才完成，又過了14年，才於1947年將雕像豎立在基座之上，只不過打造雕像的雕塑家Robert Frangeš已經過世，政權也轉到南斯拉夫的狄托手上。

札格拉布大區域圖

↑往米洛果耶墓園Groblje Mirogoj

N

歷史中心區
The Historic Center

下城
Donji Grad

Vjekoslava Klaića
Pavla Hatza

馬克西米爾公園
Maksimir Park

Maksimirska cesta

Pavla Šubića

札格拉布火車站
Zagreb Train Station

札格拉布公車總站
Zagreb Bus Station

Savska cesta

Slavonska avenija

Avenija Marina Držića

Slavonska avenija

Radnička cesta

沙瓦河Sava River

Avenija Večeslava Holjevca

當代藝術博物館
Muzej Suvremene Umjetnosti

圖例 ◉景點 ○公園 🏛博物館 🚌巴士站 🚂火車站

郊區Suburb

MAP ▶ P.87B1

MOOK Choice

馬克西米爾公園

Parkiralište Maksimir / Maksimir Park

保護瀕危動植物的花園天堂

🏠Maksimirski perivoj 1 🚋搭乘4、5、7、11、12號線地面電車，在PARK MAKSIMIR或Hondlova站下車，步行可達 🕐24小時 📞23-20-460 🌐park-maksimir.hr

札格拉布動物園Zagreb Zoo

🕐9:00~17:00 💲全票€4(週一€3)，7~14歲€3，2~6歲€2 🌐zoo.hr ❗持札格拉布卡免費

　　走進公園，你會發現札格拉布市民有多麼幸福，就在離市中心不遠的東郊，有這麼一座面積廣達316公頃的森林公園。

　　公園在西元1794年落成，由當時的札格拉布主教Maksimiljan Vrhovac捐地興建，因此以他的名字命名。起初原想打造成一座巴洛克法式公園，不過其造景和平面配置後來反而更像英式花園，有寬闊筆直的馬車大道，有曲折的散步小徑、有涓涓溪流、有蓊鬱的森林、有大片平坦草坪、有翠綠的人工湖泊。

　　在公園裡，不少瀕危的物種都能獲得保護，像是歐洲已經很少見的斑點啄木鳥(Dendrocopos medius)，在公園裡仍然還維持著相當數量；此外，成群的百年橡樹，上百種的鳥類，超過300種植物，還有依賴森林為生的松鼠、蝙蝠都十分活躍。公園裡還錯落著美麗建築，最吸引目光的當屬位於公園中心山丘、17公尺高的格澤堡涼亭(Gazebo)，以及呈12邊形的回音亭(Echo Pavilion)。

　　此外，公園裡還有一座成立於1925年的動物園，裡面飼養了368種、超過7000隻的動物，大多數都活躍在戶外，而非圈養。動物園還參加「歐洲瀕危物種計畫」，一些珍稀動物會先在動物園裡適應一段日子，再讓牠們回歸自然野外。

MAP ▶ P.87A2

當代藝術博物館

Muzej Suvremene Umjetnosti,MSU/ Museum of Contemporary Art

感受現代藝術的變動特質

🏠Avenija Dubrovnik 17 🚃搭乘7號線地面電車,在Muzej suv.umjetnosti站下車,或搭6號線地面電車,在Sopot站下車 🕐11:00~19:00(週末至18:00) ❌週一 ☎60-52-700 💲全票:單一展覽€4.65,兩展套票€6.64,三展套票€9.29;半票:單一展覽€2.65,全展區套票€5.30;7歲以下免費全票,每月第1個週三免費 🌐www.msu.hr ❗持札格拉布卡免費

走出古意盎然的市區,跨過沙瓦河,可以看到一棟全新建築,那是2010年12月落成的當代藝術博物館,儘管早在1954年,當代藝術博物館就已經設立。

這棟多功能、造型前衛的建築,由當地明星建築師Igor Franić所設計,展場面積達1500平方公尺。館內展出主題不時更新,但在永久展區裡,展覽主題名為「Collection in Motion」,由240位藝術家的620件作品所組成,其中有半數都是克羅埃西亞籍的藝術家。這個展覽主題主要是想強調現代藝術的重要特質就是變動、短暫和不確定性,因此,展場必須有靈活的框架,隨時有重新安排、增減調整展覽面積及時間的可能性。此外,館內全年都有定期的影片、戲劇及音樂會表演。

MAP ▶ P.87B1

米洛果耶墓園

Groblje Mirogoj/ Mirogoj Cemetery

充滿藝術氣息的城堡造型墓園

🚃從聖母升天大教堂斜對面的Kaptol站牌搭乘106或226號公車,在Mirogoj-Arkade站下車,步行5分鐘可達。公車約30分鐘一班,車程約20分鐘 🏠Aleja Hermanna Bollea 27 🕐4~10月:6:00~20:00,11~3月:7:30~18:00 🌐www.gradskagroblja.hr

歐洲許多地區的墓園因為建築宏偉,景致優雅,氣氛莊嚴,吸引遊客前去造訪而成為觀光景點。在札格拉布近郊、梅德維尼卡山(Mt Medvednica)山腳下,就有一座歐洲數一數二的美麗墓園。

墓園位居市中心北方4公里處,由出生於奧地利的克羅埃西亞籍建築師Herman Bollé於1876年所建造,外觀彷彿一座城堡,高高的圍牆穿插著整列的圓頂,牆上爬滿長春藤。入口處是一座東正教禮拜堂,從這裡向兩旁延伸,也就是圍牆的內部,由兩道長長的新古典主義拱廊及穹頂構成,這也是整座墓園的精華所在,墓碑雕琢華麗而不失莊重,許多克羅埃西亞歷史上著名的家族都葬在這兩側。

墓園分成四區,分別葬著不同信仰的亡者:天主教、東正教、猶太教及新教徒。墓園裡林樹成蔭,間或有藝術雕塑設置在墓塚之間,其中有不少是大師作品,包括梅什托維契在內。走進墓園,你會發現它不僅僅是一座墓園,也是幽靜的公園及露天美術館。晚近,墓園裡又增添一座十字紀念碑,用來紀念克羅埃西亞內戰中死亡的戰士。

Where to Eat & Shop in Zagreb
吃買在札格拉布

歷史中心區The Historic Center

MAP ▶ P.69B1 　塔克拉齊切瓦街Ulica Tkalčićeva

🚶 從耶拉齊查廣場步行約8分鐘可抵達

塔克拉齊切瓦街是札格拉布最知名的餐廳和酒吧街，沿街走，你很難不被那熱鬧的氣氛感染，只是從外觀看過去，每家都大同小異，很難選擇，如果只想坐下喝杯飲料，那麼挑張舒服的椅子坐下來即可。

歷史中心區The Historic Center

MAP ▶ P.69B1 　Amfora

🚶 從耶拉齊查廣場步行約3分鐘可抵達 🚇 Dolac 2 ☎ 48-16-455 🕐 8:00~16:00 💲 魚類料理€6起 🌐 amfora-dolac.com

位於人潮擁擠的多拉茲市場旁，因為只供應午餐，正是市場人最多的時候，難免人聲雜沓，如果嫌迴廊下的戶外用餐區太吵，不妨進入室內二樓，可以一邊用餐，一邊從高處欣賞廣場上民眾買菜的盛況。這裡供應最新鮮的海鮮，因為漁市場就在隔壁，服務人員會拿出一盤當天最新鮮的魚貨供你挑選。

歷史中心區The Historic Center

MAP ▶ P.69B1 　Pan-Pek

🚶 多拉茲市場旁邊 🚇 Dolac 2或Ilica 52 🌐 panpek.hr

Pan-Pek應該是克羅埃西亞最知名的麵包坊了，光是札格拉布就有近30家分店，如果想快速解決一餐，只要看到Pan-Pek這個招牌，走進店裡隨意挑選想吃的麵包或三明治，就可以帶著走，雖然是機器大量生產，但口味穩定且選擇多樣。在多拉茲市場附近或Ilica街道上都可找到分店。

歷史中心區The Historic Center

MAP ▶ P.69A1 　Stari Fijaker 900

🚶 從耶拉齊查廣場沿著Ilica街道往西走，過了Vincek冰淇淋店，右轉Mesnička ul.可抵達 🚇 Mesnička 6 ☎ 48-33-829 🕐 11:00~23:00(週日至22:00) 💲 前菜€5.35起，沙拉€2.65起，主菜€6.65起 🌐 www.starifijaker.hr

沿著Ilica大街從東往西走，在Mesnička街右轉上斜坡就可以看到這間餐廳，你可以選擇戶外或室內用餐區。店名中有「900」，是因為1994年開幕時，正逢札格拉布建城900年紀念。餐廳以傳統克羅埃西亞鄉土料理為主，家庭手工香腸、燉煮豆子、Štrukli(內餡包乳酪的酥餅)、punjeka paprika(塞內餡的青椒)、purica s mlincima(烤火雞)都是招牌菜。

歷史中心區The Historic Center

MAP ▶ P.69B1 　Kaptolska Klet

🚶 從耶拉齊查廣場步行約5~8分鐘可抵達 🚇 Kaptol ul. 5 ☎ 48-76-502 🕐 11:00~23:00(週末至23:30) 💲 前菜€7起，沙拉€10起，主菜€10起 🌐 www.kaptolska-klet.eu

位於聖母升天大教堂正對面，以傳統克羅埃西亞菜為主，如果想嚐嚐當地風味，不妨來這家試試。餐廳有很大的戶外露台，室內裝潢像啤酒大廳，餐廳提供菜餚都是札格拉布當地傳統火爐燒烤的豬、羊、牛，以及家庭手工製作的香腸。

歷史中心區The Historic Center

MAP ▶ P.69B1 | **Destino**

🚶 從耶拉齊查廣場步行約5~8分鐘可抵達　🏠Pavla Radića 34　🕐7:00~凌晨1:00　☎99-481-3891

位於上城「石門」旁，地理位置極佳，從戶外咖啡座沿著拉迪切瓦街(Ulica Radićeva)往下城方向望去，札格

拉布古老街道的味道在這裡慢慢釋放。坐下來的遊客不多，倒是當地人十分享受這裡的氣氛，點杯咖啡或早餐，看著報紙，就可以消磨一個早上。

下城Donji Grad

MAP ▶ P.69B2 | **Korčula**

🚶 從耶拉齊查廣場步行約5分鐘可抵達　🏠Nikole Tesle 17　☎48-11-331　🕐12:00~00:00(週日至17:00)　💲前菜€6.9起，海鮮€14.6起　🌐www.restoran-korcula.hr

餐廳以達爾馬齊亞中部的柯爾丘拉島命名，自然是以海鮮料理為招牌。達爾馬齊亞海岸的傳統料理方式，訴求食材原味，Korcula的章魚、花枝、鯛魚、鮪魚、旗魚…等，也大多使用火烤或橄欖油清炒，僅使用少許香料或檸檬提味。除了菜單上的料理，服務生還會將每日新鮮的漁獲裝在大圓盤中，直接帶到桌邊讓你挑選。

下城Donji Grad

MAP ▶ P.69B2 | **Vincek**

🚶 從耶拉齊查廣場步行約5分鐘可抵達　🏠Ilica 18　☎48-33-612　🕐8:30~23:00　🚫週日　🌐www.vincek.com.hr

札格拉布最知名的冰淇淋老店，就位於繁忙的Ilica大街上，店內玻璃櫃裡排滿了二、三十種口味的冰淇淋，

櫃台前總是擠滿了人，櫃員的手也不曾停過，凡是路過Vincek而不帶走一兩球冰淇淋的，似乎就不曾來過札格拉布一樣，當然，Vincek賣的冰淇淋絕不會讓你失望，只要你人還在札格拉布，絕對會讓你一再光顧。

下城Donji Grad

MAP ▶ P.69B2 | **Bonbonnière Kraš**

🚶 從耶拉齊查廣場步行約5分鐘可抵達　🏠Varšavska 1　☎48-72-855　🕐7:00~20:00　🚫週日　🌐www.kras.hr

Kraš是克羅埃西亞最受歡迎的巧克力品牌，1911年從札格拉布起家，1913年就成為維亞納和布達佩斯宮廷的皇家指定巧克力供應商，各大城市都有分店，超市也能買到Kraš的暢銷牛奶巧克力和黑巧克力。經典款是Griotte，黑巧克力包裹酸櫻桃和濃稠的利口酒，香味濃郁、甜中帶酸，最有特色。

下城Donji Grad

MAP ▶ P.69B2 | **Croata領帶專賣店**

🚶 從耶拉齊查廣場步行約5分鐘可抵達　🏠Oktogon Passage, Ilica 5　🕐9:00~20:00(週六至15:00)　🚫週日　☎46-57-052　💲領結€28~368，領帶€77~2517，絲巾€53~490　🌐www.croata.hr

不少人知道男士打領帶的傳統來自於克羅埃西亞，既然來了，怎能不為自己選購一條或買來當伴手禮？Croata是知名的克羅埃西亞領帶專賣店，在主要城市都有分店。札格拉布這間旗艦店位於Oktogon Passage拱廊商場裡，一個世紀之前，這座拱廊是札格拉布最熱鬧的商場。

H Where to Stay in Zagreb
住在札格拉布

下城Donji Grad

MAP ▶P.69C3 **Best Western Premier Astoria**

🚋 從耶拉齊查廣場步行約10分鐘可抵達,或從廣場搭6、13號線地面電車在Glavni kolodvor站下車,步行約5分鐘可達 🏠Petrinjska 71 ☎48-08-900 💲單人房約€89起,雙人房約€110起 🌐www.hotelastoria.hr

　距離火車站對面的街區,步行約5分鐘,坐落在老舊卻安靜的街道邊。旅館歷史可以回溯到1932年,但已經全面翻新成四星級的旅館,並由Best Western連鎖旅館經營。共有98間客房與2間套房,雖然不大,但裝潢得古典而精緻。

下城Donji Grad

MAP ▶P.69B2 **Dubrovnik Hotel**

🚋 從耶拉齊查廣場步行約2分鐘可達 🏠Gajeva 1 ☎48-63-555 💲單人房約€100起, 雙人房約€136起 🌐www.hotel-dubrovnik.hr

　這是1929年就落成的老旅館,地理位置非常優越,就在市中心的心臟地帶,離耶拉齊查廣場不遠,周邊是熱鬧的商業區。其玻璃帷幕的外觀與札格拉布的歷史建築相較,顯得十分突出。面對耶拉齊查廣場的客房可以看到聖母升天大教堂,但會聽到電車行駛的噪音,共有214間客房與8間套房。

下城Donji Grad

MAP ▶P.69D3 **Sheration Zagreb Hotel**

🚋 從耶拉齊查廣場搭13號線地面電車,或從火車站搭4、9號線電車,皆在Sheraton站下車,或從火車站步行約10分鐘 🏠Kneza Borne 2 ☎45-53-535 💲單人房和雙人房均為€132起 🌐www.marriott.com

　位於市中心,交通便利,一如國際五星級飯店,儘管沒有太多驚喜,溫水游泳池、健身房、Spa、美容沙龍等,該有的高檔設施這裡一

樣都不缺。共有306間客房和套房,以及大型宴會廳和多功能的會議室,適合商務客及一般遊客住宿。

下城Donji Grad

MAP ▶P.69B3 **Esplanade Zagreb Hotel**

🚋 從耶拉齊查廣場步行約13分鐘可抵達,或從廣場搭6、13號線地面電車在Glavni kolodvor站下車,步行約5分鐘可達 🏠Mihanovićeva 1 ☎45-66-666 💲單人房和雙人房均為€151起 🌐www.esplanade.hr

　位於火車站對面、托米斯拉夫廣場旁。由於過去行駛於倫敦和伊斯坦堡之間的東方快車都會在札格拉布停靠,這間高檔旅館就是為了提供東方列車乘客住宿而在1925年興建的。其裝飾藝術風格的外觀,是格拉布首屈一指的地標型旅館。

💡 札格拉布的出租公寓

　除了旅館以外,札格拉布有許多出租公寓形式的住宿選擇,有些是小套房,有些是包含廚房、客廳和臥室的整層公寓,幾乎都是獨立門戶,不與屋主同住,有些甚至由物業管理公司聯合清潔管理。優點是公寓內設備齊全,缺點是許多公寓由老房子改建,沒有電梯,若要搬大行李較辛苦。

　透過Booking、Expedia、Airbnb這類的聯合訂房網站可找到相當多房源。

InZagreb
　提供市中心多間公寓住宿,價格包含出租單車、無線網路、火車站接送。
☎65-23-201 🌐www.inzagreb.com

Zagreb Deluxe Apartments
　鄰近國家劇院和米馬拉博物館,同一棟樓有三間兩房兩廳的公寓出租,設備齊全,包含整套廚具、洗烘衣機等,可免費使用SPA健身房。
🚋P.69A3 🏠Savska cesta 6 ☎88-11-581
🌐www.zagrebdeluxe.com

瓦拉茲丁及其周邊
Varaždin & Around Area

文・攝影●林志恆

瓦拉茲丁是薩果耶(Zagorje)地區的首府，以巴洛克式的老城區聞名，一直在積極爭取被列為世界遺產。在歷史上，瓦拉茲丁扮演過重要的角色，16世紀時與札格拉布一樣，也是阻擋鄂圖曼土耳其伊斯蘭教勢力進一步往歐洲天主教推進的堅強堡壘。

1756年到1776年，瓦拉茲丁曾經是克羅埃西亞的首都，許多華麗的巴洛克式建築都是在這個時期產生，最頂尖的建築師、工匠都以當時最流行的建築形式建設這個新首都，只可惜1776年一場災難性的大火，迫使當時的總督再度把行政重心遷往札格拉布。

瓦拉茲丁是一座人口不到5萬的小鎮，老城區不大，適合花一天時間來一趟建築之旅。巴洛克式建築立面飾著淡彩的灰泥裝飾，這些都是1776年大火倖存下來的，優美的教堂、精雕的貴族宅邸、巍峨的城堡構成這個準世界遺產的核心。

走出瓦拉茲丁市區，整個薩果耶都是綠色農田和森林，土壤肥沃，玉米、麥子、煙草、向日葵、葡萄樹連疇接陌，森林覆蓋率超過40％。這裡的旅遊氛圍與南方的達爾馬齊亞海岸截然不同，沒有如織的遊客，它吸引人的是小鎮農村的安閒靜謐，以及聳立在山頭的神秘古堡。

INFO

基本資訊
人口：43,782　**面積**：約59,45平方公里
區碼：(0)42

如何到達—火車
　　從札格拉布搭火車至瓦拉茲丁，車程約2.5~3小時，每1~1.5小時1班車，部分班次需轉乘。瓦拉茲丁火車站位於市區東邊1公里，步行至舊城中心約10分鐘。
瓦拉茲丁火車站
🏠Kolodvorska 17　🌐www.hzpp.hr

如何到達—長途巴士
　　從札格拉布搭乘長途巴士至瓦拉茲丁，車程約1小時45分，平均每小時1班車，每人票價€11.4。瓦拉茲丁長途巴士站位於市中心西南邊，步行至遊客中心約8分鐘。
瓦拉茲丁巴士站
🏠Kapucinski trg 6　☎350-334
🌐www.ap.hr(主要巴士公司)

如何到達—開車

瓦拉茲丁位於札格拉布東北方79公里，沿著E65號公路向北走即可到達，這條公路可以直通匈牙利的布達佩斯。

市區交通

瓦拉茲丁的舊城區不大，步行即可。但出了郊外，因為此處非旅遊勝地，點與點之間車班難掌握，最好租車前往。

旅遊諮詢

◎瓦拉茲丁遊客中心

⬆ Ivana Padovca 3
☎ 210-987
⬇ 平日8:00~16:00，週六10:00~13:00
⊗ 週日
🌐 visitvarazdin.hr

地圖標示：
圖例 ●景點 ▲廣場 ●火車站 ❶遊客中心
✝教堂 ◉劇院 🏛博物館

城堡與城市博物館 Stari Grad & Gradski Muzej
湯米斯拉夫廣場與市政廳 Trg Kralja Tomislava & Gradska Vijećnica
寧斯基主教雕像 Statue of Bishop Grgur Ninski
聖約翰受洗教堂 Sv. Ivan Krstitelj
昆蟲的世界 Entomološka Zbirka
帕塔契宅邸 Palača Patačić
赫塞爾宅邸 Palača Herzer
聖尼克拉教堂 Crkva Svetog Nikole
克羅埃西亞國家劇院
火車站

瓦拉茲丁市區

Where to Explore in Varaždin
遊賞瓦拉茲丁

MAP ▶ P.93A1

城堡與城市博物館
Stari Grad & Gradski Muzej/ Old Town & Varaždin City Museum

充滿文藝復興氣息的城市地標

🚶 從遊客中心步行約3分鐘可達。 ⬆ Šetalište Josipa Jurja Strossmayera 3 ⬇ 9:00~17:00(週末至13:00) ⊗ 週一 ☎ 658-754 💵 全票€5，半票€3；另有城市博物館、赫塞爾宅邸與塞爾馬蓋宮的三館聯票，全票€12，半票€7 🌐 www.gmv.hr

橘頂白牆的城堡十分顯眼，坐落在瓦拉茲丁市中心北邊的一座公園內，是中世紀防禦型建築的珍寶，也是瓦拉茲丁的地標，位於舊城(Stari Grad)之內，過去主要作為居所和防禦之用，1925年之前為私人所有，如今則改裝為瓦拉茲丁城市博物館。

這座巨大的堡壘從14世紀開始建造，此後不斷修築，延續長達5個世紀。最早時挺立著兩座哥德式高塔；到了1560年代，改建為文藝復興式城堡，周圍有堤岸及護城河，主要用來防止鄂圖曼土耳其的攻擊。城堡內有兩座大型中庭及三層樓的迴廊，現今所看到的嶄新模樣是在1980年

代重新修復的。

博物館裡主要展示與瓦拉茲丁相關的歷史，有繪畫、武器、瓷器、家具、手工藝品等，總共分成30個展間。在城堡東邊，還有一小段殘餘的中世紀城牆和一座力沙克塔(Kula Lisak)，見證了古城的歷史。

MAP ▶ P.93A1

昆蟲的世界

Entomološka Zbirka/ Entomological Museum

館藏豐富的昆蟲天地

🚶從遊客中心步行約3分鐘可達 ⌂Franjevački trg 10 📞 658-760 ⏰9:00~17:00(週末至13:00) ⓧ週一 💲全票 €5，半票€3；另有城市博物館、赫塞爾宅邸與塞爾馬蓋宮的 三館聯票，全票€12，半票€7 🌐www.gmv.hr

　　昆蟲博物館為城市博物館的分館之一，位於一座古典主義的赫塞爾宅邸(Hercer Palace)內，裡面收藏了4500隻、1000種不同類別的昆蟲，包括蝴蝶、甲蟲等，這些都是由昆蟲學家Franjo Košcec蒐集，並於1954年捐給瓦拉茲丁，後來他的女兒Ružica又繼續豐富館藏。此外昆蟲的巢穴、習性以及再生能力，也都有詳盡的展示和說明。

MAP ▶ P.93A1

帕塔契宅邸

Palača Patačić/ Patačić Palace

當地最美的洛可可風格豪宅

🚶從遊客中心步行約3分鐘可達 ⌂Franjevački Trg 4

　　聖約翰受洗教堂與帕塔契宅邸前的Franjevački廣場大道，見證了瓦拉茲丁繁華的巴洛克時代，富商、貴族都喜歡在大道周邊興建豪宅，宅邸門面的家族徽章與建築互相輝映。帕塔契宅邸是瓦拉茲丁最美麗的洛可可式建築，建於1764年，三層的樓面飾著十幾扇弓形窗，大門上的石雕波浪花紋極富線條美感。旁邊另一棟有陽台的玫瑰紅宅邸，

也十分具可看性，它曾受損於1776年的大火並於1779年重建。

MAP ▶ P.93A1

湯米斯拉夫廣場與市政廳

Trg Kralja Tomislava & Gradska Vijećnica/ King Tomislav Square & City Hall

鐘塔高聳的政府機構

🚶從遊客中心步行約5分鐘可達 ⌂Trg Kralja Tomislava 1 📞402-500 🌐www.varazdinska-garda.com（衛兵交接）

　　市政廳坐落在湯米斯拉瓦廣場的北側，部分還保留了仿羅馬式及哥德式的建築形式，但今天所見到的外觀大部分是1793年之後重建的，風格介於巴洛克晚期和新古典主義之間，特點是在屋頂上豎立了一座高高的鐘塔。每個週六11點到中午時分，這裡會舉行穿著古代制服的衛兵交接儀式。

　　廣場東側的建築是Draskovic宅邸，立面屬於洛可可形式，在瓦拉茲丁成為克羅埃西亞首都年間，這裡曾是國會開議的地方。

MAP ▶ P.93A1

聖約翰受洗教堂與 教皇寧斯基雕像

Crkva Svetog Ivana Krstitelja & Grgur Ninski/Church of St. John the Baptist

撫摸主教腳指帶來好運

🚶 從遊客中心步行約3分鐘可達　🏠Franjevački Trg 8　☎ 213-166

　　教堂興建於1650年，為早期巴洛克式建築，54.5公尺高的鐘塔是這座教堂最明顯的標誌，教堂內部有一間古老的藥房，天花板雕飾著美麗的18世紀壁畫。教堂前有一尊主教寧斯基的雕像，如果先前到過達爾馬齊亞海岸的斯普利特(Split)，一定覺得似曾相識，沒錯，它就是那一尊巨大雕像的縮小版──梅什托維契(Meštrović)最知名的作品。儘管是複製品，主教的腳指頭還是被擦得光亮照人，凡經過的人總要撫摸一番，克羅埃西亞人相信會帶來好運。

瓦拉茲丁周邊

MOOK Choice

MAP ▶ P.10C1

維利基・塔波城堡

Dvor Veliki Tabor/Veliki Tabor Castle

隱藏山間的中世紀神祕城堡

🚗 從克拉皮納或札格拉布搭車前往Desinića，車程約2小時，再步行約3公里。從札格拉布開車前往，約1小時10分鐘；從瓦拉茲丁開車，約2小時車程　🏠Košnički Hum 1, 49216, Desinić　🕐4~10月：平日9:00~17:00，週末10:00~18:00；3月：9:00~17:00　🚫週一以及11~2月　☎49-374-970　💰全票€5，半票€4　🌐www.veliki-tabor.hr

© Croatian National Tourist Board / Sergio Gobboo

　　這座經常出現在克羅埃西亞宣傳照的城堡，深處於克羅埃西亞與斯洛維尼亞邊界的荒僻山區裡，若非有熟悉路況的嚮導，前來探訪這座迷人城堡得先做好迷失在山間小徑的準備。在交通便利性、建築機巧、花園布置等方面，維利基・塔波城堡都不如特拉科什全城堡，但它隱藏山間、古典樸拙造型所散發出的神秘魅力，更遠勝前者。

　　維利基・塔波城堡海拔334公尺，最早的時候，城堡是一座5邊形高塔，建於12世紀，直到15、16世紀之交，增建一座座半圓塔與厚實圍牆，構成今日造型簡單、但神奇的文藝復興建築模樣。整個薩果耶地區防禦堡壘形成的原因大同小異，都是貴族及統治階層用來防範鄂圖曼土耳其的攻擊，維利基・塔波城堡扼守於札格拉布西北方，居高臨下，易守難攻，一切目的都是為了阻擋敵人，守望塔、角樓，還有圍牆上的洞，是對來犯敵人灌焦油之用。

　　古堡重建多年，並於2011年底重新對外開放，博物館裡展示了中世紀的城堡生活，如果不看博物館，光欣賞古堡外觀，凌空眺望整片中歐田園美景也足矣。

瓦拉茲丁周邊

MAP ▶ P.10C1

克拉皮納

Krapina

拜訪尼安德塔人史前遺址

從札格拉布或瓦拉茲丁開車大約1小時路程
克拉皮納尼安德塔博物館
Kraneamus Muzej Krapinskih Neandertalaca
Šetalište Vilibalda Sluge bb, 49000, Krapina 4~10
月：9:00~19:00；11~3月：9:00~17:00 週一 全票
€10，半票€5 www.mkn.mhz.hr

　克拉皮納是位於札格拉布和瓦拉茲丁之間的靜謐小鎮，然而真正讓它成名的，則是考古學上非常重要的尼安德塔人(Neanderthal)。

　1899年，考古學家在克拉皮納附近Hušnjakovo山丘上的一座洞穴發現了一處舊石器時代遺址，年代約在西元前10萬到3萬5千年前，洞穴裡有獸骨、石斧、矛頭、刮刀等，最重要的是876幾片零散的人類骨骸以及196顆牙齒，被稱為克拉皮納人(Homo krapinensis)，經過考證，這些人骨就是舊石器時代中期的尼安德塔人。

　來到克拉皮納的遊客多半想見識山丘上的史前遺址，儘管珍貴的寶藏都收藏在博物館裡，山丘上還是蓋了一座公園，以及幾尊尼安德塔人生活塑像。過去一直存放在札格拉布自然史博物館的「寶藏」，克拉皮納終於努力索回，並於2010年冬天，將原本的「演化博物館」重新改裝成這座「克拉皮納尼安德塔博物館」。

瓦拉茲丁周邊

MAP ▶ P.10C2

瑪利亞・比斯特利查

Marija Bistrica

大顯神蹟的天主教朝聖地

位於札格拉布北方37公里，從札格拉布搭公車前往，車程約1小時
瑪利亞・比斯特利查旅遊局
Zagrebačka bb 49-468-380 平日8:00~16:00，6月中~9月中週末9:00~15:00 9月中~6月中週末 www.tz-marija-bistrica.hr

　瑪利亞・比斯特利查與札格拉布隔著梅德維尼卡山(Mt Medvednica)，原本只是一座不起眼小村落，如今卻成為克羅埃西亞境內最大的天主教朝聖地，每年總是吸引超過60萬的信眾前來，前教宗若望保祿二世也曾在1998年到訪。

　之所以成為聖地，主要是因為一尊木雕的「黑色瑪麗亞」塑像，16世紀中葉鄂圖曼土耳其進犯時，她曾經顯過神蹟，不被摧毀；而1880年大地震引發的大火，她也毫髮無傷。為她所蓋的教堂(Sv. Marija Snježna)一再翻新，目前所見到的教堂外觀是1883年建築師Herman Bollé所建(他的另一名作就是札格拉布的聖馬可教堂)，結合仿羅馬、哥德、巴洛克各種建築形式於一體。

　教堂後方有一條「十字架之路」，由14座克羅埃西亞名雕刻家的作品構成，每年8月15日的朝聖日，不少札格拉布人會翻過梅德維尼卡山，沿著步道前來朝聖。

瓦拉茲丁周邊

MAP ▶ P.10C1

特拉科什全城堡

Dvorac Trakošćan/Trakošćan Castle

高懸於山頭上的防禦性城堡

🏠Trakošćan 1, 42253, Bednja 🚌從瓦拉茲丁搭公車前往Bednja，約55分鐘車程，平日約9個班次；週六約4個班次，週日停駛，請事先確認(www.ap.hr) 🕐4~10月：10:00~18:00，11~3月：9:00~16:00 ☎796-281 💲全票€7，半票€4，7歲以下免費 🌐www.trakoscan.hr ⓘ博物館禁止拍照

薩果耶(Zagorje)地區四散各山頭的城堡，除了瓦拉茲丁的古城之外，就屬特拉科什全城堡最容易到達，從瓦拉茲丁往西走40公里，不到1個小時車程就可到達，路況尚稱平坦。

城堡的官方歷史紀錄可以回溯到西元1334年，是位於克羅埃西亞境內最西北邊境的防禦性城堡，它高懸於山頭之上，扼守著沙瓦(Sava)河谷上游，被稱為「空中城堡」。鄂圖曼土耳其勢力退去之後，從16世紀末到20世紀初，城堡歸Drašković家族所有，古堡保存完好，在19世紀中，古堡被增建成雄偉的新哥德形式，高高的圍牆拱衛著一座高塔，同時在山腳下周邊215公頃的土地開闢人工湖、廣植樹林，把原本防禦性的堡壘轉變成浪漫的英式莊園，山上城堡就倒影在湖心裡；天氣暖和的時候，湖上還可以划船。

直到1944年整個Drašković家族遷往奧地利，城堡才歸政府所有，1953年城堡內部三層樓、25個房間改建為博物館，每個房間分別呈現新文藝復興式、巴洛克式、哥德式不同風格，展示家具、刀劍、軍械、袍服、畫作，以及Draškovićs家族的肖像。

伊斯特利亞
半島

伊斯特利亞半島
Istria Peninsula

亞得里亞海上最大的半島，面積廣達3160平方公里，海岸線長達430公里，北方與斯洛維尼亞(Slovenia)接壤，東北邊山脈橫互，只靠著狹窄的海岸公路溝通克瓦納灣區。

大部分的旅遊景點都位於高度發展的西海岸，風景如畫的內陸地區較少旅客造訪，不過仍然有幾座山間中世紀古城，可以從高處眺望這個區域。儘管首府是位於內陸的帕辛(Pazin)，但真正的大城和商業中心則在西南岸的普拉(Pula)。最受歡迎的城鎮和景點分別是普拉、波瑞曲(Poreč)、羅溫(Rovinj)，以及布里尤尼(Brijuni)國家公園。

普拉
Pula

文・攝影●林志恆

普拉是伊斯特利亞半島最大城及商業大港，第一眼見到它，很難讓人和克羅埃西亞聯想在一起，城裡到處是圓形競技場、凱旋門和神殿等羅馬古蹟，這些古蹟也成了普拉受用不盡的文化資產和觀光資源。

這座伊斯特利亞最古老的城市，在西元前1世紀就被羅馬人征服，並成為區域的行政中心。羅馬人很聰明地開發利用普拉地形，在制高點卡什泰爾(Kaštel)山丘上建立堡壘，保護整個普拉海灣，整座古城鎮就以卡什泰爾山丘為核心，一層一層地環繞到海港。

儘管後來歷經拜占庭、威尼斯、哈布斯堡王朝的統治及外侮，城市遭受極大破壞，羅馬人當年所規劃的城市格局，歷經2000年，後人仍無法超越。

INFO

基本資訊

人口：52,220　**面積**：51.65平方公里　**區碼**：(0)52

如何到達——航空

距離普拉市區東北6公里處有一座機場，從札格拉布搭乘克羅埃西亞航空飛往普拉須經札達爾(Zadar)轉機，每天約1~2航班，飛行時間約1小時50分鐘。

從機場可搭乘Shuttle Bus抵達普拉市區的巴士站，單程票€6；也可搭乘計程車進市區，跳錶計價，大約€20。

普拉機場 🌐www.airport-pula.hr
克羅埃西亞航空 🌐www.croatiaairlines.com

普拉市區

普拉火車站
巴士總站
普拉港灣
造船廠
圓形競技場 Amfiteatar
考古博物館
奧古斯都神廟 Augustov hram
遊客中心
卡什泰爾堡壘與伊斯特利亞歷史博物館 Kaštel & Povijesni i pomorski muzej Istre
市政廳 Gradska Vieċnica
福爾摩沙的聖瑪麗亞禮拜堂 Kapela Marije Formoze
賽爾吉凱旋門 Slavoluk obitelji Sergijevaca

圖例：◎景點　✚教堂　🏰城堡　🏛博物館　🚉火車站　🚏巴士站　遊客中心

如何到達——火車

普拉火車站（Željeznički kolodvor Pula）在市中心北方不到1公里處，從札格拉布每天有1班車開往普拉，需在里耶卡(Rijeka)與Lupoglav轉乘，車程約9小時；從斯洛維尼亞首都盧布里亞納(Ljubliana)每天有1班車開往普拉需在Divača轉車，車程約5小時。

普拉火車站
📍kolodvorska 5　☎541-982

如何到達——長途巴士

巴士站位於普拉市中心東北方500公尺，從札格拉布和里耶卡(Rijeka)皆可搭乘巴士前往普拉，幾乎每小時1班車。札格拉布出發，車程約3.5~5小時；里耶卡出發，車程約2小時。

普拉巴士站
📍Trg I. Istarske brigade 1
🌐www.brioni.hr(主要巴士公司)

市區交通

普拉市區多數景點步行即可到達。

旅遊諮詢

◎普拉遊客服務中心
📍Forum 3　🕐11~3月：平日9:00~16:00，週六10:00~14:00；4、5、10月：週一至週六9:00~18:00(4月至17:00)，週日10:00~16:00；6~9月：平日8:00~20:00，週末9:00~20:00(7~8月至21:00)　☎219-197　🌐www.pulainfo.hr

MAP ▶ P.99B1

普拉圓形競技場

MOOK Choice

Amfiteatar u Puli/Pula Arena

遙想羅馬時代神鬼戰士角鬥猛獸

🚶 從遊客服務中心步行約10分鐘可抵達　🏠Flavijevska ul. bb　☎219-028　💲全票€10，半票€5　🕐11~3月：9:00~17:00，4月和10月：8:00~20:00，5月和9月：8:00~21:00，6~8月8:00~22:00　🌐www.ami-pula.hr

普拉的圓形競技場是全世界僅存6座大型競技場之一，建築年代約在西元1世紀，以當地的石灰岩打造，與羅馬的圓形競技場幾乎同一個時間完成，占據港灣邊最有利位置，先後經過奧古斯都(Augustus，27BC-AD14)、克勞迪斯(Claudius，AD41-54)、維斯帕先(Vespasian，AD69-79，也是羅馬圓形競技場的建造者)三位位高權重的羅馬皇帝，專門供人們觀賞神鬼戰士和獅虎豹角鬥之用。

競技場共有23000個座位、20個出入口，橢圓長軸距離132.45公尺，較短的一軸是105.1公尺，牆高30.45公尺。直到15世紀之前，競技場還保留得非常完整，後來威尼斯人拆掉部分石塊來建造城堡及其他建築。

今天鬥獸場面已不復見，卻是普拉最重要的表演場地，從古典、流行音樂會到電影節，可供5000到8000名觀眾欣賞。

❶拱門與廊道

一、二樓分別有72座拱門，三樓開有64座四方形開口，拱門提供內部廊道的照明；而廊道可以讓觀眾從一區移動到另一區，並迅速找到自己的位置。

❷地下室

地下室展覽許多競技場挖掘出來的古物，這裡曾是囚禁犯人的監牢。

❸外牆

面對海港的三層樓外牆還保留得非常完整，牆高30.45公尺，由於競技場建於山丘傾斜的基地，面對內陸的外牆只有二層樓。

❹塔門

競技場有4座塔門，外牆的頂端有檐槽可收集雨水，原本上面還有繫纜樁，用來繫緊遮陽布幕。目前西南側的塔門是競技場的出入口。

❺內部看台

最早的時候可供23000名觀眾觀賞鬥獸場面，今天為方便民眾欣賞音樂會、歌劇、芭蕾，看台上都安置了座位。

MAP ▶ P.99B2

賽爾吉凱旋門

Slavoluk Sergijevaca / Triumphal Arch of the Sergi

榮耀家族的黃金大門

🚶 從遊客服務中心步行約6分鐘可抵達　🏠 Flanatička ul. 2

　　凱旋門又名黃金大門(Zlatna vrata)，立於西元前27年，由當地貴族賽爾吉家族(Sergi)所建造，當年是為了榮耀在普拉高居羅馬帝國要位的家族三位成員。凱旋門不大，建築樣式明顯受到希臘化時期(Hellenistic)、小亞細亞建築風格所影響。從門西側看去，拱門以4根科林斯式圓柱支撐，拱門上頭則刻著馬拉車的淺浮雕，以及老鷹展翅以鷹爪攫巨莽，象徵勝利。

　　幾個世紀以來，不少藝術家和建築師都提過這道凱旋門，像是米開朗基羅(Michelangelo)、帕拉底奧(Palladio)，以及18世紀新古典主義建築師羅伯特・亞當(Robert Adam)。19世紀之前，凱旋門旁原本還有城牆和城門，因為都市不斷向外擴張發展，城牆只好被拆除。

MAP ▶ P.99A2

奧古斯都神廟

Augustov hram / Temple of Augustus

獻給天神的羅馬式建築

🚶 從遊客服務中心步行約2分鐘可抵達　🏠 Forum b.b　🕐 4月和10月：9:00~19:00；5、6、9月：9:00~21:00；7~8月：9:00~23:00；11~3月參觀需預約　💰 全票€2，半票€1　🌐 www.ami-pula.hr

　　神廟面對羅馬議事廣場，建造時間約在西元前2年到西元14年之間，主要是獻給偉大的羅馬皇帝奧古斯都及羅馬天神。這是非常典型的羅馬式建築，以簡單的線條構成，長17公尺、寬6公尺，立面豎立6根科林斯圓柱，讓整座神廟看起來更立體。這座建築對後來建築師帕拉底奧(Palladio)的建築風格有很大的啟發。

　　羅馬人走了之後，神廟化身為教堂，之後又變成穀倉。二次世界大戰期間，神廟遭受炸彈轟擊，幾乎全毀，1947年戰後才被修復。目前裡面有一座小型的歷史博物館，都是古代雕像的殘破碎片。

MAP ▶ P.99A1

大教堂

Katedrala uznesenja Blažene Djevice Marije/ Cathedral of the Assumption of the Blessed Virgin Mary

羅馬和威尼斯文化的混血建築

🚶 從遊客服務中心步行約3分鐘可抵達　🏠 Trg Svetog Tome 2

普拉大教堂受到兩大文化影響，一是羅馬，另一個是威尼斯。教堂可以回溯到西元5世紀，內部呈現仿羅馬式大會堂風格，教堂的地板還可以看出是5、6世紀的馬賽克拼貼圖案；南邊的牆面有西元9世紀拜占庭式的柱和樑。至於主祭壇年代可能更久遠，那是一座3世紀的羅馬石棺，裡面安奉了一位聖者的骨骸，據說是11世紀匈牙利國王所羅門(Solomon)。

至於教堂立面是16世紀初才重建的，屬於晚期文藝復興風格。一旁的鐘樓很明顯受到威尼斯影響，其基座是18世紀時，拆了部分羅馬競技場的石塊而興建的。

MAP ▶ P.99B2

考古博物館

Arheološki Muzej Istre/ Archaeological Museum of Istria

收集自伊斯特利亞半島的古物

🚶 從遊客服務中心步行10約分鐘可抵達。　🏠 Carrarina 3　☎ 351-300　🌐 www.ami-pula.hr　❶ 博物館目前進行整修暫停開放。

穿過一道西元2世紀的「雙重門」(Twin gates)，便來到考古博物館，館裡的收藏幾乎都是從伊斯特利亞半島收集的古代陶器、石雕、馬賽克地板、玻璃器皿、武器、珠寶，永久展品的年代從史前時期橫跨到中世紀，不過主要精華則是西元前2世紀到西元6世紀這段期間的文物。博物館外圍還有一座雕刻庭園，擺放了一座座羅馬時代的石雕和更早期的陶甕。博物館後方山丘則有一座羅馬劇院，是目前夏季戶外音樂會的表演場地。

MAP ▶ P.99A2

福爾摩沙的
聖瑪麗亞禮拜堂

Bazilika svete Marije Formoze/
Chapel of St. Maria Formosa

古樸小巧的拜占庭式厚磚建築

🚶 從遊客服務中心步行約5分鐘可抵達　🏠Flaciusova ul

　　這附近曾有一座6世紀的聖本篤修道院 (Benedictine abbey)，如今只殘存了這座拜占庭式小禮拜堂，原本裝飾在禮拜堂的馬賽克鑲嵌畫已經收藏在考古博物館。夏季期間偶爾會有藝術展覽，但必須事先透過考古博物館安排才能參觀。

　　在普拉眾多羅馬和威尼斯建築中，這座小禮拜堂正好為拜占庭帝國在西元6、7世紀的統治作見證，四邊等長的希臘十字架式平面設計、厚重的磚頭拱頂，都是拜占庭建築的特色。

MOOK Choice

MAP ▶ P.99A2

卡什泰爾堡壘與伊斯
特利亞歷史博物館

Kaštel & Povijesni i pomorski muzej Istre/
Castle & Historical Museum of Istria

俯瞰全城美景的最高景點

🚶 從遊客服務中心步行約8~10分鐘可抵達　🏠Gradinski Uspon 6　🕐4~9月：9:00~21:00；10~3月：9:00~17:00　☎211-566　💲全票€5.31，半票€2.65，5歲以下免費　🌐www.ppmi.hr

　　伊斯特利亞歷史博物館位於山丘上的卡什泰爾堡壘，在這裡，可以從全普拉的最高點鳥瞰整座城市和海港，這座堡壘是17世紀時威尼斯人從羅馬競技場敲下來的石塊所蓋的。

　　博物館裡陳列的包括普拉的航海歷史和伊斯特利亞半島的歷史，多達40,000件展品，展覽主題從明信片、地圖、藥局、日用品、軍服等。如果對展覽沒有太大興趣，從堡壘城牆的制高點換來全城美景，也值得走一趟。

MAP ▶ P.99A2

舊市政廳

Gradska Vijećnica/Communal Palace

普拉市長辦公的古樸建築

🚶 從遊客服務中心步行約1分鐘可抵達　🏠Forum 1

　　在羅馬議事廣場上，舊市政廳是除了奧古斯都神廟之外另一座醒目建築，建於西元1296年，作為普拉的行政中心。然而市政廳的位置在過去曾挺立一座「黛安娜神廟」，其後牆就保留了部分原始牆面。舊市政廳建築形式融合了仿羅馬式

及文藝復興風格，如今這棟建築仍然是普拉市長辦公的地方。

©Croatian National Tourist Board

普拉周邊

MAP ▶ P.10B3

羅溫

MOOK Choice

Rovinj

夕陽最美的海港小鎮

🚌 羅溫的巴士站位於舊城東南邊，與普拉之間的車程約45分鐘，每天約12~15班次，和波瑞曲(Poreč)車程50分鐘，每天約6~8班次

羅溫遊客服務中心

🏠Trg na mostu 2　☎811-566　🌐www.rovinj-tourism.com

　　羅溫位於普拉和波瑞曲之間，是伊斯特利亞半島最早發展為度假中心的海港小鎮，1845年就有汽船航行到義大利的特里艾斯特(Trieste)，1867年更舖設鐵路直通維也納，1888年設立了官方旅遊局。

　　松林茂密的丘陵拱衛著海港，山陵間點綴幾間低矮的豪華度假別墅，13座濃綠的小島環海港外海而繞，舊城區密佈著蛛網般的石子巷弄。羅溫除了是宜人的度假小鎮，至今仍然是座活躍的小漁港。

　　羅溫原本是橢圓形小島，直到1763年才填海造陸，與陸地相連成為一座半島。歷史上，羅溫一直以航海業聞名，1199年為了維護本身的航海貿易，還曾經和達爾馬齊亞南部的杜布洛夫尼克簽下重要協定；13世紀起，和大多數亞得里亞海的城市一樣，都落入威尼斯人手中，也造就今日城市樣貌。但在奧匈帝國勢力進入伊斯特利亞半島之後，陸續選擇里耶卡(Rijeka)、特里艾斯特、普拉作為對外自由貿易口岸並發展造船業，羅溫原本強勢的海上力量才日漸式微，轉而發展成度假勝地。

　　走在城鎮任何角落都能看到的地標無疑是優菲米亞大教堂(Katedrala Sv Eufemija)，它就坐落在羅溫島中心的山丘頂端，是伊斯特利亞半島最大的巴洛克式教堂，尤其那座60公尺高的鐘塔傲視整座伊斯特利亞半島，其造型仿自威尼斯聖馬可廣場的鐘塔，塔頂豎立一尊聖優菲米亞銅像，具有風向雞的作用。

　　遊客來到羅溫也許不需要費神看任何景點，而是悠閒漫步在港邊、穿梭於威尼斯式的狹窄巷弄，更重要的是，海港面向西方，享有克羅埃西亞最美夕陽的美譽。

波瑞曲
Poreč

文‧攝影●林志恆

波瑞曲是羅馬人於西元前2世紀建立的城市，擠在一塊400公尺長、200公尺寬的半島上，至今城裡仍可看到傾頹的羅馬遺址，而平面街道所呈現的典型羅馬幾何圖形，也是照著羅馬人的規劃，包括兩條主要街道：縱向的Decumanus及橫向的Cardo。

西羅馬帝國滅亡後，西元539年由拜占庭帝國接手，珍貴的優弗拉休斯教堂便是這個時期遺留下來的。1267年之後，由威尼斯人接手殖民長達5個世紀，當時在半島上打造了3座城塔，

如今依然挺立。來到波瑞曲，絕對要沿著羅馬大街Decumanus深入老城中心的東北角落，一睹優弗拉休斯教堂的千年榮耀，再逛逛羅馬時代的議事廣場，其周邊仍殘留著當年的神廟遺址。

波瑞曲也是伊斯特利亞半島著名的度假勝地，但度假村不在市中心，而是在南邊海岸的Plava(藍色礁湖)和Zelena(綠色礁湖)，每年超過70萬遊客來此度假，堪稱克羅埃西亞最大的濱海度假中心。

INFO

基本資訊
人口：16,607　**面積**：139平方公里
區碼：(0)52

如何到達——長途巴士
波瑞曲的巴士站在舊城外圍東南方，從普拉(Pula)、羅溫(Rovinj)、里耶卡(Rijeka)和首都札格拉布(Zagreb)都有巴士到達。與普拉之間車程1.5小時，每天約4~7班次；與羅溫之間車程50分鐘，每天約4~6班次；與里耶卡之間車程近2小時，每天約5~7班次；與札格拉布之間車程4.5~5.5小時，每天約5~9班次。巴士時刻查詢詳見P.34。

波瑞曲巴士站
🚏Karla Huguesa 2　📞60-888-610

旅遊諮詢
◎波瑞曲遊客服務中心

🚏Zagrebačka 11　📞451-293
🕐11~3月：8:00~15:00(週六至13:00)；4、5、10月平日8:00~18:00，週末9:00~17:00；6和9月：8:00~21:00；7和8月：8:00~22:00
🚫11~3月的週日　🌐www.myporec.com

MAP ▶ P.105A1

MOOK Choice

優弗拉休斯大教堂

Eufrazijeve Bazilike/
Euphrasius Basilica

以金箔鑲嵌畫聞名的世界文化遺產

🚶 從遊客服務中心步行約4分鐘可抵達 🏛 Eufrazijeva ul 22 🕐 1~2月：10:00~16:00；3月：9:00~16:00；4~6：9:00~18:00；7~8月：9:00~21:00；9月：9:00~19:00；10月：9:00~17:00；11~12月：10:00~14:00(週六9:00起) 🚫 週日以及1~2月的週六 ☎ 451-784 💲 全票€10，半票€5 🌐 www.zupaporec.com

優弗拉休斯大教堂所坐落的位置，原本是一座西元4世紀的小禮拜堂——毛魯斯禮拜堂(Oratorium of Maurus，裡面埋葬著伊斯特利亞的殉道者聖毛魯斯)，至今還能看到原始的地板鑲嵌畫；6世紀時，經由優弗拉休斯主教(Euphrasius)擴建為綜合性的宗教建築群，包括一座三殿式教堂、中庭、八角形洗禮堂和主教寓邸。13到15世紀，教堂又陸續增建，並於16世紀立起高聳的鐘塔。

優弗拉休斯主教來自拜占庭帝國首都君士坦丁堡(今日土耳其伊斯坦堡)，他有幸親身見識到拜占庭文化黃金年代最傑出的聖索菲亞大教堂，因而決心在他主掌的教區波瑞曲也蓋一座能代表拜占

教堂內部 Interior of the Basilica

教堂本身是三殿式建築，中殿最高，殿與殿之間被18根大理石圓柱隔開，飾以不同雕刻形狀的柱頭。北側柱與柱之間的圓拱上頭，灰泥裝飾仍保持原始樣貌；南側圓拱上的灰泥裝飾毀於15世紀的地震。

後堂半圓壁龕黃金鑲嵌壁畫 Apse Mosaics

整座後堂半圓壁龕上貼滿黃金鑲嵌壁畫，是6世紀的拜占庭藝術傑作，內容描繪新約聖經故事、大天使及伊斯特利亞殉道者。

從外側的拱門看起，上方那一整排是耶穌與12位門徒，環繞拱門內側的是12位伊斯特利亞的殉道者人頭像，中央頂端則是一幅《上帝羔羊》圖畫。

後方穹頂正中心畫的是神座上的聖母子，上帝的手正在為耶穌加冕；耶穌左右各有一名天使，以及伊斯特利亞的殉道者聖毛魯斯(St Maurus)。不妨注意看左手邊第二位手執教堂模型的人，就是優弗拉休斯主教，旁邊是他弟弟克勞迪斯(Claudius)，兩人之間的男孩則是克勞迪斯的兒子。

庭文化的教堂，於是從君士坦丁堡召來最有名的藝術大師參與興建，而最具價值的就是那些貼著金箔的鑲嵌畫，代表拜占庭時代最高藝術創作。

1997年，聯合國教科文組織把這座教堂連同更早的小禮拜堂遺跡列入世界遺產名單。這座遺產所訴說的，是早期基督教信仰與拜占庭式建築的完美結合。對著迷於拜占庭黃金鑲嵌畫的人來說，優弗拉休斯大教堂無疑是挖掘不盡的藝術金礦。

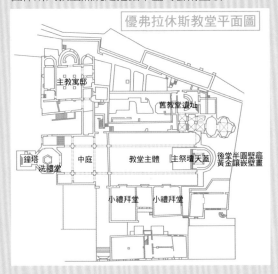

優弗拉休斯教堂平面圖

主教寓邸
舊教堂遺址
鐘塔
洗禮堂
中庭
教堂主體
主祭壇天蓋
後堂半圓壁龕黃金鑲嵌壁畫
小禮拜堂
小禮拜堂

洗禮堂與鐘塔Baptistery & Bell Tower

洗禮堂本身是八角形，興建於6世紀，中心有座洗禮台，洗禮堂後面順著階梯往上爬，連接另一座建於1522年的鐘塔，塔頂居高臨下，可以俯瞰波瑞曲古城和海港。

主祭壇天蓋Ciborium

這座1277年增添上去的主祭壇天蓋，以威尼斯聖馬可教堂為藍本，由4根大理石柱支撐，天蓋上頭同樣裝飾了鑲嵌壁畫，內容包括了《天使報喜》、《波瑞曲受難者頭像》等圖。天蓋內的穹頂上頭刻了一隻上帝的羔羊。

中庭Atrium

中庭由四方形的柱廊圈圍起來，每一面柱廊都以兩列圓柱構成，圓柱材質為大理石，飾以拜占庭式柱頭，大理石產自東羅馬帝國首都君士坦丁堡附近的島嶼。柱廊裡收集許多考古挖掘出的紀念石碑。

主教寓邸Bishop's Residence

主教寓邸興建於6世紀，目前為一座博物館，收藏一些畫作，以及興建大教堂之前、原始小禮拜堂遺留下來的馬賽克鑲嵌畫地板。其中最有名的是一幅魚的馬賽克鑲嵌畫，在西元3世紀，基督教還遭受迫害的階段，魚是當時基督信仰最重要的象徵。

克瓦納灣區
Kvaner Gulf

克瓦納灣區介於伊斯特利亞半島、達爾馬齊亞海岸和歐陸之間，不論就文化還是自然景觀，都融合了各個區域特質，彷彿是克羅埃西亞的縮小版。

由於北邊有高山屏障，這片島嶼羅列的廣闊海灣其旅遊業起步得很早，在19世紀初，許多奧匈帝國有錢人不時長驅南下，冬天躲避酷寒，夏日則浸在清涼的海水裡。

如今這區以旅遊為重心，特別是夏天逐浪的人潮。如果來度假，交通便利的里耶卡是最好的基地，不論到高貴優雅的歐帕提亞，還是前往克爾克島的巴什卡海灘(Baška)，又或者探索幾座多采多姿的克爾克鎮(Krk)、茲勒斯鎮(Cres)、馬利‧洛遜鎮(Mali Lošinj)、拉布鎮(Rab)，都提供多元的選擇。

克瓦納灣區

里耶卡
Rijeka

文・攝影●林志恆

里耶卡大區域圖

里耶卡是克羅埃西亞第三大城，也是克瓦納灣區域的中心，地理位置決定了里耶卡的發展，不論從陸路或海路而來，都先在這裡交會，再輻射出去。便利的交通帶來了遊客，卻很少人真正停留在里耶卡城；略顯雜亂的市區，商務旅人來去匆匆，城市外圍煙囪林立，港口邊貨櫃輪、起重機縱橫交錯，更凸顯出這裡只是一座工業城市和商業大港。

最初，里耶卡是羅馬人為了征服原本居住於此的伊利里亞人而建立的邊境堡壘，歷經十多個世紀不斷換手的外來統治，在1466年臣服於奧地利哈布斯堡王朝(Habsburgs)。透過里耶卡，哈布斯堡王朝把財富和勢力延伸到亞得里亞海岸來，卻也引來威尼斯的覬覦而造成衝突。1867年，隨著奧匈帝國的誕生，從維也納

和布達佩斯過來的鐵路直通亞得里亞海岸，不僅進一步支撐原本就興盛的造船業，也把王宮貴族帶過來，促成旅遊業的發展，今天里耶卡市中心的匈牙利、奧地利式建築外觀，便是在這個時期奠下基礎。

儘管里耶卡市區沒有「非去不可」的景點，但還是有些可取之處，像是聚集了購物商店的科爾索大道(Korzo boulevard)、林蔭成列的港邊大道，以及19世紀留下來的奧匈帝國豪門宅邸，都值得漫步期間，追尋繁華的貴族遺風。

INFO

基本資訊

人口：108,622
面積：44平方公里
區碼：(0)51

如何到達——航空

　　里耶卡機場（Zračna luka Rijeka，機場代號RJK）不在城區附近，而是在克爾克島（Krk Island），距離里耶卡市區約30公里。可搭乘機場巴士到里耶卡市區Jelačićev廣場的巴士站，車程約45分鐘，單程€9,5。搭計程車約€40~50。

里耶卡機場
🌐www.rijeka-airport.hr

如何到達——火車

　　火車站位於市中心東側，與札格拉布(Zagreb)之間的火車車程3.5~4.5小時，每天2班車；與斯洛維尼亞的盧布里亞納(Ljubljana)之間車程約3小時，每天2班車。

里耶卡火車站
📍Trg kralja Tomislava 1　🌐www.hzpp.hr

如何到達——長途巴士

　　里耶卡的巴士站位於市中心，和普拉(Pula)之間車程約2~2.5小時，約每小時1班；與札達爾(Zadar)之間車程4~5小時，每天約5~6班次；與札格拉布之間車程2~3小時，平均每小時2班。與斯洛維尼亞的盧布里亞納之間車程5小時；與義大利的Trieste車程2小時。

　　巴士時刻表與票價查詢詳見P.34。

里耶卡巴士站
📍Trg Žabica 1

旅遊諮詢

◎里耶卡遊客中心
📍Korzo 14　☎335-882
🕐平日8:00~20:00，週六8:00~14:00　🚫週日
🌐visitrijeka.hr
◎特爾沙特城堡旅遊諮詢處
📍Partizanski put 9A　☎217-714
🕐平日9:00~17:00，週末10:00~18:00

里耶卡市區

往里耶卡火車站

路德聖母教堂
Crkva Gospe Lurdske

巴士總站

里耶卡城市博物館
Rijeka City Museum

克羅埃西亞海事歷史博物館
Pomorski i Povijesni Muzej Hrvatskog Primorja

自然史博物館
Prirodoslovni Muzej

Grand Hotel Bonavia

聖維特大教堂
Katedrala Svetog Vida

羅馬拱門
Stara Vrata

Hostel Happy
Hostel Korzo

城市鐘塔
Gradski Toranj

Botel Marina

圖例　◉景點　✚教堂　🏠飯店　🏛博物館　🚌巴士站　ℹ️遊客中心

MAP ▶ P.110C2

城市鐘塔

MOOK Choice

Gradski Toranj/City Clock Tower

奧匈帝國遺留的巴洛克建築

🚶 從遊客中心步行約2分鐘可抵達　🏛Korzo boulevard

　城市鐘塔位於科爾索大道(Korzo)上，是市中心最著名的一條散步大道，兩旁貴氣十足的19世紀建築櫛比鱗次，商店、咖啡座、酒吧、餐廳林立，成為里耶卡人或遊客最喜歡的逛街購物去處。

　1750年，里耶卡曾經發生一場毀滅性的地震，科爾索大道原址是毀壞的舊城牆，大道中心點的鐘塔就建在城門之上，過去城門正好面對大海。這座擁有四面時鐘的鐘塔，是哈布斯堡王朝於1873年以巴洛克樣式建的，目前仍繼續準確報時。時鐘下方兩頭鷹的雕塑，正是奧匈帝國的標誌。

MAP ▶ P.110C1

克羅埃西亞 海事歷史博物館

Pomorski i Povijesni Muzej Hrvatskog Primorja/ Maritime and History Museum

華麗總督府變身海事主題展館

🚶 從遊客中心步行約8分鐘可抵達　🏛Trg Ricarda Zanelle 1　☎213-578　⏰週一9:00~16:00，週二至週六9:00~20:00，週日9:00~13:00　💲全票€3.98，半票€1.99，7歲以下免費　🌐www.ppmhp.hr

　這座華麗的新文藝復興建築在過去曾經是總督府，由當時的總督主導興建，並請來當時最有名的匈牙利建築師Alajos Hauszmann負責設計，在此之前，

他已蓋過布達佩斯的國會大廈及王宮。西元1948年起，這棟歷史建築由克羅埃西亞海事歷史博物館進駐，展示著船艦、航海工具以及諸多船長的肖像。部分總督府時代的家具、用品及藝術品也都保留當作館藏展覽品。

MAP ▶ P.110C1

聖維特大教堂

Katedrala Svetog Vida/ St. Vitus' Cathedral

克國唯一的巴洛克圓形紀念建築

🚶 從遊客中心步行約3分鐘可抵達　🏛Grivica ul. 11　☎330-879　⏰平日6:00~12:00，15:00~17:00，週末6:00~12:00(週日8:00起)

　聖維特大教堂是克羅埃西亞唯一一座巴洛克式的圓形紀念性建築，於1638年由耶穌會建築師所設計興建，獻給里耶卡的守護神聖維特，取代原址上的小教堂，當時是以威尼斯「健康的聖瑪麗亞教堂」

(Santa Maria della Salute)為建築藍本。

　走進教堂，你可以看到一根根厚重的大理石柱支撐著巨大的圓頂，圓頂下有巴洛克式的祭壇，以及一座13世紀的哥德式十字架。

路德聖母教堂

Svetište Gospe Lurdske / Church of Our Lady of Lourdes

高聳在階梯上方的繽紛建築

🚶 從遊客中心步行約6分鐘可抵達 🏠Kapucinske Stube 5 🕐7:00~12:00，16:00~20:00 🌐glurdska-kapucini. blogspot.com

這座位在長途巴士站附近的教堂十分顯眼，遠遠看去，新哥德式的立面聳立在義大利風格的雙排階梯之上。它算是20世紀的新建築，帶有義大利倫巴底(Lombard)風格，其裝飾繽紛的外觀及教堂裡的祭壇，是威尼斯和里耶卡雕刻家的共同傑作。

特爾沙特城堡

Gradina Trsat/ Trsat Castle

360度俯瞰海灣城景的山丘堡壘

🚶 從市中心搭乘2號公車可抵達，每15分鐘一班。若從遊客中心步行約30分鐘可達 🏠Partizanski put 9a 🕐9:00~00:00 📞217-714 💲全票€1.33，半票€0.66

這座13世紀的城堡聳立在里耶卡東北郊區海拔138公尺的山丘上，從堡壘可以360度俯瞰里耶卡城、繁忙海港，以及克瓦納海灣和遠方的克爾克島(Krk)。堡壘另一側高速公路纏繞在山頭之間，Rejecina河從山腳下貫穿過里耶卡市區，直奔港口；偶爾火車駛過，更點出這座城市的交通輻輳地位，以及城堡本身所佔據的戰略性位置。

17世紀鄂圖曼土耳其威脅退去時，堡壘重要性也漸漸失去，1750年更毀於大地震，直到1826年被一位奧地利將軍買走，並改建為現在所見到的新古典主義比德邁式風格(Biedermeier)。城堡裡設有藝廊，夏天時是舉辦音樂會的好場地，戶外咖啡廳更享有極佳視野。

特爾沙特聖母教堂

Svetište Majke Božje Trsatske/Our Lady of Trsat

傳說中聖母瑪利亞曾在此居住

🚶 從市中心搭乘2號公車，每15分鐘一班，步行前往約30分鐘 🏠Frankopanski trg 12 🕐6:00~20:00 📞452-900 🌐www.trsat-svetiste.com.hr

里耶卡市區有不少教堂，卻比不上這間郊區山丘上的特爾沙特教堂，它彷彿是塊信徒的大磁石，幾個世紀以來朝聖者絡繹不絕，使得這裡成為除了克羅埃西亞內陸的瑪利亞·比斯特利查(Marija Bistrica)之外，在海岸邊的另一個宗教勝地。

據傳13世紀時，天使將聖母瑪麗亞在拿撒勒(Nazareth，基督少年時代居住地)的小屋搬到義大利羅勒托(Loreto)之前，便是先落腳在里耶卡的這座山丘，於是朝聖著開始在山丘上立起一座禮拜堂，1367年教宗賜了一幅聖母畫像，而雕琢的主祭壇和祭壇上的聖母畫像是教堂的珍寶，就安置在最神聖的區域，並以一道華麗的鍛鐵門隔開。

里耶卡迪托(Titov)廣場旁有一座朝聖之梯，順著陡峭的梯子可以爬上特爾沙特聖母教堂。

里耶卡周邊

MAP ▶ P.10B2

歐帕提亞

MOOK Choice

Opatija

洋溢貴族氣息的濱海度假勝地

🚌 位於里耶卡西南方13公里,在里耶卡火車站前搭32號公車可以到達,車程約30分鐘

歐帕提亞遊客服務中心

🏠 Maršala Tita 146　⏰ 平日8:00~16:00　🚫 週末　☎271-310　🌐 www.opatija-tourism.hr

遊船公司Katarina Line

🏠 V. Spinčića 13　☎ 603-400　🌐 www.katarina-line.com

歐帕提亞被稱為亞得里亞海上的尼斯(Nice,位於法國南部),是歷史最悠久的度假勝地之一。1844年之前,歐帕提亞只是一個35間屋舍、1座教堂的小漁村,這一年,有權有勢的富商Iginio von Scarpa在海邊蓋起一棟森林公園環繞的「安喬莉娜別墅(Villa Angiolina)」,往來進出全是達官顯要,例如克羅埃西亞總督耶拉齊查(Josip Jelačić)、奧地利女皇Maria Anna。不久之後,歐帕提亞就成為菁英份子度假隱居的重要基地。

1884年,亞得里亞海上第一家旅館(名為Kvarner)在海濱開幕,觀光客統計資料開始啟動。隨後旅館一家家蓋起來,為了超越前人,最知名的建築師和工匠被邀來興建豪宅別墅;長達12公里的Lungomare濱海大道及山間小徑,把歐帕提亞串連成一片度假勝地,來自各地的奇花異草也被引進來妝點庭院。19、20世紀之交,不僅當地菁英份子,遠自瑞典、挪威、羅馬尼亞、俄羅斯、匈牙利、奧地利的皇室貴族都成了此地夏日的常客。

儘管後來亞得里亞海其他城市急起直追,歐帕提亞不再唯我獨尊,旅遊氛圍也變得平民化,但沿著海岸線望去,結合新藝術風格的高級旅館、別墅、豪宅錯落在山丘上,貴族氣息不減當年。

許多遊船公司推出各種出海行程,從歐帕提亞海岸乘風出發,前往鄰近小島探險,包吃喝加玩樂,行程從3小時到全日遊都有,可體驗當一天海上霸主的生活。

安喬莉娜別墅
Villa Angiolina

🏠 Park Angiolina　⏰ 10:00~18:00　🚫 週一　💲 全票€2.65,半票€1.33,購票可享免費咖啡　🌐 www.hrmt.hr

今天已不復見當年的冠蓋雲集,後來所興建的豪華宅邸也都超越過它,然而若非這棟別墅,絕無歐帕提亞後來的發展。

富商Iginio von Scarpa以他太太為名蓋了這棟度假別墅,新古典形式的設計風格,不論外觀或內部都嚴格遵照古典主義和諧、完美的比例。宅邸前院繁花似火,正對湛藍的亞得里亞海,宅院後滿庭蔭樹,豔綠欲流。目前這棟別墅作為克羅埃西亞觀光旅遊博物館使用。

克爾克島

克爾克島
Krk Island

文・攝影●林志恆

克爾克島是克羅埃西亞最大的島嶼，每到夏天，來自德國、奧地利、匈牙利等國家的車流從遙遠北方穿越克爾克大橋，長驅直入，住進旅館、民宿、汽車露營地，這些北方客甚至還在島上擁有自己的度假小屋。

從1866年克爾克島發行第一張風景明信片開始，它的旅遊業就起步了，不論交通或基礎建設都很方便，鄰近大城里耶卡(Rijeka)的國際機場就設置在這座島上，成為歐洲人最喜歡的度假島嶼之一。

島的東面因為正對布拉風(Bura，亞得里亞海及沿岸乾冷兇猛的東北風或北風)，荒蕪一片，到處是陡峭裸露的石灰岩壁，但內陸及西南沿岸就不同了，不僅林木翁鬱，最大城克爾克鎮及巴什卡海灘都深處宜人的背風灣區。

克爾克島經歷過羅馬、拜占庭、威尼斯和奧匈帝國的統治，在11世紀時，這裡曾是格拉哥里文(Glagolitic)的語言中心，克爾克鎮的拜占庭禮拜堂至今還留存著格拉哥里文字，直到19世紀，格拉哥里語在島上仍被使用著。從12世紀起，權勢龐大的克爾克公爵法蘭可潘家族(Frankopan)掌控了整座島嶼，儘管受封於威尼斯，卻有別於灣區其他島嶼，克爾克島在1480年之前，不直接被威尼斯人統治，因而呈現些許不同的文化面貌。

INFO

基本資訊
人口：19,286
面積：405.8平方公里
區碼：(0)51

如何到達──航空
里耶卡機場位於克爾克島的北端，可搭乘機場巴士前往島上的Omišalj小鎮，車程約10分鐘，每人票價€4。由Omišalj再轉搭Autotrans的巴士前往克爾克鎮，車程約40~60分鐘，每天約6~11班次。
里耶卡機場
🌐www.rijeka-airport.hr

如何到達──巴士
從里耶卡搭巴士前往克爾克鎮，車程約1.5小時，每天約6~14班次。從札格拉布搭乘長途巴士到克爾克鎮，車程約4~4.5小時，每天約7班次，部分月份每天1~2班。巴士時刻請上網查詢。
克爾克鎮巴士站
📍Plavnička ul. 3　☎660-660
巴士公司
🌐www.arriva.com.hr

旅遊諮詢
◎**克爾克旅遊局**
📍Vela placa 1　☎221-414　🕐8:00~15:00
◎**克爾克鎮遊客服務中心**
📍J. J. Strossmayera 9　🕐8:00~15:00(週六至13:00)
🈲週日　☎220-226　🌐www.tz-krk.hr

Where to explore in Krk Island
賞遊克爾克島

MAP ▶ P.10B3

克爾克鎮
Grad KrK/Krk Town
穿梭迷宮窄巷尋訪中世紀建築

🚌 從里耶卡搭巴士，車程約1.5小時，每天6~14班車。鎮上的景點皆可步行抵達。

這座由羅馬人開發的古鎮位於克爾克島西南岸的Krčki海灣，羅馬古城牆已經不存在，16世紀時被威尼斯的中世紀城牆所取代，3座威尼斯城門至今還保留得十分完整。城牆裡，以12世紀、仿羅馬式的克爾克大教堂和聖基里奴斯教堂(St Quirinus)為中心，兩大教堂之間是一座16世紀的鐘樓，也是全城地標，洋蔥頭的屋頂上立著一尊天使銅像，那是18世紀才加上去的。此外，古城裡迷宮般的狹窄巷道饒富古意和趣味。

夏日旺季時，古鎮的一邊是海港碼頭，餐廳、商店、遊船、街頭藝人繁忙喧囂，另一側的粗礫石海灣則躺滿曬日光浴的歐美遊客。

MAP ▶ P.10B3

巴什卡海灘

MOOK Choice

Baška
歐洲人戲水度假的圓弧海灘

🚌 從里耶卡搭巴士經過克爾克鎮，抵達Baška，車程約2小時，每天4~7班車

巴什卡遊客服務中心

🏠 Kralja Zvonimira 114　☎ 856-817　🌐 www.visitbaska.hr

如果克爾克島沒有巴什卡海灘便會減去一半光彩。海灘位於克爾克島最南端，環狀的維勒比特山(Velebit)彷彿一道深入亞得里亞海的高聳圍牆，把山腳下的卵石海灘圍成圓滿的弧線。

從1904年起，巴什卡就以這道驚人的海灘展開旅遊業，每逢夏季，白色海灘上躺滿花花綠綠的泳客，只要一張涼蓆、一條毯子，來自歐洲各地的遊客就能滿足地待上一整天，吃冰淇淋、打牌、看書、曬太陽，休息夠了就下海玩玩水，或者玩拖曳傘、香蕉船、水上摩托車等水上設施。在巴什卡海灘沒有私密空間，卻把休閒度假氣氛推向極致。

此外，巴什卡也曾發現一件考古珍品，那是一塊11世紀的石板，上頭刻著107個字的格拉哥里文(Glagolitic)，在巴什卡2公里外的聖露西教堂(Church of St. Lucy)被發現，不過目前教堂存放的是複製品，真品收藏在札格拉布市區的考古博物館。

茲勒斯島與洛遜島
Cres Island & Lošinj Island

文‧攝影●林志恆

這兩座狹長而險峻的雙子島，中間僅以11公尺寬的人工水道隔開，並以開合吊橋連接起來。從地形來看，它們分屬兩座不同島嶼，但因為地理位置和歷史命運都緊緊相繫，所以經常被拿來相提並論。

洛遜島周遭遍布鋸齒狀海灣，形成一座座天然良港，馬利‧洛遜(Mali Lošinj)和維利‧洛遜(Veli Lošinj)是其中兩座最具代表性的港灣小鎮，夏天吸引許多遊客前來，馬利‧洛遜甚至和威尼斯之間有直接通航的渡輪。島上南邊的曲喀特(Čikat)海灣總長度達30公里，形成天然水上活動基地。

茲勒斯是一座狹長型島嶼，長度約洛遜島的兩倍，南北距離長達68公里，面積與克爾克島相同，並列克國最大島嶼。除了茲勒斯鎮之外，島上半數的土地都是貧瘠的荒地和岩石。北部有高大的松林和橡樹林，居民大多住在西岸灣區，南部氣候較溫和，種植橄欖樹和葡萄；東岸陡峭的岩壁成為禿鷹棲息地，目前設立了一座禿鷹保護區。

INFO

基本資訊

人口：茲勒斯島：3,079；洛遜島：9,587
面積：茲勒斯島：405.8平方公里；洛遜島：74.36平方公里
區碼：(0)51

如何到達——渡輪

前往這兩座島嶼必須搭乘Jadrolinija公司的渡輪，幾乎所有渡輪都可人車通行。其中有兩條渡輪路線可選擇：一條是從克爾克島的Valbiska開往茲勒斯島的Merag，另一條從伊斯特利亞半島的Brestova通往茲勒斯島的Porozina，每天8~13班船次，船程均約半小時。

馬利‧洛遜有開往普拉、札達爾和威尼斯的遠程渡輪。不過長程渡輪都以夏季為主，短程渡輪則會縮減航班。

🌐 www.jadrolinija.hr

如何到達——巴士

從里耶卡搭乘巴士到茲勒斯鎮和馬利‧洛遜，車程分別為2和3.5小時，從札格拉布出發，分別為4.5~5和6~6.5小時，夏季從斯洛維尼亞的盧布里亞納(Ljubljana)也有巴士可前往茲勒斯鎮，車程5小時15分。
巴士公司
🌐 www.arriva.com.hr

區域交通

巴士行駛於茲勒斯、馬利‧洛遜、維利‧洛遜三座主要城鎮之間。從茲勒斯到馬利‧洛遜車程1小時10分鐘，抵達維利‧洛遜約1小時25分鐘，每天約4~5班車。

Where to explore in Cres Island & Lošinj Island
賞遊茲勒斯島與洛遜島

MAP ▶ P.10B3

茲勒斯鎮

MOOK Choice

Grad Cres / Cres Town

洋溢威尼斯風情的粉彩古鎮

🚌 從里耶卡搭巴士可抵達，車程約2小時，每天2~4班車。市區內步行即可

茲勒斯遊客服務中心

🏠 Peškera 1, CRES 🕐 7~8月：週一至週六8:00~20:00，週日9:00~13:00；9~6月：平日8:00~14:00 🚫 9~6月的週日 ☎ 571-535 🌐 www.visitcres.hr

受到威尼斯殖民影響，茲勒斯鎮這座中世紀港灣四周環繞著層層疊疊的屋舍，色彩如粉蠟筆般柔和，乍看之下，就像是一座義大利小漁村。

整個茲勒斯海灣、碼頭、城鎮都被周遭高聳的山丘包圍起來，免受布拉風吹襲；也因為背風、

氣候好，15世紀時，當時的統治者威尼斯人把茲勒斯與洛遜這兩座島的行政中心從南端的歐索爾(Osor)遷移到這裡，從此之後開始沿著港灣建設公共建築、教堂、行政官邸、城牆等。由於這段歷史過往加上義大利船員不時舟楫往返，使得目前茲勒斯鎮民仍有不少人口操義大利語。

今天城裡的重要建築都是威尼斯時期所留下來，包括城牆、雕有威尼斯石獅的城門、現在作為果菜市場的市政敞廊(Municipal loggia)，以及擁有一道文藝復興式大門的聖瑪麗亞教堂(Sveti Marija Snježne)等。

MAP ▶ P.10B3

貝利西域禿鷹保育及遊客中心

Centar za Posjetitelje i Oporavilište za Bjeloglave Supove Beli

保育瀕臨絕種的歐亞禿鷹

🚌 每日有1~3班次Autotrans巴士從茲勒斯鎮開往貝利，車程約30分鐘 🏠 Beli 4, Beli, Cres ☎ 352-400 🕐 10月中~3月：10:00~14:00；4~5月、9~10月中：10:00~16:00；6~8月：10:00~18:00 🚫 9~4月的週一 💲 4~10月：全票€6.5，半票€3；11~3月：全票€4，半票€2 🌐 belivisitorcentre.eu

1994年成立的貝利禿鷹保育中心位於茲勒斯島前往貝利村的路上，保育中心裡有一部分是自然公園，另一部分專門作為保育瀕臨絕種的克羅埃西亞禿鷹。為了禿鷹的存活，保育中心的工作主要是和附近畜牧農合作，確保禿鷹有充足的羊肉可食用，同時，又要和漁民齊力救起不慎溺水的年幼禿鷹，因為這些剛學飛的雛鳥通常飛行距離不超過500公尺。15年之間，保育中心救活超過140隻禿鷹。

野生禿鷹不容易遇到，不如先到貝利鎮上的保育及遊客中心認識這個空中王者。中心設有兩個展覽館，分別展出西域禿鷹的習性和瀕危原因，以及住在北茲勒斯島民的傳統生活方式，也能透過網路攝影機觀察在保育中心內的禿鷹。

💡 西域禿鷹Griffon Vulture

西域禿鷹(Griffon Vulture)又稱為歐亞禿鷹，是克羅埃西亞最神奇的鳥類，主要棲息在克瓦納灣區，其中以茲勒斯島東岸族群最多，牠們展翅可達3公尺，身長1公尺，最重可達15公斤，過去因棲息地遭受破壞或誤食有毒肉類，數量不斷銳減，直到禿鷹保護計畫啟動，數量才開始回升。據估計，克羅埃西亞的歐亞禿鷹目前僅剩80多個家族存活。

MAP ▶ P.10B3

歐索爾與島際水道橋
Osor & Canal Drawbridge
昔日掌控航行要道的舊首府

🚌 從茲勒斯鎮或馬利‧洛遜鎮均可搭乘巴士抵達；車程30~40分鐘，每天4~6班車 📍位於茲勒斯島與洛遜島之間

　　茲勒斯島和洛遜島共有兩座開合吊橋，一座位於歐索爾(Osor)，也是兩座島的連接處，另一座位於洛遜島。每天固定兩次，橋樑會打開來供遊艇通行，此時橋兩邊的遊艇一艘艘排列等著通過，岸上的汽車只好耐心等候，由於水道極狹窄，兩邊海域波濤洶湧，每過一艘船，岸上等候觀賞的遊客便給予掌聲，遊艇上的人也會適時回應。

　　位於歐索爾(Osor)的水道據說是由羅馬人開鑿，因為歐索爾掌控了這個航行要道，直到15世紀之前都是這兩座島的政治、經濟和宗教中心，全盛時期的人口達2萬人，後來因為爆發瘟疫及新航線開闢，首府移到茲勒斯鎮，歐索爾日漸沒落，回復為一座安靜的小村落。

MAP ▶ P.10B3

維利‧洛遜鎮
Grad Veli Lošinj /Veli Lošinj Town
海豚游進山丘海灣的小城鎮

🚌 馬利‧洛遜鎮和維利‧洛遜鎮之間每天有9~15班公車，車程12分鐘

洛遜海洋教育中心Lošinj Marine Education Centre
🏠 Kaštel 24 ☎604-666 🕐7~8月：週一至週六10:00~21:00；6月和9月：平日10:00~17:00；5月：週一至週六10:00~18:00；10~4月：平日10:00~15:00 休週日；9~4和6月的週六 🌐www.blue-world.org

　　克羅埃西亞語的Veli是「大」的意思，反之，Mali為「小」，但是這兩個詞卻完全無法反應到洛遜島上這兩座城鎮，實際上，維利‧洛遜鎮要比馬利‧洛遜鎮小得多，兩鎮之間距離4公里。

　　由於地形關係，維利‧洛遜鎮被陡峭山丘圈圍

在一座小海灣裡，因為平地不多，淡彩平房、咖啡廳、旅館和商店全部擠在小海灣邊，每年4、5月偶有海豚游進小港灣裡。也因為海豚與維利‧洛遜的關係如此密切，鎮裡設了一座「洛遜海洋教育中心」，展示了亞得里亞海的相關水族生態和種類。

MAP ▶ P.10B3

馬利·洛遜鎮

MOOK
Choice

Grad Mali Lošinj /Mali Lošinj Town

向藍天延伸的淡彩石屋

🚌 從里耶卡搭巴士經茲勒斯鎮至馬利·洛遜鎮，車程約3小時45分，每日2~3班次

馬利·洛遜遊客服務中心

🏠 Priko 42　🕐 平日8:00~16:00　🚫 週末　☎ 231-884　🌐
www.visitlosinj.hr

　馬利·洛遜鎮坐落在洛遜島西南側的一座大V字形海灣裡，與茲勒斯鎮一樣，曾受過威尼斯統治好幾個世紀，其海港邊呈現的威尼斯風格更甚於前者。由於這裡緯度更低，溫和的亞熱帶氣候長滿松林、棕櫚、歐洲夾竹桃、柑橘等上千種植物以及數百種藥用香草植物。從19世紀末起，維也納和布達佩斯等大城市的菁英份子覬覦這裡空氣新鮮，沿著西南邊的陽光海灘曲喀特(Čikat)蓋起一棟棟別墅和奢華旅館，一開始，有錢人是為了健康、療養而來，隨之也帶動周邊旅遊業，一個多世紀下來，馬利·洛遜始終是島上最重要的旅遊地。

·　馬利·洛遜的屋舍排列像是圓形劇場，圍繞著海港，然後往山上一層層疊高，直到沒有土地為止。淡淡粉彩的房子朝西面海，不但覽盡整座海港，還可俯瞰夕陽美景。若要問馬利·洛遜最吸引人的景點在哪裡，無疑就是這一層層從海平面算起，呈現完美布置的湛藍海水、繽紛遊艇、階梯石屋以及青翠山巒。

　馬利·洛遜碼頭也是重要的水上補給中心，來自各國的遊艇和風帆停泊在這裡加油、加水，遊艇靠岸期間，各色人種聚集在一起，看書的、喝咖啡的、曬太陽的、垂釣的、洗滌的、沖澡的、打電腦的、聊天打牌的，更有岸上餐廳服務生送來飲料、餐飲，所有遊艇生活面，從岸上一覽無遺。

達爾馬齊亞
北部

達爾馬齊亞北部
Northern Dalmatia

達爾馬齊亞北部地區自克瓦納灣向南延伸，以歷史古城札達爾為區域核心，周邊有幾座以自然景觀馳名的國家公園，像是普列提維切湖國家公園、克爾卡國家公園、科納齊群島國家公園；再往南，旭本尼克則因為一座被列為世界遺產的大教堂，而在克羅埃西亞的旅遊版圖上發光。

●札達爾

札達爾
Zadar

文●李曉萍・林志恆　　攝影●周治平・林志恆

札達爾舊城坐落在長4公里、寬僅500公尺的狹長半島上，海洋環伺，使得札達爾成為一座天然良港，以地理位置來看，札達爾正好位於亞得里亞海岸的中心點。夏日來自各國的豪華遊艇都喜歡以此為中繼站，港邊不時泊滿船隻。而普列提維切湖(Plitvice)、克爾卡(Krka)、科納齊(Kornati)等國家公園都環繞在周邊，讓它成為前往各大熱門景點的重要出入門戶。

札達爾是典型的羅馬城市，在西羅馬帝國覆滅後，變成了拜占庭帝國達爾馬齊亞省的首府，接下來，與達爾馬齊亞多數城市的命運大同小異，隨著克羅埃西亞國王、威尼斯、奧匈帝國、拿破崙等統治者起起落落。在舊城區的歷史精華地帶，包括聖安娜史塔西亞教堂、聖多那特教堂與羅馬廣場、聖瑪麗修道院與教堂博物館等建築群，目前已向聯合國教科文組織提名世界遺產，被列為審核的暫時名單。

札達爾的旅遊業起步很早，19世紀末奧匈帝國統治期間，維也納人就常來此度假。不過開發得早並非意味永遠領先，當其他海港城市急起直追，舊城區反而顯得有些蕭條。近年來，札達爾開始發憤圖強，幾座精彩的公共藝術讓它再度受到矚目，像是由建築師Nikola Bašić在港邊設計的海風琴(Sea Organ)，藉由海浪拍打和空氣的推送，讓35根不同長度和直徑的管風琴可以彈奏出七組五聲和弦，完成之後獲獎無數。

INFO

基本資訊

人口：70,779　　**面積**：25平方公里　　**區碼**：(0)23

如何到達——航空

　　從札格拉布每天有班機飛往札達爾，從里耶卡則是每週一天飛往札達爾，札達爾機場（Zračna luka Zadar）位於市中心東邊12公里，可搭乘機場巴士進入市區及舊城，12~3月約1班車，其他月份約5~14班車，每人票價€4.65。

🏠 Ulica I/2A, Zemunik Donji
☎ 23-205-917
🌐 www.zadar-airport.hr

如何到達——巴士

　　從札格拉布搭乘長途巴士到札達爾，車程約3.5小時，每天約11班次；從里耶卡搭巴士車程約4.5~5小時，每天約6班直達車；從斯普利特搭巴士車程約3小時，每天約12班次。札達爾的巴士站位於舊城區東邊2公里處。

札達爾巴士總站
🏠 Ante Starčevića 1　　☎ 23-316-916

如何到達——渡輪

　　與達爾馬齊亞海岸沿線大城都有固定渡輪航班，Jadrolinija船公司就位於港口。
🌐 www.jadrolinija.hr

如何到達——開車

　　從札格拉布出發，行駛快速道路，車程約3小時；里耶卡出發沿亞得里亞海沿岸，車程約3小時；距離旭本尼克約1小時。半島的西南沿岸有不少停車空間，但旺季車輛較多，建議停在新城區，再步行進入舊城。

市區交通

　　舊城區不大，步行即可。巴士總站與舊城之間有巴士行駛，搭乘2、4、9號線巴士可前往港口方向（Poluotok）。

巴士公司
🌐 liburnija-zadar.hr

旅遊諮詢

◎**札達爾舊城遊客服務中心**
🏠 Ulica Jurja Barakovića 5
🕐 平日8:00~20:00，週六9:00~13:00
🚫 週日
☎ 23-316-166
🌐 zadar.travel

札 達爾

Where to explore in Zadar
賞遊札達爾

MAP ▶ P.122C2

城門與城牆
Gradske Zidine i Vrata / City Walls and Gates
浮雕精湛氣勢雄偉的防禦工事

◎從遊客服務中心步行約5分鐘可抵達

　　一走到札達爾半島入口，就可以看見這座文藝復興風格的宏偉城門，陸門（Kopnena vrata）是在1543年威尼斯統治時期，由威尼斯的建築師Michele Sanmicheli所打造。城門中間是一道大拱門，左右兩側各開一道小門。城門拱心石是札達爾守護神St. Chrysogonus騎馬的浮雕，拱心石上方一頭展翅的聖馬可石獅子，是威尼斯的精神象徵。

　　城牆順著半島兩側環繞，牆外港邊大道筆直寬闊，大部分城牆由威尼斯人興建，只有少數城段是羅馬城牆遺址。曾經，札達爾的城牆是威尼斯所殖民的城市中，工程最浩大的防禦工事，而且不曾被鄂圖曼土耳其攻破。

　　除了東南邊這道大城門，另有北方三座城門，通往市場的聖洛克門(Vrata Sv. Roka)和海門(Morska vrata)皆建於1570年代，海門同樣有一頭威尼斯獅子，門的一部分為羅馬時代的凱旋門；連接城橋的門(Nova vrata)則是1930年代新建。

MAP ▶ P.122B2

聖多那特教堂 與羅馬廣場殘蹟

MOOK Choice

Crkva Svetog Donata & Rimski forum / St. Donat Church & Roman Forum
拜占庭圓柱形建築傲視群雄

◎從遊客服務中心步行約5分鐘可抵達 ⏰Grgura Mrganića ☎23-250-613 ◷7月中～8月：9:00～21:00；6～7月中、9～10月中：9:00～19:00；4、5、10月：9:00～17:00；11～3月：需事先預約 ⑤全票€3.5，半票€2

　　聖多那教堂不僅是札達爾的代表性建築，就算在整個達爾馬齊亞地區，它的早期拜占庭造型也非常突出。這棟9世紀的「圓柱形龐然大物」聳立在羅馬廣場上，原名為聖三一教堂，15世紀以當時下令建造的主教多那(Donat)改為現名。

　　教堂圓錐形的圓頂高27公尺，主體以達爾馬齊亞地區岩石為主要建材，幾乎都是拆自原本鋪在羅馬廣場和廣場邊神廟的建築石材，今天廣場上還可以看見一些殘餘石柱碎片。羅馬廣場遺址可追溯至西元前1世紀，為亞得里亞海岸最重要的

複合式羅馬廣場見證，包含紀念柱、地方總督府和神殿等功能。

　　從1797年之後，聖多那教堂遭到廢止，不再具教堂功能，奧匈帝國時期甚至作為存放軍火的彈藥庫。倒是它的空間音響效果極佳，如今成為舉辦夏季音樂會的主要場地。

聖安娜史塔西亞大教堂

Katedrala Svete Stošije/ Cathedral of St. Anastasia

達爾馬齊亞地區最大的天主教堂

🚶 從遊客服務中心步行約5分鐘可抵達　🏠Trg sv. Stošije 2
🕐9:00~20:00　💲鐘塔€2

聖安娜史塔西亞教堂為仿羅馬式建築，是達爾馬齊亞地區最大的一座天主教堂，建於12到13世紀，是十字軍東征時拿下札達爾之後在原教堂位址重建的，二次世界大戰時遭炸彈轟擊，嚴重損毀，後來重新修復。教堂本身為一座三殿式建築，兩旁的半圓壁龕仍然保留13世紀的壁畫。半圓形後殿有一座石棺，裡面安放了聖安娜史塔西亞的遺骨。教堂鐘塔為15到19世紀所建，為仿羅馬風格，爬上鐘塔登高望遠，整座舊城一目了然。

櫻桃酒Maraschino

喜歡調酒的人對Maraschino應該不陌生，這款櫻桃酒的原鄉就在札達爾。16世紀時，多明尼加修道院的藥劑師使用札達爾附近的Marasca櫻桃釀造，過程中還會加入櫻桃樹的莖和葉。Marasca櫻桃主要產於札達爾以及北義大利的Torreglia，直接吃味道很酸，蒸餾陳放後果香濃郁，味道特殊，連拿破崙也愛在餐後來一杯。

札達爾地區有很多酒廠，其中以櫻桃品種為名的Marasca是最大的一間，出產多種櫻桃酒，透明無色的Maraschino最經典，經過多次蒸餾，酒精濃度32%；櫻桃白蘭地則是經過陳年、稀釋、加糖再製的香甜酒；不喜歡烈酒的話，可以嘗試Cherria，混合櫻桃汁和櫻桃白蘭地，適合當作餐後甜酒。
🌐www.maraska.hr

聖瑪麗修道院

Crkva i samostan sv. Marije/ Convent of St. Mary

走進仿羅馬建築觀賞宗教藝術品

🚶 從遊客服務中心步行約5分鐘可抵達　🏠Madijevaca ul. 10　📞23-254-820　🕐夏季（復活節至萬聖節）：週一至週六10:00~13:00、17:00~19:00，週日10:00~13:00；冬季皆提前半小時閉館　❌冬季的週日　💲全票€3.5，半票€2　🌐benediktinke-zadar.com

位於羅馬廣場旁的聖瑪麗修道院，據說是一位札達爾貴族婦女Čika所建，年代約在西元1091年，與一旁美麗的鐘塔一樣，都呈早期仿羅馬建築風格，一般稱為「倫巴底樣式」（Lombardian type）。

教堂旁邊的修道院為宗教藝術博物館，展示了8~18世紀的宗教收藏，包含聖骨盒、繪畫、雕刻、文件手稿、刺繡，都屬上乘之作。

MAP ▶ P.122A3

海風琴與城市光廊

Sea Organ and Gerrting to the Sun

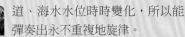

MOOK Choice

聽大海演奏樂曲

🚶 從遊客服務中心向西步行約12分鐘至港口抵達

知名導演希區考克曾讚嘆札達爾的夕陽是『人世間最美的落日』，而海岸邊24小時不間斷演奏的亞得里亞海之歌，給了這幅

風景超越百分的完美。

海風琴（Sea Organ）是札達爾海濱重建計劃的重要一環，由克羅埃西亞知名建築師Nikola Bašić所設計，2005年完工後就獲得歐洲設計第一大獎和歐洲城市公共空間獎。他在70公尺長的石階下方暗藏35根長度與口徑不一的管子，當海浪一波一波拍打岸壁，如同風箱擠壓管子內的空氣，就會發出管風琴般低沈的聲音，音域包含七組五聲和弦，而海浪進入每個風管的時間、衝擊力道、海水水位時時變化，所以能彈奏出永不重複地旋律。

夜幕低垂後，Nikola Bašić的另一項設計在海風琴旁點亮派對時光。城市光廊（Gerrting to the Sun）是直徑22公尺的圓形太陽能劇場，在地面埋入300個太陽能板，白天吸收日光，夜晚配合海浪和海風琴的旋律閃爍各色燈光。

札達爾周邊
MAP ▶ P.10C4

科納齊群島國家公園

Kornati Islands

蕭伯納讚嘆的海上仙境

🚶 沒有固定航班的渡輪前往，但在札達爾、旭本尼克都有提供各種不同航線、不同時間的科納齊群島行程。 ⓦ www.np-kornati.hr

科納齊群島是亞得里亞海上最大、島嶼密度最高的群島，由147座大大小小的無人島組成，散布面積廣達69平方公里，都屬於喀斯特地形，島上到處是洞穴、崖壁和岩洞；一座座光禿的白色島嶼鋪排在深藍色的亞得里亞海上，就像灑落海面的一串珍珠項鍊。文學家蕭伯納(George Bernard Shaw)第一次來到迷人的科納齊群島，曾讚嘆道：「創世紀最後一天，上帝為了替祂完美的工作加冕，於是創造科納齊群島。」

幾個世紀以來，科納齊群島因為土壤貧瘠、幾乎

寸草不生，一直被當地人遺棄，直到20世紀觀光業興起，仿若仙境般的美景才讓遊客趨之若鶩。這裡的島嶼以及海域都受到嚴格保護，部分劃入國家公園範圍，禁止任何漁獵行為。目前科納齊群島是克羅埃西亞最熱門的潛水和帆船巡遊點。

MAP ▶ P.10B3

帕格島

MOOK Choice

Pag Island

品嘗羊乳酪讚賞蕾絲精巧手藝

🚌 從札達爾搭乘巴士前往帕格島，車程約1小時，每天1~3班車
帕格遊客服務中心
🏠 Od Špitala 2　☎ 23-611-286　🌐 www.tzgpag.hr
蕾絲博物館Galerija Paške čipke
🏠 Ul. Marka Laura Ruića 30　☎ 91-534-0176　🕐 5~10月
中：10:00~12:00，6月中~9月：增加20:00~22:30時段，其
他月份需預約參觀

　　帕格島是一座狹長型島嶼，南北延伸長達63
公里，但寬度只有2至10公里，呈西北、東南走
向，幾乎與克羅埃西亞海岸線平行，其中一端因
為非常接近克羅埃西亞本土，乍看像是半島，只
靠著短短300公尺的橋樑聯繫島與陸之間。

　　島嶼幾乎是光禿禿的石灰岩，只有少部分地區
覆蓋地中海灌木叢，遠遠看去寸草不生，不過上
帝並沒有放棄眷顧，弦月般的島嶼和克羅埃西亞
本土夾擊的海域，形成得天獨厚的天然鹽場，歷
史上曾經為了爭奪鹽田而引發帕格島和威尼斯之
間的戰爭。

　　近年帕格島的觀光業異軍突起，所倚靠的不是
島嶼的碧海藍天或驚人的歷史建築，而是它的傳
統與特產——蕾絲和羊乳酪。

　　帕格島的羊乳酪之所以馳名，是因為不挑食的羊
吃了島上特有的香草植物和帶點鹽分的草，所以羊
肉和羊奶都帶著一種特殊香味。知名的帕格島羊乳
酪(Paški Sir)，是把特殊濃郁香味的乳酪裹上橄欖
油，貯放在石屋裡長期發酵熟成。走在帕格島大街
小巷裡，只要循著濃濃奶香味就可以找到。

　　手工蕾絲則是帕格島的另一條命脈，幾世紀以
來，島上的婦女代代相傳，以特殊針頭一針一線
織出聞名的帕格島蕾絲，1906年更設立一所蕾
絲學校，把針織蕾絲技術傳承下去，2009年註
冊為聯合國無形文化遺產。走在帕格鎮街頭，到
處都是上了年紀的婦女坐在自家門階上，一邊織
著蕾絲、一邊販售成品。蕾絲依照不同織工價差
很大，其中一種以細針所織出的蕾絲，織工極
細，不易變形，小小一片直徑約10公分，就要
€30起跳，不過這些真功夫得花去老太太不眠不
休24小時的時間。帕格這座貧瘠小島以豐富的地
方人文特色闖出名號，相對的，這兩項傳統產業
也因為旅遊業得以延續生命。

　　歷史小鎮帕格城是島上的行政中心，從15世紀
起，因繁榮的鹽業而發跡，最醒目的建築是聖瑪
利教堂(Crkva Svete Marije)，完成於16世紀，
和旭本尼克大教堂的設計者一樣，都是尤拉・達
爾馬齊亞(Juraj Dalmatinac)的作品。教堂旁的
公爵宮殿(Kneževa Palača)也是尤拉・達爾馬齊
亞所打造，目前改為蕾絲博物館，陳列帕格蕾絲
的織造歷史以及各種花樣的蕾絲。

普列提維切湖國家公園（十六湖國家公園）

Nacionalni Park Plitvička Jezera (Plitvice Lakes)

文●李曉萍‧林志恆　攝影●周治平‧林志恆

除了達爾馬齊亞海岸之外，克羅埃西亞內陸的景點就屬普列提維切湖國家公園最負盛名，不需假日，也不必等節慶，國家公園前的E71號主幹道，排滿等著進入國家公園的車輛。

普列提維切湖是克羅埃西亞最有價值、也最具知名度的自然景觀，1979年被列為世界遺產，是克羅埃西亞最早一批進入名單的世界遺產，2000年又再擴大保護範圍。它之所以吸引人，在於它豐富多變的地貌所產生的和諧美感，四季都呈現不同面貌：春天瀑布水量豐盈，夏季一片蓊鬱蒼翠，秋季楓紅葉落，冬季白雪皚皚。

湖區由16座湖泊及無數的瀑布組成，所以又稱為十六湖國家公園，為喀斯特地形(karst)的代表作，也就是石灰岩與水蝕交互作用所形成的特殊地理與水文地質景觀。普列提維切湖大致可分為上湖區和下湖區，上湖區位於石灰岩山谷，有茂密的森林和奔騰的瀑布；下湖區較小而淺，只有稀少的矮灌叢。大部分的水來自黑河(Bijela)和白河(Crna Rijeka)和地下湧泉，相反的，水有時候也會滲透進石灰岩，成為伏流，最後所有的水都匯入科拉納河(Korana)。

普列提維切湖國家公園的可貴之處，就在於石灰岩地表就能看得到這些溶蝕作用，以及石灰華(travertine)多孔岩石如何與藻類、苔蘚和植物交互生長，形成一個特殊、卻十分敏感的生態體系。而這種水、岩石、與植物交互影響所形成的獨特景觀，從萬年前次冰河時期結束到現在，就未曾受干擾。

普列提維切湖的湖水變化萬千，從蔚藍到鮮綠，從深藍到淺灰，湖水呈現什麼顏色，要看湖水深度、水中礦物質及有機物質比例，以及陽光的角度而定。

處於亞得里亞海岸及歐洲大陸的交界處，普列提維切湖國家公園的夏天陽光充足，冬季覆滿白雪，得天獨厚的氣候，使得湖區周遭到處是烏沉沉的茂密森林，老木翳天，枝柯交纏，水氣森森，石涼苔滑。因為保護得宜，甚至還保留了大片的原始森林，這樣的環境，也提供生物多樣性的發展。

也因為普列提維切湖國家公園的珍貴與脆弱，和其他的世界遺產一樣，聯合國教科文組織制訂許多保護措施和監控機制。

INFO

如何到達——巴士

札格拉布和札達爾之間的巴士，只要不是走高速公路的車都會在普列提維切湖停靠，上車之前要問清楚。從札格拉布搭巴士，車程2.5小時，每天約4~12班次；從札達爾搭巴士車程2小時15分，每天1~3班次，部分日期停駛，請事先確認。

🌐www.akz.hr

園區交通

國家公園內除了環湖交通車及渡輪之外，一切都得靠步行，高高低低的木棧道與自然美景合而為一，但不適合行動不便的人士入園。

入園門票已包含搭乘環湖車和渡輪。渡輪有2條航線，往來碼頭1、2之間的短程航線每半小時一班次，秋冬之際停駛；碼頭2、3之間的長程航線每半小時一班次；環湖車在營運時間內每半小時一班次。

行程建議

國家公園有兩個入口，「入口1」在下湖區，「入口2」在上、下湖交界處；不論從下湖或上湖開始，園方都規劃了2~6小時不等的步行路線，遊客可以根據自己的體力選擇路線。

由於16湖的海拔是從上湖高度依序遞減，如果打算一天之內走完，從「入口2」進入，直接搭環湖車至海拔最高的湖泊，再慢慢往下走較省力。

「入口2」的停車場有遊客服務中心、簡單餐飲及超級市場，可先在此處購票，然後越過大馬路的天橋走到「車站2」，搭乘環湖車到上湖最頂端的「車站3」，從這裡依路徑C或路徑H的指標繞過一座湖，最後到達「碼頭2」，在此搭乘渡輪前往「碼頭3」，渡過最大的湖Kozjak約20分鐘，「碼頭3」有一片廣大的草坪及簡單餐飲，從這裡開始下湖行程。

下湖路程較短，木棧道也比較平緩，最後在「車站1」處結束行程，再搭乘環湖車回到「入口2」停車場，全程大約5~6小時，步行哩程約8~9公里。反之，如果從「入口1」進入園區，也可循此路線走完16座湖，但得耗費較多體力往上爬。

國家公園有推出1日券和2日券，如果一天走不完上、下湖，不妨分為兩天來走，比較輕鬆。

◐ 開放時間根據季節有所不同，大致來說11~3月：8:00~15:00；4~5月：8:00~19:00；6~8月：7:00~20:00；9月：7:00~19:00；10月：8:00~18:00。閉園前兩小時停止售票

◉ 1日券全票：11~3月€10；4~5月和10月€23.5；6~9月€39.8，6~8月16:00及9月15:00以後入園€26.5。2日券全票：11~3月€15.5；4~5月和10月€39.5，6~9月€59.7。

❶ 11~3月期間上湖因冬季結冰關閉，僅開放下湖區。

旅遊諮詢

◎主要入口遊客服務中心

◐7:00~18:00　☎53-751-014、53-751-015
ⓦnp-plitvicka-jezera.hr

住宿

國家公園裡有三家旅館，均位於入口二旁邊，分別是Hotel Jezero、Hotel Bellevue及Hotel Plitvice，可以從旅館直接走進國家公園，非常方便，買1日券到旅館櫃台蓋章，第二天可以繼續入園，但由於房間數有限，旺季時常一房難求，Hotel Bellevue及Hotel Plitvice冬季休館至5月開館，可透過國家公園官網或電話預訂。

開車族較不需擔心，前往國家公園的D1公路沿途，有不少貼著sobe符號的民宿，便宜又舒適，可行前於訂房網站搜尋或沿路尋找。
☎53-751-732

普列提維切湖的生態與地貌
自然與人文的完美結合

鬼斧神工的地貌景觀

喀斯特地形就是所謂的石灰溶岩地形，在石灰岩層廣布的地方，因溶蝕作用進行已久，河流消失在地表，形成暗流水系，地層表面僅見石灰阱、岩溝及灰岩盆地等，呈現乾荒景象，這種地景首度發現在斯洛維尼亞的喀斯特區(Karst)，因而得名。

在普列提維切湖國家公園，地表上水與石灰岩交互作用形成的豐富景觀，更甚於暗流水系，甚至石灰華的形成過程，以及石灰華如何與藻類、苔蘚和植物交互生長，都能觀察得一清二楚。

而這種水、岩石、植物交互影響，就是湖區裡大大小小瀑布的主要成因。當水溶解石灰岩釋出了碳酸鈣，逐漸在河床淤積，水裡藻類和苔蘚一邊吸收養分，一邊與碳酸鈣作用而鈣化，形成了特殊的石灰華(Travertine)，石灰華一層層累積生長，於是形成高高低低的階梯，水流過這些階梯就成了大大小小的「湧流」瀑布。

獨特的動植物生態

濃密的植被是普列提維切湖國家公園的另一項精華，東北部幾乎都覆蓋了山毛櫸森林，其他區域則摻雜著山毛櫸、冷杉、雲杉、白松、白葉花楸、鵝耳櫪、白蠟樹。森林是大型歐洲哺乳動物的家，包括狼、山貓、狐狸、熊、獾、水獺、獾等；至於已經記錄的鳥類，則超過160種，鷹、隼、貓頭鷹、杜鵑、鶇、翠鳥、野鴨、鷺幾乎各科鳥類都到齊。

森林之外，湖區則是以水為中心的生態，相較之下，湖裡的魚數量龐大，但種類並不多，鱒魚是大宗。至於周邊的植物，湖裡是蘆葦，湖畔是矮灌叢，提供野生動物重要食物來源。

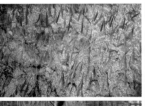

普列提維切湖國家公園全區導覽圖

上湖區

❶Prošćansko湖

ⓘ海拔637m

根據地方傳說，這座湖名的意思是「祈禱」。因為湖既寬且深，顏色呈深綠色。湖面四周的緩坡上，覆蓋著高大茂密的落葉喬木及結毬果的松柏，闊葉林隨著季節交替而變換顏色，同時映照在湖面上。

❷Ciginovac湖

ⓘ海拔626m

克羅埃西亞語的意思是「吉普賽」，傳說中曾經有吉普賽人在這裡垂釣而溺斃，湖水主要來自Prošćansko湖，有一條人工水道相通。湖的北岸有一個眺望點可以覽盡Prošćansko和Ciginovac兩座湖，不過一般步道並不引到這裡。

❸Okrugljak湖

ⓘ海拔614m

湖名和它的形狀相關，意思是「圓形」，西北邊與Ciginovac湖接壤處有一道7公尺高的瀑布，另外還有一道20公尺高的Labudovac瀑布，寬達100公尺，更是壯觀，就在瀑布地下有許多洞穴，一般遊客無法接近也不能進入。

❹Batinovac湖

ⓘ海拔608m

語意為「祖母」，相傳有一位祖母級村民在這裡淹死。最深的地方只有5公尺，四周環繞著高大的山毛櫸，這裡有一條步道可以觀察一道道小瀑布如何和植物及苔蘚共同沖積形成美麗的石灰華。

❺Veliko湖

ⓘ海拔606m

意思是「大湖」，是由一連串的小瀑布串聯而成，水最深的地方有8公尺。

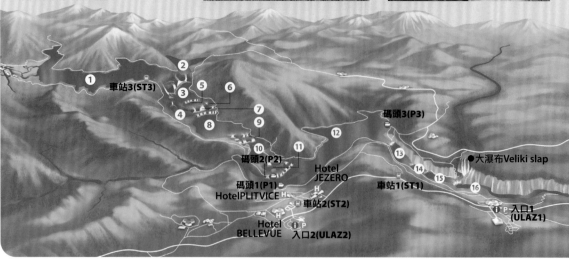

❻Malo湖
ⓘ海拔604m

就在Veliko湖旁邊，叫做「小湖」，湖邊長著較低矮的植物，同樣周邊也有許多小瀑布。

❼Vir湖
ⓘ海拔598m

意思是「漩渦」，湖的面積與「小湖」一樣小，只有0.01平方公里，也同樣長著較低矮的植物，步道沿著湖的邊緣而設。

❽Galovac湖
ⓘ海拔583m

湖的命名是為了紀念一位名叫Gal的統帥，他曾經擊退鄂圖曼土耳其。這是16座湖中第三大湖，湖的西南邊從Batinovac湖傾洩而下的瀑布有28公尺高；在湖的另一端，由於落差更大，形成上湖區最重要的一座瀑布Galovački Buk，瀑布頂端是一個視野極佳的眺望點。

❾Milino湖
ⓘ海拔564m

水深只有1公尺的小湖。

❿Gradinsko（或Jezerce）湖
ⓘ海拔554m

隨著湖面深淺，顏色變化多端，深綠、淺綠到白色都有，之所以產生白色，是因為高純度的石灰華還沒有被水底植物所掩蓋之故。

⓫Burgeti湖
ⓘ海拔553m

看起來是由一連串小淺湖組成，其實是整座湖面被一道道石灰華隔開成一座座小淺湖。

⓬Kozjak湖
ⓘ海拔535m

16座湖中最大的一座，湖面最長的地方達2350公尺，湖水最深處46公尺，可以航行渡輪，湖中有一座小島Štefanijin，以Štefanija王子為名，他曾於1888年到此旅遊。

下湖區

⓭Milanovac湖
ⓘ海拔524m

下湖區面積最大的湖，湖的兩岸是高超過20公尺的懸崖峭壁，隨著天氣陰情、天光明暗，湖水在藍綠之間作變化。崖壁上頭有幾處眺望點，可從高處俯瞰整個湖區。

⓮Gavanovac湖
ⓘ海拔514m

瀑布與洞穴是這座湖最主要的兩個景點，瀑布名為「大階梯瀑布」(Velike Kaskade)，洞穴名為Šupljara，順著階梯往上爬可以走進這個大洞穴。洞穴下方還有一座藍洞(Modra pećina)一半隱沒在水下。

⓯Kaluđerovac湖
ⓘ海拔508m

湖名的意思是「僧侶」或「隱士」，也就是說過去曾有人在附近的洞穴隱居。整個普列提維切峽谷以這座湖兩旁的崖壁最為陡削，垂直落差達到40公尺。湖邊緣長滿茂盛的蘆葦，足見湖水養分之高。

⓰Novakovića Brod湖
ⓘ海拔504m

16座湖中海拔最低，也是最後一座湖泊，湖旁的步道可以通往整個公園最壯觀的「大瀑布」(Veliki Slap)，高度達78公尺，從入口1一進來遠遠就可望見。

普列提維切湖國家公園周邊

MAP ▶ P.10C3

羅斯托克

MOOK Choice

Rastoke

童話仙境水車村

🚌 從札格拉布巴士總站搭車至Slunj，車程約1小時50分，每日4~8班次；自行開車從約札格拉布出發，車程約1.5小時，從普列提維切湖國家公園出發約20分鐘抵達

Pod Rastočkim Krovom

☎ 47-801-460　◐ 4~10月9:00~21:00　休 週二

rastoke-croatia.com

　羅斯托克位於克羅埃西亞的首都札格拉布和十六湖國家公園之間，屬於斯盧尼鎮（Slunj）的一部分，Slunjčica河因地形落差而分流成大大小小的瀑布，在此處匯入源自十六湖的柯拉納河（Korana），Rastoke在克羅埃西亞語中即「河

水分流」的意思。村子戶戶鄰水而居，飛瀑流泉、綠樹蔥鬱，被讚美為「小十六湖」，然而和十六湖的自然景觀比起來，卻又多了份歷史與人味，自然與人和諧相處。

　17世紀開始，羅斯托克已逐漸形成聚落，居民在水量豐沛的河上設置水車，利用水力轉動磨坊，研磨穀麥、發展紡織，一百人左右的小村落就有22座磨坊，又有「水車村」的暱稱。可惜百年磨坊在20世紀末克羅埃西亞爭取獨立的戰爭中損毀，現在大多是重建後的模樣。

　羅斯托克恬靜純樸，依然有不少住家，兩側入口旁有零星的餐廳和紀念品店，中心區域規劃成供遊客參觀的園區Pod Rastočkim Krovom，需另外付費，園區內傳統木屋錯落瀑布、峽谷和洞穴之間，水車咕轆轆轉動著，磨坊內部重現百年前的生活樣貌。

Petro餐廳

🏠 Petro-Rastoke d.o.o. za usluge, turistička agencija　☎ 47-777-709　◐ 9:00~22:00　💲 烤鱒魚每公斤約€26.5　🌐 www.petro-rastoke.com

　坐在瀑布頂端，聽潺潺流水歌唱，大啖鮮嫩鱒魚料理，最愜意的享受莫過於此！

　Petro位於水車村的第一停車場入口旁，是十六湖區知名的鱒魚料理餐廳，木屋座落於河中小島，河流和小瀑布圍繞四周，戶外用餐區高架平台於溪水上方，室內熊熊燃燒的柴火壁爐呈現溫馨鄉村風格。魚池引入活水養殖肥美鱒魚，點餐後新鮮現撈，產地就是餐桌，魚肚中塞入些許香料和鹽巴，火烤的過程味道滲入魚肉中，皮酥肉嫩，不帶土味，上桌擠點萊姆汁就是完美料理。

克爾卡國家公園
‧
旭本尼克

旭本尼克及其周邊
Šibenik & Around Area

文●李曉萍‧林志恆　　攝影●周治平‧林志恆

若非擁有一座世界遺產教堂，旭本尼克也許會被多數遊客忽略，不過這個海港城市，正好位於前往兩座國家公園(克爾卡國家公園和科納齊群島國家公園)的交通門戶，因此發展成觀光重鎮。

旭本尼克是達爾馬齊亞海岸少數沒有被羅馬及伊利里亞人(Illyrian)占領過的地方，它的歷史由克羅埃西亞國王Petar Krešimir IV於11世紀所開創。因此在舊城裡看不到羅馬城市常見的寬闊馬路及豪宅，反而是彎曲狹窄的巷道和矮小房舍。從12世紀開始，威尼斯斷斷續續統治這個城市直到18世紀末，今日所見的舊城樣貌、大教堂及堡壘都是威尼斯時期奠下的基礎，也是克羅埃西亞境內文藝復興城市風格的活生生見證。

聖雅各大教堂(Sv. Jakov)當然是旭本尼克的城市之光，自從西元2000年被列為世界遺產之後，旭本尼克的觀光業逐漸從1991到1995年的戰火陰影中復甦。這座大教堂完全用岩石打造，規模堪稱全球最大，當中沒有用到一塊磚或木頭來支撐。

旭本尼克原是默默無聞的小城，居民們為了讓自己所住的城市能與達爾馬齊亞其他的歷史名城並駕齊驅，於是興起了建造大教堂的念頭。從政府、議會、主教、建築大師到全體居民，上下一心，經過一個多世紀的努力，大教堂的成就已經遠遠超越當年的夢想，不僅僅在達爾馬齊亞海岸地區，即便放眼全世界，這都是一座不朽的傑作。

INFO

基本資訊

人口：42,599

面積：1,860平方公里(包括克寧Knin)

區碼：(0)22

如何到達──火車

從札格拉布到旭本尼克沒有直達車， 至少於Perkovic轉車一次，最快需要6~7小時。從斯普利特搭火車到旭本尼克，依沿途停靠站數多寡，最快車程1.5小時、慢則5小時，每天5~7班車。旭本尼克火車站步行至舊城區約10分鐘。

旭本尼克火車站

Fra Jeronima Milete 24　www.hzpp.hr

如何到達──長途巴士

巴士站離舊城區不遠，從札格拉布搭乘巴士到旭本尼克，車程約4.5~7小時，一天約12班次，從札達爾和斯普利特搭巴士，車程約1.5小時，班次非常密集且有多家巴士公司經營這些路線。

巴士總站

Draga 14　060-368-368

地區主要巴士公司

www.atpsi.hr

如何到達──開車

從札格拉布出發，行駛快速道路至旭本尼克，車程約3.5小時；從里耶卡出發沿亞得里亞海約需4小時；距離札達爾約1小時。

舊城區內均為步行區，車輛可停放於濱海大道Obala dr. Franje Tuđmana沿線，或加油站旁的停車場。

市區交通

除了山丘上的巴羅堡壘較遠以外，市區不大，步行即可。

旅遊諮詢
◎旭本尼克遊客服務中心

Obala palih omladinaca 3　214-448

www.sibenik-tourism.hr

可於手機下載旅遊局製作的APP，搜尋「Visit Šibenik」

住宿

舊城內(Grad區)都是上上下下的石板路和階梯，夜晚相當有氣氛，有許多民宿及百年石頭屋改建的精品旅館，但攜帶大型行李要有心理準備。若不想花力氣搬行李，建議選擇Plisac區或是海濱大道旁的旅館。

Where to explore in Šibenik & Around Area
賞遊旭本尼克及其周邊

MAP ▶ P.134A3

克羅埃西亞共和廣場
Trg Republike Hrvatske/ Croatian Republic Square
文化遺產環繞的廣場

🔘聖雅各大教堂旁邊
城市博物館Muzej Grada Šibenik
🏠Gradska vrata 3 📞213-880 ⏰8:00~20:00(週六
10:00起) ⓧ週日 💲全票€4，半票€1.33 🔗www.muzej-
sibenik.hr

　　共和廣場正對著聖雅各大教堂正門，以此為
中心，許多旭本尼克重要景點都環繞在四周。

　　廣場上有一尊尤拉‧達爾馬齊亞銅像，他是
聖雅各大教堂建造過程中最偉大的建築師，一
路見過這麼多尊克羅埃西亞的雕塑，這尊雕像
風格似乎似曾相識？沒錯，它仍然出自雕塑大
師伊凡‧梅什托維契(Ivan Meštrović)的手筆。

　　在教堂北側(獅子門)對面，立著一幢擁有九道
拱門的二層樓建築，它是一座建於15世紀的老
敞廊(Gradska vijećnica)，原本是市議會所在
地，今天一樓的拱門柱廊下，擺滿了悠閒的咖
啡座。

　　隔著一條小巷與教堂後庭相望的一棟晚期
文藝復興式建築，目前是城市博物館(Muzej
Grada Šibenik)，收藏許多與旭本尼克相關的
歷史文件。博物館旁是聖芭芭拉教堂(Church
of St Barbara)，聖雅各大教堂獅子門的原始浮
雕就存放在教堂裡。

MAP ▶ P.134A3

聖羅倫斯修道院花園
Vrt Svetog Lovre/ Garden of St. Lawrence Monastery
歐洲罕見的藥用香草花園

🔘從聖雅各大教堂步行約3分鐘可抵達　🏠Ulica Andrije
Kačića Miošića 11　⏰夏季8:00~23:00，冬季9:00~16:00
❗於咖啡館消費，即可入內參觀

　　中世紀時，這裡曾經是聖羅倫斯修道院的香
草花園，種植著藥用香草，這類型的花園在全
克羅埃西亞可說是唯一，就算在鄰近的歐洲地
區也很少見。然而被遺忘了數百年之後，2007
年底經過設計和整修，重新對外開放，由曾經
獲獎的景觀建築師Dragutin Kiš負責操刀。

　　花園延續中世紀時的設計，走道呈十字架造
型，中間為取水處，以黃楊樹、芳香玫瑰作圍
籬，園裡布滿各種藥用香草，並呈紅、紫、
白、淺綠、深綠等不同顏色組合排列。花園旁
有一間露天咖啡座，可以一邊啜飲咖啡，一邊
吸吐那滿園芳香。

MAP ▶ P.134A3

聖雅各大教堂

MOOK Choice

Katedrala Svetog Jakova/ Cathedral of St. James

白色石灰岩打造的世界遺產

🚶 從遊客中心步行約2分鐘可抵達　🏠 Trg Republike Hrvatske
🕐 4月初~5月：8:30~19:00；6~11月：8:30~20:30；12~4月初：僅開放預約　☎ 214-899　💲 €4.5

　　1402年規劃、1431年興建之初，聖雅各大教堂原本規劃為威尼斯哥德風格，最終在1536年完成時，卻轉變為托斯卡尼文藝復興風格，祝聖儀式直到1555年才舉行，共耗時一個半世紀。教堂主體沒有用到一根木頭，全部以白色石灰岩打造，石材來自以產白石聞名的布拉曲(Brač)、科楚拉(Korčula)等島嶼，以及拉布島(Rab)的紅色角礫大理石。

　　教堂興建彷彿一場接力賽，第一階段由義大利籍的建築大師及當地石匠主導，在羅曼式教堂的遺址上，建造哥德風格的大門北牆和西牆；1444年之後，參與興建的重要人物接連上場，在尤拉·達爾馬齊亞(Juraj Dalmatinac)領導下，轉變為文藝復興風格，完成了側廊獅子門、後堂的71顆人頭像、柱頭及洗禮堂。

　　另一位重要人物尼古拉·佛羅倫斯(Nikola Firentinac)接續完成側廊祭壇、圓頂、筒形拱頂；尼古拉於1505年死後，最後才由巴托羅米歐(Bartolomeo)和賈科莫(Giacomo da Mestre)接手完成整座教堂。

　　1991年到1995年之間，大教堂受到戰火波及，經過國際專家努力不懈修復，西元2000年，旭本尼克的聖雅各大教堂以單一建築榮登世界遺產之林。

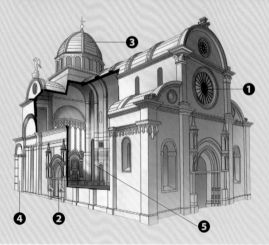

教堂結構設計Design

　　聖雅各大教堂從牆壁、筒形拱頂到圓頂都是以特殊技術把石塊準確地組合起來，在19世紀之前的歐洲，多半只能用木材及磚頭接榫與架構，偉大的尤拉·達爾馬齊亞卻用石材辦到了，也因為如此，建築物外觀及內部的形狀幾乎一模一樣。

　　聖雅各大教堂是一棟三殿式的教堂，屋頂由三塊筒形拱頂構成，一座圓頂架在主殿(nave)和翼殿(transept)交叉的頂端，順著三殿式的結構向後延伸，則是三座後堂(apse)聖殿，正面大門的三葉狀山牆與三堂式的教堂規劃，以及三塊筒形拱頂完全一致，這在歐洲可說是獨一無二。整座教堂的平面設計以羅馬十字架為架構，長38.5公尺、寬14公尺，高32公尺。

內部祭壇Interior chapel

　　教堂內部左右兩翼各有6座祭壇，立面內部兩側各有一座石棺，大部分都是後來添加上去的，其中有兩件出自尤拉‧達爾馬齊亞之手筆，一是右側Juraj Šižgorić主教的石棺，一是右翼第三座小禮拜堂(目前真跡珍藏在聖芭芭拉教堂)。另外左翼也有兩件作品特別吸引人，一是第三座祭壇，由尼古拉‧佛羅倫斯所雕的兩尊天使，另一個則是第六座祭壇的耶穌被釘在十字架木雕，是尤拉‧彼得羅維奇(Juraj Petrović)於1455年的大作。

❶立面Façade

　　教堂立面的重點在這座哥德式拱門，門上雕刻的是《最後的審判》，為米蘭雕刻家波尼諾(Bonino)的作品，由於年代久遠，12使徒雕像毀損嚴重，部分是後來復原的；兩片銅門的雕刻是新約聖經故事。

　　大門兩側是兩扇哥德式拱形窗，用來照亮內部兩翼側殿；在主殿半圓山牆及側殿四分之一圓山牆下，分別有4扇圓形玫瑰窗，同屬文藝復興風格裝飾。

❷獅子門Door of Lion

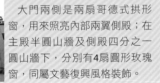

　　面對廣場的北翼，包含7扇簡單的哥德式拱形窗以及一座側門，其中以側門、也就是所謂的獅子門最吸引人。獅子門的石獅子、八角形雕花石柱、亞當、夏娃都出自波尼諾(Bonini)的手筆。而亞當、夏娃上頭的聖龕華蓋裡，一尊聖雅各、一尊是聖彼得，則是尤拉‧達爾馬齊亞的作品，不過現在看到的是複製品，真跡存放在聖芭芭拉教堂(St. Barbara)博物館裡。側門的兩面銅門浮雕描繪的是舊約聖經故事。

❸圓頂與拱頂Dome and Vault

　　圓頂與拱頂完成於尼古拉‧佛羅倫斯之手，簡單的文藝復興形式沒有太多雕琢，3座主要雕像立於圓頂的四方基座之上，聖馬可像(St.Mark)面海，聖米迦勒像(St.Michael)面對廣場，聖雅各像面對教堂後方。

　　圓頂的基座有16扇窗並以壁柱隔開，圓頂有8個面，由一片片石板組成，愈上頭愈窄，最後以拱頂石收緊；而3座筒形拱頂也是由一片片厚重的石板組成，這種組合技術，在世界建築史上可謂創舉。

❹後堂Apse

　　3座後堂外牆檐口(cornice)上的71顆人頭及3顆獅子頭像，一眼便能攫住人的目光，因為它們實在太突出，反而常常喧賓奪主，成為整座教堂的最大特色。人頭像的構想來自大師尤拉‧達爾馬齊亞，他以當時(15世紀)旭本尼克市民長相為藍本，雕刻出活潑生動的表情，平靜的、煩惱的、驕傲的、恐懼的⋯⋯，十足表現出文藝復興早期人本主義的精神。

　　在人頭像上方的半露柱上，還可以看到兩尊全裸小孩手持卷曲的羊皮紙，上面以拉丁文標示「這座後堂是1443年由Juraj Dalmatinac所建造」。

❺洗禮堂Baptistry

　　洗禮堂是克羅埃西亞宗教藝術的極致，位於右翼後堂內部，是尤拉‧達爾馬齊亞的傑作。除了壁龕上繁複的雕飾，洗禮堂中心的洗禮台由3尊天使以愉悅的神情支撐著，6隻手臂相互交纏，而洗禮台的正上方是天父手握鴿子的浮雕，象徵聖靈恩賜。

137

聖米迦勒堡壘

MOOK Choice

Tvrđava Sv Mihovila/
St. Michael's Fortress

俯瞰全城和海灣的防禦工事

🚶 從聖雅各大教堂步行約10分鐘可抵達 📍 Zagrađe 21
🕐 每月依畫夜長短開放時間有所不同，大致為6~8月：
9:00~22:00；4~5、9月：9:00~20:00；10和3月：
10:00~18:00；11~2月：9:00~16:00 🚫 12~1月的假日
💲 全票€10，半票€6.5；4~11月有與巴羅堡壘的聯票全票
€11.5，半票€7.5 🌐 www.tvrdjava-kulture.hr

　　旭本尼克老城沿著山坡而建，白石鋪設的街道
和階梯在老石屋之間交錯，不用擔心迷路，只要
順著山勢往上爬，最終一定會走到這座堡壘，建
於威尼斯時期的防禦工事，把鄂圖曼土耳其人阻
絕於海邊。

　　聖米迦勒堡壘最古老的東邊城牆可追溯至13世
紀，不過現在大部分的牆面和結構都是15~16世

紀所建，目前仍有4座塔樓和哥德式大門仍殘存
著，2014年重新整修後開放，於中心廣場增設
觀眾席，夏日夜裡作為表演活動的場地。

　　這個制高點是全城視野最好的地方，腳底下獨
特造型的聖雅各大教堂突出於一片片紅瓦屋，再
遠一點，旭本尼克城以半圓形劇場形狀環繞著海
灣，風帆、快艇在波光激灩的水面上奔馳，視野拉
向最遠方，一顆顆島嶼就沈浮在亞得里亞海上。

巴羅堡壘

MOOK Choice

Tvrđava Barone/ Barone Fortress

集眾人之力建成的防禦堡壘

🚶 從聖米迦勒堡壘步行前往約12分鐘 📍 Put Vuka Mandušića
28 🕐 平日9:00~17:00，週末10:00~18:00 🚫 12~1月的
假日 💲 11~4月：免費；4~11月：全票€10，半票€6.5，
另有與聖米迦勒堡壘的聯票全票€11.5，半票€7.5 🌐 www.
tvrdjava-kulture.hr

　　巴羅堡壘位於舊城東北角的制高點，是一座真
正屬於旭本尼克市民的防禦堡壘。

　　威尼斯人與鄂圖曼土耳其的克里特納戰爭
(Cretan War，1645~1669年)期間，達爾馬
齊亞沿岸城市都是鄂圖曼的進攻目標，旭本尼
克也不能幸免，1646年在指揮官Baron von
Degenfeld的帶領下，旭本尼克的全體市民出錢
出力，只用了短短58天就蓋好這座堅固堡壘，成
功抵禦1647年2萬5千名鄂圖曼大軍的進攻，巴
羅堡壘可說是集眾人之力為自由奮戰的象徵。其

後幾百年，堡壘嚴重損毀，幾乎已難見原跡，重
新再生的巴羅堡壘除了依原樣重建，最特別的是
以AR擴充實境的方式述說歷史故事，重現17世
紀的戰爭。

　　從輝煌的過往回到現代，堡壘附設的餐廳擁有
五星級全景視野，達爾馬齊亞海岸的傳統美食美
酒喚醒味蕾，而緩緩落入島嶼海灣間的橙紅夕陽
是最動人的甜點。

旭本尼克周邊

MAP ▶ P.10C4

克寧與內陸地區
Knin & The Interior

命運多舛的山城小鎮

🚆克寧位於札格拉布和斯普利特之間火車幹線的中點站。從札格拉布搭火車至此,車程約4.5~6小時,每天約2班車。從旭本尼克搭火車,車程將近2小時,每天約3~4班車

克寧遊客服務中心
🏠Dr. Franje Tuđmana 24 ☎664-822 🌐www.tz-knin.hr

克寧博物館Kninski Muzei
🚶從火車站步行前往約12分鐘 🏠Tvrđava 3 ⏰8:00~20:00 💲全票€6,半票€4 🌐kninskimuzej.hr

從旭本尼克往內陸走,沒有大海相伴,沿途景觀丕變,到處是乾燥裸露的石灰岩。右手邊是克羅埃西亞最高峰迪拉納山(Dinara,海拔1831公尺),越過克爾卡河(Krka)之後,遠遠便能望見這座盤據在高高山頭的古城。

克寧地處達爾馬齊亞、波士尼亞、赫塞哥維納的交界,中世紀時就是重要的貿易中心,西元10世紀的克羅埃西亞國王以此為首都,當年在山丘上興築的堡壘隱約可見,克羅埃西亞王國覆滅之後,由於此地不易防守,不斷遭外侮入侵,1522年被鄂圖曼土耳其奪走,接下來就一如克羅埃西亞的歷史,歷經威尼斯、法國拿破崙、奧

匈帝國統治,主政者不斷易手。

由於克寧和周邊內陸長期居住著大批信奉東正教的塞爾維亞人,1990年克羅埃西亞獨立後,塞爾維亞貝爾格勒(Belgrade)政府協助他們以克寧為首都,建立自治政府,到了1995年,克羅埃西亞才取回這塊土地,並將塞爾維亞人驅逐出境,沿著內陸公路而行,沿途仍然可以看到一座座廢棄的村子和傾頹屋舍。

小鎮東北方的Spas山頭上,城牆高高盤踞,這是達爾馬齊亞地區最大的防禦堡壘,由於歷經多次毀損整修,現在的結構已經是18世紀的模樣,分為上中下三層,目前內部為博物館,展示克寧地區的化石、史前時代考古文物,以及19世紀Hinterland和Bukovica地區的民俗工藝品、家具、首飾等生活用品。

旭本尼克周邊

MOOK Choice

克爾卡國家公園

Krka National Park

風景明信片上最受歡迎的瀑布

🚍 在旭本尼克、札達爾都有旅行社可以安排行程，如果自行前往，從旭本尼克每天有許多班次公車可以到達克爾卡國家公園的入口Skradin，只需15分鐘車程，從Skradin再轉搭渡輪前往著名景點Skradinski Buk瀑布，每小時一班船，船行時間約20分鐘。此外，也可以直接開車到入口Lozovac，國家公園有免費巴士接駁到Skradinski Buk瀑布 🕐6~8月：8:00~20:00；5和9月：8:00~19:00；4月和10月上旬：8:00~18:00；3月和10月下旬：9:00~17:00；11~3月：9:00~16:00 💲1~3月：全票€6.64，半票€3.98；4~5、10月全票€20，半票€15；11~12月全票€7，半票€4；6~9月全票€40，半票€28

克爾卡國家公園辦公室

🏠Trg Ivana Pavla II. br. 5 🕐平日7:00~15:00 休週末 ☎201-777 🌐www.npkrka.hr

行程建議

國家公園門票含Skradin-Skradinski Buk的往返渡輪費用，以及Lozovac至Skradinski Buk的接駁巴士（11~3月渡輪及巴士皆停駛）。另外還可從Skradinski Buk瀑布選擇三種搭船行程，更深入國家公園：搭到Visovac島全程需2小時，包含30分鐘的登島時間，全票€15，半票€10；繼續前往至Roški瀑布，總行程4小時，全票€20，半票€15；從Roški瀑布前進到克爾卡修道院全票€15，半票€10。以上渡輪只有4~10月行駛，班次不固定，請於Skradinski Buk的碼頭詢問。

注意事項

1. Skradinski Buk瀑布旁的草地廣場上有販售簡單餐飲，但選擇不多且價格昂貴，最好自行攜帶食物。

2. Visovac湖小島和克爾卡修道院11~3月不開放。

　　許多克羅埃西亞人總是喜歡拿克爾卡國家公園和普列提維切湖國家公園(Plitvice Lakes)相提並論，甚至有些達爾馬齊亞人基於愛鄉心理，堅稱克爾卡勝過普列提維切。的確，同樣屬於喀斯特地形的河流、峽谷、瀑布、湖泊景觀，乍看之下，兩座國家公園有那麼一點相似之處，若真要兩相比較，可以說各有千秋。

　　普列提維切湖之所以能被列為世界遺產，除了獨特的景觀外，它的動植物生態及維護程度都是關鍵，與普列提維切湖最親近的方式就是踩踏在人工木棧道之間，湖水碰不得；克爾卡國家公園就不同了，Skradinski Buk瀑布周邊的湖區開放

克爾卡國家公園

N

克寧
Knin

Manojlovac
Rošnjak ● Brljan ● Bilušića buk
Miljacka

聖方濟會修道院
Manastir Krka

Roški Slap

Drniš

Visovac

Skradin

Skradinski Buk

Lozovac

旭本尼克
Šibenik

圖例 ✛教堂 ⛴渡輪

民眾戲水，游泳的、在瀑布下作Spa的，呈現出另一種全然不同的遊憩氣氛。

克爾卡國家公園於1985年設立，面積涵蓋142平方公里，以保護克爾卡河(River Krka)中下游為主。克爾卡河全長72.5公里，流經Dinara山脈西麓，在旭本尼克附近匯入亞得里亞海；在河流切穿石灰岩地形時形成了落差達200公尺的峽谷，而溶解出來的碳酸鈣和著藻類、苔蘚不斷沈澱、累積成石灰華台階，就像普列提維切湖一樣，水流經不同高低落差的台階，形成一道道瀑布。

與普列提維切湖不同的是，克爾卡河從峽谷穿越出來時水量大多了，每秒55立方公尺的水量在到達最大的Skradinski Buk瀑布時，大水直洩而下，銀帘交纏堆疊，濺水成霧。Skradinski Buk瀑布長800公尺，涵蓋17座台階，落差達46公尺，而17座瀑布組合成的壯觀場面，就成了克羅埃西亞最知名旅遊宣傳照之一。

多數旅客到了Skradinski Buk就止步，享受周圍水聲轟鳴、蟲鳥啾唧，以及沈浸在河水的清涼。從Skradinski Buk再搭船往上游走，還有幾道超過10公尺的瀑布(例如27公尺高的Roški瀑布)，以及岩石、峭壁、洞穴、裂隙、峽谷等喀斯特地形常見的景觀。

除了自然景觀，在Visovac湖裡有座湖中之島，島上有一座14世紀的小修道院，挺過鄂圖曼土耳其的統治直到1699年。在國家公園的最深處，還有一座15世紀的東正教克爾卡修道院。

141

達爾馬齊亞中部
Central Dalmatia

達爾馬齊亞中部地區以克羅埃西亞第二大城斯普利特為首，並以其傑出的歷史文化遺產吸引遊客目光，包括羅馬皇帝戴克里先的皇宮、特羅吉爾的中世紀古城都被列入世界遺產；在斯普利特外海，布拉曲島和赫瓦爾島這兩座島嶼更是克羅埃西亞的亮點，不但擁有峽灣般的驚豔海岸及世界級沙灘，赫瓦爾島保留了2千年的古老農田，更在2008年被選入世界遺產。

●斯普利特

斯普利特
Split

文●李曉萍‧林志恆　攝影●周治平‧林志恆

斯普利特是克羅埃西亞第二大城，也是達爾馬齊亞海岸的核心。西元293年，因為羅馬皇帝戴克里先(Diocletian，245~316)在海灣邊起造一座奢華皇宮而開始發展。

戴克里先死後，這座巨大的石造皇宮成為羅馬統治者的休閒度假勝地。直到7世紀，鄰近的羅馬城市沙隆納(Salona)遭斯拉夫人入侵，大批難民逃往斯普利特，躲在皇宮高大厚實的城牆裡，皇宮才慢慢變成一座有平民出入的小城。

後來拜占庭帝國、克羅埃西亞國王繼續統治這塊區域，斯普利特在12到14世紀時享有較大尺度的自治權，城市發展不再限於皇宮內部。1420年威尼斯人來了，導致斯普利特發展停滯，16、17世紀為了防範土耳其人攻擊，城市再度築起高大城牆；1797年起，奧匈帝國接續統治長達一個多世紀。19世紀初，法國拿破崙曾攻入城內，短暫接手。

二次世界大戰之後，斯普利特轉身變為工業大城，隨著克羅埃西亞旅遊業的發展，憑著地理之便，串連了達爾馬齊亞北部和南部的海岸、島嶼及克羅埃西亞內陸，成為旅客重要的出入口岸，進出頻繁的渡輪、遊輪、商船使得斯普利特港灣呈現一片榮景。

儘管戴克里先皇宮是多數遊客來到斯普利特的主要目的地，城牆之外，仍有不少景點值得造訪，特別是博物館和羅馬城遺址。

143

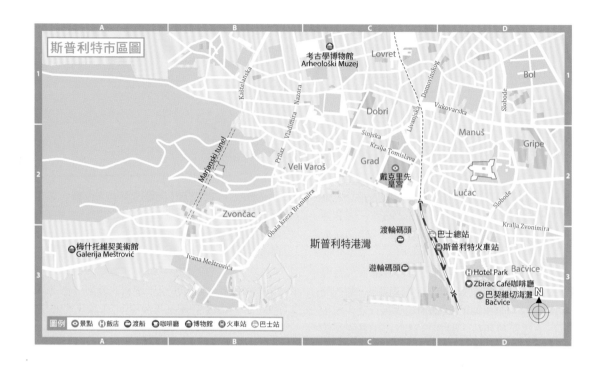

斯普利特市區圖

考古學博物館
Arheološki Muzej

Lovret
Bol
Dobri
Manuš
Gripe
Kaštelanska
Nazora
Vladimira
Sinjska
Kralja Tomislava
Grad
戴克里先皇宮
Lučac
Marjanski tunel
Priaz
Veli Varoš
Kralja Zvonimira
Zvončac
Obala kneza Branimira
渡輪碼頭
巴士總站
斯普利特火車站
斯普利特港灣
Bačvice
遊輪碼頭
Hotel Park
梅什托維契美術館
Galerija Meštrović
Ivana Meštrovića
Zbirac Café咖啡廳
巴契維切海灘
Bačvice

圖例 ◉景點 Ⓗ飯店 ◉渡船 ◉咖啡廳 ⓜ博物館 ◉火車站 ◉巴士站

斯普利特舊城

克羅埃西亞國家劇院
Croatian National Theatre
Kačičeva
Kruševića gumno
Kliška
Teutina
Sinjska
Kragićeva
Biserova
Matošića
Radmilovića
Bilanova
Domilijina
Tončićeva
Kralja Tomislava
Pistura
Nodilova
Zagrebačka
Istarska
Svetog križa
Kamenita
Marmontova
Trogirska
教皇寧斯基雕像
Grgur Ninski
Kraj Svete Marije
Domaldova
Petra Kružića
Bosanska
Majstora Jurja
Hrvojeva
金門
Zlatna Vrata
Konoba Hvaranin
餐廳
Sinovčića
Ban Mladenova
人民廣場
Narodni Trg
Narodni trg
漁市場
Ribarnica
Zadarska
Šubićeva
舊市政廳
Vijećnica
鐵門
Željezna Vrata
斯普利特城市博物館
Muzej Grada Splita
Bana Josipa Jelačića
Marmont Hotel Ⓗ
Dominisova
Papalićeva
Croata
領帶店
Šperun
雷克兄弟廣場
Trg Braće Radića
Obala Hrvatskoga narodnoga preporoda
Marulićeva
Adamova
Krešimirova
銀門
Srebrna Vrata
Trg Republike
Trg Republike
聖約翰洗禮堂(丘比特神廟)
Svetog Ivan Krštitelj
銅門
Brončana Vrata
Severova
戴克里先宮
露天市集
Market
聖多米努斯大教堂
Katedrala Svetog Duje
N
Stari pazar
斯普利特港
Split Harbour
皇宮前廳與地下大廳
Vestibule & Basement Halls of Palace
列柱廊中庭
Peristyle
民俗博物館
Etnografski Muzej
Konoba Lučac
Obala Lazareta

圖例 ◉景點 ⓜ餐廳 Ⓗ飯店 ◉購物 ◉廣場 ✚教堂 ◉劇院 ⓜ博物館 ◉遊客中心

INFO

基本資訊
人口：160,577
面積：79.38平方公里
區碼：(0)21

如何到達─航空
　　斯普利特機場(Zračna luka Resnik，機場代碼SPU)位於市中心西邊20公里處，克羅埃西亞航空每日有2~4航班來往札格拉布與斯普利特之間，每週有航班往來杜布羅夫尼克、里耶卡和普拉；國際航班則可連接歐陸主要城市，如法蘭克福、慕尼黑、倫敦、蘇黎世、羅馬等。
🕿 203-555　🌐 www.split-airport.hr
◎機場巴士Airport Shuttle
　　從機場到市區巴士總站可搭乘接駁巴士Pleso Prijevoz，配合克羅埃西亞航空的起降航班而行駛，大約於降落後20分鐘發車，車程約30~40分鐘，票價€5.97。
🌐 www.plesoprijevoz.hr
◎市區巴士Public Bus
　　從機場乘坐地區巴士37號或2、38號前往市區，上車向司機買票價€4，車程約50分鐘，每小時2~3班次(2、38號巴士車次較少，週日停駛)。巴士站牌於機場停車場外的馬路邊。
◎計程車Taxi
　　從機場搭計程車至市區，車費約€35~45，車程30分鐘。

如何到達─火車
　　斯普利特為克羅埃西亞鐵路線最南端的城市，從札格拉布搭火車至斯普利特，每天2班車，白天車程6小時，夜車約8小時；從旭本尼克出發，須於Perkovic轉車，車程1.5~3.5小時。火車站位於渡輪碼頭的對面，步行至舊城約5分鐘。
斯普利特火車站
📍 Domagojeva obala 9　🌐 www.hzpp.hr

如何到達─巴士
　　長途巴士站位於港口火車站旁邊，從札格拉布搭巴士至斯普利特，車程約5~5.5小時，平均每小時1班；從札達爾搭巴士過來，車程3小時，每小時1~3班次；從杜布羅夫尼克出發，車程4.5小時，每天約8~9班。

📍 Obala Kneza Domagoja br.12
巴士公司
🌐 www.ak-split.hr、www.arriva.com.hr

如何到達─渡輪
　　斯普利特是克羅埃西亞最大港，Jadrolinija船公司有各種不同航線渡輪通往鄰近島嶼及沿岸大城。國際航線遊輪可通往義大利。
🌐 www.jadrolinija.hr

如何到達─開車
　　從札格拉布出發，行駛快速道路車程約4~4.5小時；從札達爾出發約需2小時；從杜布羅夫尼克出發，車程約3~3.5小時，此路段需跨越波士尼亞與赫塞哥維納聯邦。

市區交通
　　市區景點皆可步行抵達，若要往外圍走，公車分為1~4區(Tariff Zone)的車票，如果只在斯普利特市區搭乘，可到售票亭及書報攤買1區車票，前往沙隆納(Solin)買2區車票，前往特羅吉爾(Trogir)則買4區車票，巴士班次頻繁。
🌐 www.promet-split.hr

優惠票券
◎斯普利特卡Split Card
　　持斯普利特卡可免費參觀城市博物館、自然歷史博物館、民俗博物館，並享有其他博物館、餐廳、旅館、劇院到租車等的優惠折扣。只要4~9月期間於斯普利特住宿5晚以上，或是10~3月在旅館住宿2晚，即可於遊客中心免費索取。

旅遊諮詢
◎海灣遊客中心（Riva）
📍 Obala HNP 9　🕿 360-066
🕐 平日9:00~16:00(週六至14:00)　🚫 週日
🌐 www.visitsplit.com
◎戴克里先宮遊客中心
📍 Peristil bb　🕿 345-606
🕐 平日9:00~16:00(週六至14:00)　🚫 週日

住宿
　　如果開車過來，最好選擇稍微遠離舊城區的民宿或旅館，因為舊城外圍停車空間少且街道狹窄，一旦陷入車陣就很難脫身。若想要尋找民宿或公寓，斯普利特灣港口西側，或是舊城東邊、臨近火車站的住宅區較容易找到車位。

MAP ▶ P.144下C2

人民廣場及其周邊

Narodni Trg/ People's Square

逛街賞建築看魚貨交易

🚶 從海灣遊客中心步行約2分鐘可抵達

斯普利特人稱這裡為Pjaca，也就是義大利語的Piazza，廣場的意思。當年戴克里先居住在皇城時，城外開始聚集羅馬人形成村落，到了中世紀逐漸發展為一座城鎮，這裡就是舊城的主要廣場。現在的廣場依舊人聲鼎沸，被餐廳、露天咖啡座和紀念品店包圍。

除了鐵門上的鐘樓和壁龕裡的聖安東尼雕像，廣場上最引人矚目的就是立面擁有哥德式門廊的舊市政廳(Vijećnica)，2005年之前是民俗博物館(Etnografski Muzej)，如今博物館已搬遷，這裡則作為臨時性展覽。

從人民廣場往西穿過小巷子，遠遠就聞

中午之前過來還可看到一攤攤擺滿當天打撈上來、活蹦亂跳的新鮮魚貨，並見識當地居民傳統的交易方式，魚販用天秤論斤論兩的叫賣。漁市場的建築設計也有學問，鍛鐵支撐玻璃的挑高屋頂讓交易空間更加明亮，空氣亦十分流通，不致瀰漫魚腥惡臭。

漁市場後方的Marmontova街過去是舊城的邊緣，近年隨著城市改造，變成一條現代化購物大街，聚集不少國際名牌商店。順著這條大街往北走，盡頭處是建於19世紀末的克羅埃西亞國家劇院(Croatian National Theatre)。

從人民廣場沿著Marulićeva街向南走，來到雷克兄弟廣場(Trg Braće Radića)，這裡曾是附近農民販售水果的市集，所以斯普利特人喜歡稱它為水果廣場(Voćni Trg)。廣場上醒目的雕像是梅什托維契的作品，那是克羅埃西亞16世紀的詩人Marko Marulić，他是第一位以克羅埃西亞文創作文學作品，而被譽為克羅埃西亞文學之父，同時，他也是斯普利特的市民。

MAP ▶ P.144上C3D3

斯普利特港灣

Split Riva

郵輪港與當地人的私房海灣

🚢海灣遊客中心前即是港灣區域

從皇宮穿過幽暗的地下大廳，銅門之外，眼前豁然開朗，成排的油綠棕櫚樹沿著寬闊筆直的散步大道散開，這條港前大道有個冗長的官方名稱：Obala Hrvatskog Narodnog Preporoda，意思是「克羅埃西亞國家復興海堤」，但地方人士還是喜歡用義大利語的稱呼：Riva，再簡單不過，就是「海港」。

這是一條人行步道，禁絕車輛通行，也因為如此，市中心被一切為二，對開車的人來說，東西之間明明近在咫尺，卻要繞上好大一圈。不過對多數的遊客來說就是一大福利了，而這類型的人行散步道，也是地中海港灣文化中不可或缺的。

多年前，斯普利特的海港仍顯得雜亂無章，路面到處是坑洞，商家隨意堆放咖啡座椅，晚餐過後，斯普利特的居民總會三五成群來到港邊散步，散發舊時代的氛圍；但近年大規模重新整建後，造型現代的明亮街燈，光滑平整的路面，整齊一致的咖啡座椅，線條變得乾淨俐落，與皇宮內的古老街道相比，仿若兩個世界。

沿著港邊大道繼續朝西行，那是斯普利特漁夫們的基地，名為Matejuška，幾個世紀以來，一直是斯普利特的漁港，清晨時分，最新鮮的魚貨都從這裡上岸。港邊大道的東端就是斯普利特最繁忙的商港和渡輪碼頭，要前往外海島嶼或沿岸城市，都從此出海。

沿著渡輪碼頭往東走，跨過鐵道旁的天橋就會來到一座小海灣，名為巴契維切(Bačvice)。斯普利特是一座大港都而非度假勝地，不以美麗的海灘聞名，巴契維切可說是斯普利特周邊最有名的海灘，當地人若要戲水、曬太陽，大多會聚集在此，海水很淺，居民很喜歡在這裡玩一種達爾馬齊亞特有的水上運動——Picigin，三五成群在水上撲接小水球，就連大人也玩得不亦樂乎。到了晚上，巴契維切海灘周邊就變成斯普利特最著名的夜店區。

147

戴克里先皇宮

MOOK Choice

Dioklecijanova Palača/ Diocletian Palace

規模設計宛如一座城市的羅馬皇宮

🚗 從海灣遊客中心步行約3分鐘可抵達。

戴克里先皇宮、普列提維切湖國家公園、杜布羅夫尼克老城於1979年一起成為克羅埃西亞的第一批世界遺產，這也是克羅埃西亞境內最重要的羅馬時代遺跡。

羅馬皇帝戴克里先出生於達爾馬齊亞貧寒之家，本人行伍出身，西元284到305間出任羅馬皇帝，是3世紀時最偉大的軍人皇帝。他遜位前，在出生地附近(Spalato，即今天的Split)為自己打造了退位後使用的皇宮。

皇宮以一座傳說中的堡壘為樣本，幾乎算是一座城市。皇宮以布拉曲(Brač)產的光澤白石建造，耗時10年，動用2000位奴隸，更不惜耗資進口義大利和希臘的大理石，以及埃及的獅身人

面像和石柱。整座皇宮東西寬215公尺，南北長181公尺，城牆高26公尺，總面積31000平方公尺，四個角落各有高塔，四面城門裡有四座小塔，都兼具防禦守衛功能。

四座城門以街道相連，把皇宮分成幾大區塊，銀門、鐵門以南是皇室居住和進行宗教儀式的地方，北邊是士兵、僕役居所，以及工廠、商店所在；金門、銅門以東是皇帝陵寢，西邊則有神殿。

戴克里先死後，皇宮變成行政中心及官員住所。經過數個世紀的變遷，拜占庭、威尼斯、奧匈帝國接連統治，皇宮城牆裡的原始建築基於居民的需求，已經翻了好幾番，還好歷代的斯普利特居民都能與城牆裡的建築和平共存，把破壞程度降到最低。今天歷史遺跡、神殿、陵墓、教堂、民居、商店共聚城牆內迷宮般的街道裡，乍看雖雜亂，卻有自己的發展邏輯，錯落有致。

戴克里先皇宮復原圖

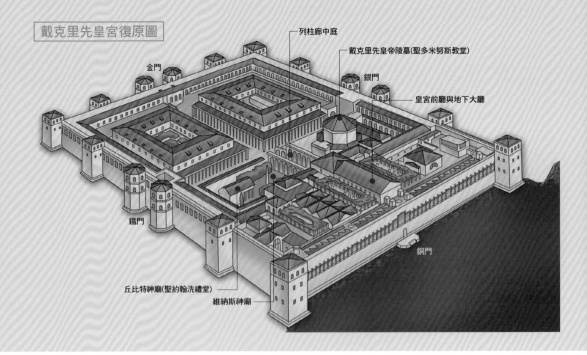

- 列柱廊中庭
- 戴克里先皇帝陵墓(聖多米努斯教堂)
- 銀門
- 皇宮前廳與地下大廳
- 金門
- 鐵門
- 銅門
- 丘比特神廟(聖約翰洗禮堂)
- 維納斯神廟

金、銀、銅、鐵門 Zlatna Vrata、Srebrna Vrata、Brončana Vrata、Željezna Vrata

皇宮的北、東、南、西各有四座防禦城門，分別命名為金、銀、銅、鐵門。北邊的金門是皇宮主要入口，通往另一座羅馬城市沙隆納(Salona)；南邊的銅門面向大海，船隻靠岸後，可以由銅門直接進入皇宮。東邊的銀門仿造自金門，西邊的鐵門是目前保存最完好的一座城門。

如今，金門之外，是最著名的教皇寧斯基雕像；銀門之外，是整排的紀念手工藝品攤商和露天市集；銅門之外，是寬闊筆直的濱海散步大道；從鐵門的外側望去，除了左手邊那座可以顯示24小時、造型別緻的鐘樓外，不妨注意右手邊壁龕裡的聖安東尼雕像(St. Anthony)，這尊守護神的左腳露出一個人臉，那是調皮的雕刻師要後人不要忘了這雕像是他的傑作，而在聖安東尼上方模糊不清的浮雕，則是一對男女正在吵架。

教皇寧斯基雕像Grgur Ninski

▲P.144下C2

寧斯基(Ninski)是克羅埃西亞10世紀時的主教，他勇於向羅馬教皇挑戰，爭取以斯拉夫語及文字進行宗教彌撒，而不使用拉丁語。

能讓寧斯基再度「復活」的，就是偉大的雕塑家伊凡．梅什托維契(Ivan Meštrović)，這尊雕像也許並不是他最好的作品(1929所作)，卻是最知名的一座，1957年被豎立在這個位置之後，已經成為斯普利特的象徵標誌之一。注意看他被擦得金光閃閃的左腳大拇指，凡經過的遊客都上前撫摸一番，據說會帶來好運，還有，保證以後可以重遊斯普利特。

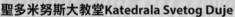

聖多米努斯大教堂Katedrala Svetog Duje

🔺P.144下C3 🏠Ul. Kraj Svetog Duje 3 ⏰6~10月：週一至週六8:00~20:00，週日12:00~18:00；11~5月：週一至週六9:00~17:00，週日12:00~18:00 ☎345-602 💲教堂€3.5，鐘塔€2.5；套票€6.6~10.6

教堂所在的位置就是戴克里先皇帝的陵寢，7世紀時，皇帝石棺及遺體被移走，當時的斯普利特主教把它改為天主教堂，直到這座仿羅馬式的鐘樓(建於12~16世紀，並於1908年重建)豎立起來之前，陵寢建築的外觀都沒變過。

陵寢呈八角形，環繞著24根圓柱，圓頂下環繞著兩列科林斯式圓柱，檐壁的帶狀裝飾雕著戴克里先皇帝和皇后，這就是今天教堂的基本雛形。教堂經過十多個世紀不斷修建，大部分出自名家之手。最值得欣賞的包括大門、左右祭壇、中間的主祭壇、合唱席、講道壇。

13世紀的兩扇木雕大門上雕刻了左、右各14幅「耶穌的一生」圖畫，屬於仿羅馬風格的微型畫；右手邊的祭壇是波尼諾(Bonino da Miliano)，曾參與創作旭本尼克大教堂哥德式大門的雕像)於1427年的作品；左手邊祭壇的聖斯達西(Sveti Staš)和「被鞭打的基督」(Flagellation of Christ)浮雕，則是打造旭本尼克大教堂的建築大師尤拉‧達爾馬齊亞(Juraj Dalmatinac)於1448年的傑作，被認為是當時達爾馬齊亞地區最好的雕刻作品之一。

合唱席的仿羅馬風格座椅從13世紀保留至今，也是達爾馬齊亞地區年代最久遠的合唱席座椅；穿過主祭壇，依照指示來到「寶物室」，裡面收藏了聖骨盒、聖袍、聖畫像、手寫稿以及格拉哥里(Glagolitic)文字書寫的歷史文件。

當然還不能錯過高聳的仿羅馬式鐘塔，它不僅是斯普利特的地標，攀登183層階梯到最高點，57公尺的高度能眺望整座斯普利特城及海港。鎮守大門的兩頭石獅子，以及西元前1500以黑色花崗岩雕刻的埃及獅身人面像，都特別吸引眾人目光。

自鐘塔迴旋而下，從教堂右側進入一座地窖(Crypt)，這裡是戴克里先皇帝陵寢的基座，後來基督徒更改為一座小禮拜堂。教堂南邊還有一些羅馬建築遺跡，例如羅馬浴室、皇室餐廳等，但都是不完整的殘跡。

聖約翰洗禮堂(朱比特神廟)
Svetog Ivan Krštitelj

🅐 P.144下C2　🕐 6~10月：週一至週六 8:00~20:00，週日12:00~18:00；11~5月：週一至週六9:00~17:00，週日12:00~18:00　💲 €2.6；套票€6.6~10.6

從列柱廊中庭西側彎進一條小巷子，這個地方以前是皇宮做宗教儀式的區域，原本有朱比特(Temple of Jupiter)及維納斯與西芭莉(Temples of Venus and Cybele)兩座神殿，維納斯神殿已消失，目前盡頭處的聖約翰洗禮堂就是朱比特神殿，年代可以追溯到西元5世紀。門口處佇立一座從埃及運來的無頭獅身人面像，由黑色花崗岩雕成，當年蓋神殿的時候就安放在這裡守衛神殿大門，原本大門有許多根圓柱支撐的門廊，現在只剩一根圓柱還挺立著。

洗禮堂裡面有一座7世紀的大理石石棺，棺裡埋著斯普利特首任主教的遺骸；洗禮堂裡還有一尊什托維丘所雕的聖約翰雕像，二次世界大戰前才安放上去的。

列柱廊中庭Peristyle

🅐 P.144下C3

列柱廊中庭位於皇宮的正中央，它的東邊是皇帝陵寢，西邊是神殿，南面是皇室居住的地方，因此從北方金門進到皇宮的人，會先在列柱廊中庭做個心情轉換——準備進入神聖的區域。

中庭長寬約35公尺、13公尺，基地比周圍低了3個階梯，長的一面各有六根花崗石圓柱，柱與柱之間串連著拱門與雕飾的檐壁，中庭南面就是進入皇室居所的入口。

今天這個列柱廊中庭東面是聖多米努斯教堂，西邊是哥德式與文藝復興式的建築，南面的建築立面有四根圓柱及三角山牆，裡面是兩座小禮拜堂。目前這裡已成了極佳的集會廣場、表演舞台、露天咖啡座，甚至在聖多米努斯教堂辦完婚禮，眾人也聚在此狂歡。

地下大廳與皇宮前廳
Podrumi Dioklecijanova Palača & Vestibule

🅟 P.144下C3　🕐 11~2月：9:00~17:00(週末至16:00)；3~4月：9:00~18:00(週末至17:00)；5和10月：9:00~20:00(週末至18:00)；6~9月：8:00~20:00　💲全票€7；半票€4　🌐www.mgst.net

從列柱廊中庭順著樓梯往下走，或者從銅(南)門進來，就是地下大廳，現在所看到的建築似乎位於地下室，其實它是與港邊平行的地面樓，昏暗的室內擠滿販售紀念品的商家。銅門的左手邊是皇宮地下大廳的入口，需另外付費，儘管地下宮殿已空無一物，但屋室規劃、迴廊，幾乎

與地面樓層一樣，今天所見的地宮，就是千年前地面屋舍內部空間的模樣。

如果從列柱廊中庭順著南面樓梯拾級而上，就是皇宮前廳入口，這是目前保存最完好的皇室居所，如今塌陷的穹頂，過去貼有彩色鑲嵌畫及灰泥壁畫。古代皇帝即天子，戴克里先同樣自命為眾神之王朱比特在人間的兒子，因此每年會有四次祭神時間，他就站在這前廳的入口，望向列柱廊中庭，跪地祈神。注意地面層的四座壁龕曾經立著四座雕像，那是戴克里先退位後，掌管羅馬帝國四個行省的地方郡王。

克拉帕之歌Klapa Song

夏季來到斯普利特皇宮，經過列柱廊中庭時，偶爾傳來幾曲嘹亮的人聲無伴奏合唱，循著歌聲走進皇宮前廳，5、6人圍成半弧，清一色是男歌手，白襯衣、黑西褲，腰際纏著紅布條，藉由皇宮前廳絕佳混音效果的傳送，唱出一曲曲完美和聲的克羅埃西亞民謠，曲畢，圍觀遊客不吝給予如雷掌聲。

這些克羅埃西亞民謠和演出形式有個名稱，叫作克拉帕(Klapa)，其詞義是「一群朋友」，源自沿海地區的教堂聖詠，伴著優美旋律和豐富和聲，歌曲主題多半圍繞在愛情、美酒、故鄉及大海。基本聲部為第一男高音、第二男高音、男中音、男低音，各聲部人數視需要增減；演出時，儘管多半為人聲無伴奏合唱，偶爾也會加入吉他或曼陀林。

克拉帕的傳統至今仍十分活躍，不僅在斯普利特，沿著達爾馬齊亞海岸走，你都會與不同團體、不同演唱組合不期而遇。

MAP ▶ P.144上A3

梅什托維契美術館

**Muzeji Ivan Meštrović /
Ivan Mestrovic Museum**

MOOK
Choice

深受克羅埃西亞人推崇的雕刻家

⌂Šetalište Ivana Meštrovića 46　🚌從旅遊局遊客中心往西步行約25分鐘或搭乘市區巴士7、8、12、21號　📞340-803　🕐9:00~17:00　休週一　💲全票€12，半票€8，票價包含旁邊的Kaštelet禮拜堂　ⓌⓂmestrovic.hr

這是首都札格拉布之外，另一座以梅什托維契作品為主題的美術館，比起札格拉布，這裡顯得寬敞氣派多了，這棟建築是他親手設計的，兩旁有兩座矮塔，正面則是八根柱子的敞廊，前面擁有一座大庭院，庭院擺設了他的作品Distant Agreement。

梅什托維契於1930年代住在這裡，在他決定移民到美國之前，本來打算在此退休養老。目前美術館裡收藏了他大量的作品，包括銅雕、木雕、石雕各種材質。

美術館旁還有一座卡什泰勒堡壘(Kaštelet)，梅什托維契當年買下它、重修之後，用來存放他所雕的28塊胡桃木雕，描繪耶穌的一生。

伊凡‧梅什托維契
Ivan Meštrović

當你走過的克羅埃西亞城市愈多，你就愈發覺該認識這個人，他的作品總是占據城市的最重要角落，他就是克羅埃西亞20世紀最偉大的雕刻家伊凡‧梅什托維契(Ivan Meštrović, 1883~1962)。

出生於沙瓦河(Sava)畔，成長於斯普利特西北方的山區小村落，梅什托維契沒有受過正規教育，然而他的藝術天分在15歲時被一位斯普利特雕刻家發掘，不久之後受到一位奧地利礦主賞識，出資送他到維也納藝術學院就讀。

1905年，他第一件受委託的大作《生命的渴望》在札格拉布國家劇院外誕生，風格顯然受到法國雕刻家羅丹(Rodin)的影響，他們在維也納時曾經是好友。

除了藝術創作，梅什托維契受到克羅埃西亞人如此推崇，更在於他的政治正確，他是一位十足的愛國主義者，為了反抗奧匈帝國的統治，他被迫於1914年離開斯普利特，前往羅馬發展，並組織「南斯拉夫委員會」，倡議脫離奧匈帝國獨立。

第一次世界大戰之後，梅什托維契回到札格拉布成立工作室，然而此時，他對戰後成立的南斯拉夫政府不再抱持幻想。他的作品漸漸脫離政治主題，1926年，創作出巨大的寧斯基主教雕像(Grgur Ninski)，贈送給斯普利特。

二次世界大戰後，他拒絕住在狄托(Tito)主政的南斯拉夫政府，前往美國發展，1954年取得美國公民權，並成為印第安那洲大學的教授，這期間他仍繼續創作，主題放在宗教，並不斷把作品運回當時的南斯拉夫。

梅什托維契死於1962年，遺體葬在他的出生地Otavice，陵墓樣式簡單，有一座淺圓頂，是他為自己及家人所設計。

斯普利特近郊

MAP ▶ P.10C5

沙隆納

MOOK Choice

Salona(Solin)

坐落在葡萄園間的古羅馬城市遺址

從斯普利特市區搭乘1號公車可抵達Solin；自行開車約20分鐘 Ul. don Frane Bulića, Solin 4~5月和9月：9:00~19:00(週日至13:00)；6~8月：9:00~20:00(週日至13:00)；10月：9:00~18:00(週日至13:00)；11~3月：9:00~16:00(週六至14:00) 11~3月的週日 與考古博物館的聯票全票€10，半票€5

沙隆納遊客服務中心
Kralja Zvonimira 69, Solin 210-048 8:00~16:00 週末 solin-info.com

考古博物館Arheološki Muzej
Zrinjsko-Frankopanska 25, Split 329-340 6~9月：9:00~14:00、16:00~20:00；10~5月：平日9:00~14:00、16:00~20:00，週六 9:00~14:00 週日 www.armus.hr

今天地名稱為索林(Solin)的沙隆納，距離斯普利特5公里，是一座知名的古羅馬城市，也是目前克羅埃西亞境內最重要的考古遺址之一。

西元前119年，伊利里亞人(Illyrian，古代稱亞得里亞海東岸沿海地區的部落)就已經住在這裡，西元前78年被羅馬人攻占，臣服於羅馬皇帝奧古斯都(Augustus)之下，並成為羅馬帝國達爾馬齊亞省的首府。

戴克里先皇帝於3世紀末在斯普利特興築皇宮時，就因為繁榮的沙隆納非常吸引他。西元6世紀，沙隆納被併入東羅馬帝國(拜占庭)，隨後於614年被入侵的斯拉夫民族及阿瓦族(Avar)覆滅，居民逃往斯普利特及附近島嶼，沙隆納從此成為一片廢墟。

羅馬帝國曾在城裡蓋了圓形競技場、劇場、神殿、教堂、浴室、議事廣場、城牆，今天這個偌大的城市遺址坐落在山腳下的葡萄園之間，隱約可以見到這些建築遺跡(Nticki Grad Salona)。其中，在遺址的最西側，曾經有一座蓋於西元2世紀的巨大圓形競技場，可以容納18000名觀眾，但在17世紀時毀於威尼斯人，因為他們擔心來犯的土耳其人會以此作為進攻的前進基地。

如果要欣賞從這裡出土的雕塑，遺址裡的博物館保存了部分文物，然而更精采的則存放在斯普利特市區的考古博物館(Arheološki Muzej)裡。

Where to Eat, Shop & Stay in Split
吃、買、住在 斯普利特

MAP ▶ P.144下D3 | **Konoba Lučac**

🚶 從海灣遊客中心步行約10分鐘可抵達　🏠 Ul. Sv. Petra starog 2　📞 490-490　🕐 12:00~00:00　⏰ 依季節不定期暫停營業，詳見官網　🌐 konobalucac.com

想要吃得像個斯普利特人，洋溢家庭廚房溫馨氣氛的Lučac讓你品嚐最道地的味道。Lučac的食材都來自於附近的家庭農場，果醬和調味料也堅持自製，除了當日現捕的新鮮漁獲以外，推薦相當有地區特色農村料理燉野豬肉，以紅酒、李子醬、柑橘醬和醋一起燉煮，濃郁的醬汁包裹軟爛入味的野豬肉，讓人忍不住一口接一口。

MAP ▶ P.144下B2 | **Konoba Hvaranin**

🚶 從海灣遊客中心步行約6~8分鐘可抵達　🏠 Ban Mladenova 9　📞 99-667-5891　🕐 12:00~16:00、18:00~00:00　💰 主菜約€13起

位於舊城西側外圍，距離人潮聚集的中心區有一點距離，但無損於它吸引懂門道的當地人前來，餐廳供應的是傳統達爾馬齊亞美食，是父傳子的家庭式餐廳，非常受到斯普利特當地作家和記者的歡迎。舉凡海鮮、魚、達爾馬齊亞乳酪火腿、克羅埃西亞式手工布丁(rožata)，都是店內招牌。

Croata領帶店

🚶 從海灣遊客中心步行約3~5分鐘可抵達　🏠Mihovilova širina 7(Voćni trg)、Krešimirova 11(Peristil)　💲領結€28~368，領帶€77~2517，絲巾€53~490　🌐croata.hr

　　Croata是知名的克羅埃西亞領帶的領導品牌，在主要城市都有分店。在斯普利特，Voćni廣場和列柱廊中庭各有一間，其中正對著柱廊中庭這間占著極佳位置，不僅展售多款樣式的襯衫領帶，店內更彷彿一座小型博物館，展示說明領帶的歷史和發展。

露天市集Market

🚶 從海灣遊客中心步行約3~5分鐘可抵達　🏠位於皇宮銀門外側　🕐每天中午之前

　　克羅埃西亞幾乎每座城市都有當地人採買的早市，札格拉布有馳名的多拉茲(Dolac)市場，在斯普利特，就是位於東邊銀門之外的露天市集，水果、蔬菜、煙燻火腿等隨你挑選，可以找到許多當地的農產，例如：無花果乾、乳酪等。而緊靠著城牆的，則是一整排紀念品、手工藝品、衣服等攤商，是除了皇宮地下大廳之外，另一個紀念品店聚集地。

Hotel Park

🚶 從海灣遊客中心步行約20分鐘可抵達　🏠Hatzeov Perivoj 3　📞406-400　💲單人房€123起，雙人房€176起　🌐www.hotelpark-split.hr

　　開幕於1921年的Hotel Park，是斯普利特歷史最悠久的5星旅館，位於當地人最喜愛的巴契維切(Bačvice)海灘後方，部分房間可以看到海景，旅館靠海的方向有一座大露台，種植高大的棕櫚樹，樹下是閒適的咖啡座。旅館房間不大，但相當舒適；自助式的早餐也相當有看頭。

Marmont Hotel

🚶 從海灣遊客中心步行約5分鐘可抵達　🏠Zadasrska 13　📞308-060　💲雙人房€153起　🌐dlhv.hr/hotels/marmont-heritage-hotel

　　位於舊城區的窄巷裡，位置得天獨厚，門面儘管不顯眼，裡面卻別有洞天。這是重新裝修過的精品旅館，只有21個房間，內部設計得相當時髦和現代，深色胡桃木家具、橡木地板、拋光大理石、裸露的岩塊，還有天窗。儘管在市中心，卻相當僻靜。

特羅吉爾
Trogir

文●李曉萍・林志恆　攝影●周治平・林志恆

這是一座狹窄的島嶼城市，城牆環島而繞，北面有一道小石橋連接克羅埃西亞本土，南面另一條開合橋跨越特羅吉爾水道，通往奇歐佛島(Čiovo)。

歷史的鑿痕使得整座「島城」彷彿露天城市博物館，從城市外觀可以清楚看到社會、文化發展的脈絡——希臘羅馬的城市布局、中世紀的防禦城堡、仿羅馬式的教堂、威尼斯哥德式、文藝復興與巴洛克風格的宅邸在狹窄的中世紀街道交錯，外圍環繞寬闊的濱海大道。1997年，特羅吉爾整座城市被聯合國教科文組織列為世界遺產。

西元前3世紀，希臘人在島上開拓殖民，到了羅馬時代，特羅吉爾發展成一座港口，並奠定了日後的城市發展基礎。接下來十多個世紀，特羅吉爾起起落落，有時享有獨立的自治權，強大經濟實力展現在精緻完美的建築與雕刻；有時又落在不同統治者手中：克羅埃西亞國王、匈牙利人、威尼斯、奧匈帝國、法國拿破崙輪番上陣，其中對城市風格影響最深遠的，無疑是15到18世紀威尼斯長期的統治。

當許多達爾馬齊亞城市被威尼斯併吞後，逐漸失去活力，唯有特羅吉爾持續誕生偉大的藝術家，使得這座複合風格的城市不僅在亞得里亞海，甚至整個中歐，都是保存最完整的一座。

INFO

基本資訊
人口：12,393
面積：39.1平方公里
區碼：(0)21

如何到達—巴士
從斯普利特搭乘巴士前往特羅吉爾，車程半小時，班次非常頻繁。從北邊的札達爾搭巴士南下，車程約2.5~3小時，平均每小時1班車。巴士站過橋即達舊城區。

特羅吉爾街道圖

Alojzija Stepinca
巴士站
市集
聖羅倫斯大教堂
Katedrala Svetog Lovre
陸門 Kopnena Vrata
Blaža
特羅吉爾鎮博物館
Muzej grada Trogira
奇皮可宅邸
Palača Čipiko
市政府
Municipija
敞廊與鐘塔
Gradska Loža
聖尼古拉修道院
Samostan Sv Nikole
海門
Južna Vrata
卡梅爾倫哥城堡
Kaštel Kamerlengo
特羅吉爾水道
Trogirski Channel

圖例　●景點　●購物　●大樓　●巴士站
　　　　●教堂　●城堡　●博物館　●遊客中心

Čiovo島

巴士站
⌂Ul. kneza Trpimira 2, Trogir
巴士公司
🌐www.ak-split.hr、www.arriva.com.hr、cazmatrans.hr

如何到達─公車
　從斯普利特搭乘37號市區公車前往特羅吉爾，車程半小時，必須跟司機買「4區(4 Zone)」車票，單程€4。
🌐www.promet-split.hr

如何到達─渡輪
　夏季時（6~9月），Bura Line經營的渡輪往來斯普利特碼頭搭與特羅吉爾，下船後走過開合橋即抵達特羅吉爾舊城，每天4~6班次，船程約1小時，單程€7。
特羅吉爾碼頭
⌂Obala kralja Zvonimira, 21220, Trogir
Bura Line
🌐buraline.com

市區交通
　從巴士站步行5分鐘可抵達舊城區，特羅吉爾舊城區很小，步行可抵達各景點。

旅遊諮詢
◎**特羅吉爾遊客中心**
⌂Trg Ivana Pavla II. 1　▼平日8:00~20:00，週六9:00~14:00　休週日　☎885-628

MAP ▶ P.158B1

MOOK Choice

敞廊與鐘塔
Gradska Loža & Toranj gradskog sata/ Loggia & Clock Tower
技藝精湛的百年牆面浮雕

🚶從遊客中心步行約1分鐘　⌂Trg Ivana Pavla II

　敞廊與鐘塔位於若望保祿二世廣場、聖羅倫斯大教堂對面。14世紀的敞廊由6根有羅馬柱頭的石柱支撐屋頂，敞廊內側牆壁上有兩面浮雕，東牆的那面年代較古老，是尼古拉·佛羅倫斯(Nikola Firentinac)於1471年的作品，刻畫法官審判場景，當年此處是法庭所在地，法官座椅就位在浮雕下，原本浮雕上還有一隻威尼斯之獅，但在1930年克羅埃西亞反抗義大利侵略時被毀了。位於南牆的那面是梅什托維契於1950年代雕刻的Berislavić總督騎馬塑像。

　鐘塔就在敞廊的左邊，蛻變自文藝復興式的聖塞巴斯提安教堂(Church of St. Sebastian)，正面的聖塞巴斯提安雕像也是尼古拉·佛羅倫斯的作品。

MAP ▶ P.158B1

聖羅倫斯大教堂

MOOK Choice

Katedrala Svetog Lovre/
Cathedral of St. Lawrence

雕工繁複精緻的威尼斯式建築

🚶 從遊客中心步行約1分鐘 🏠 Trg Ivana Pavla II ⏰ 3月中~5月、9~10月：8:00~18:00(週日12:00起)；6月：週一至週六8:00~19:00，週日12:00~18:00；7~8月：週一至週六8:00~20:00，週日12:00~18:00；11月初：週一至週六8:00~16:30；11月中~3月中：週一至週六8:00~12:00；其他時間需預約 🚫 11~3月中的週日 ☎ 881-426 💰 €4

特羅吉爾的城市之光該是這座威尼斯式的聖羅倫斯大教堂，起建於1193年，透過多位藝術大師之手，歷經兩個世紀才建造完成。

47公尺高的威尼斯哥德式鐘樓是特羅吉爾的地標。教堂有一座挑高的中殿，左右側廊較低，中殿與側廊之間以8根柱子構成的拱廊分隔，三道長廊自西延伸到教堂東側，則是三座半圓壁龕組成的後堂。

教堂側邊有兩個入口，東側門的門楣上只有一隻威尼斯象徵的石獅子。西大門(鐘樓下方)則極其繁複，於1240年由達爾馬齊亞雕刻大師拉多凡(Radovan)所作，這是達爾馬齊亞地區仿羅馬式雕刻的最佳典範；門兩側的兩隻石獅子支撐著亞當、夏娃的裸體雕像，其餘在門柱、弦月窗上還可以看到一年12個月景物變換、聖經故事、耶穌誕生的雕刻。西大門左側有座洗禮堂，這是安德里亞阿萊西(Andrija Aleši)大師於1464年所創作。

走進教堂內部，13世紀的石造八角形講道壇、15世紀的木製合唱席、主祭壇上的華蓋及天使報喜雕刻等，都值得細賞。其中最精采的是教堂左側的「聖伊凡祭壇」(St.Ivan Chapel)，由15世紀雕刻大師尼古拉·佛羅倫斯(Nikola Firentinac)打造，被譽為達爾馬齊亞地區最美的文藝復興傑作，而尼古拉正是義大利文藝復興大師唐納泰羅(Donatello)的得意門生。聖伊凡的石棺就躺在祭壇正中央，他是特羅吉爾首位主教，環繞石棺的有12使徒雕像鑲嵌在12座貝殼狀壁龕，以及超過160個天使雕像。

此外，在教堂內祭衣及聖器收藏室(Sacristy)裡，則有聖傑羅姆和聖約翰受洗畫像(St. Jerome and John the Baptist)、象牙的三幅相連圖畫(Triptych)，以及中世紀的手寫稿文件。

MAP ▶ P.158B1B2

海門與陸門

Južna Vrata & Kopnena Vrata / Southern Gate & Land Gate

駐守南北的對外聯絡門戶

🚶 從遊客中心步行各約3分鐘可抵達

　　這兩座城門是特羅吉爾島對外聯絡的兩個重要門戶，陸門向北，海門向南。一般旅客都從陸門進入特羅吉爾，這是一座晚期文藝復興式的城門，重建於17世紀，以灰白粗石構成，這裡曾經有一座開合吊橋；拱門上立著一尊Sv. Ivan Trogirski雕像，祂是特羅吉爾的守護神，俯瞰著來來往往的行人。

　　海門不若陸門顯眼，建造於16世紀末，門的兩側有兩列以石塊砌成的石柱，造型非常特別。海門不遠處有一個魚市場，是一座由9根石柱支撐橘紅色屋頂的16世紀敞廊。

　　海門前就是特羅吉爾的海濱大道，夏日時分，海面、岸上擠滿成列的露天咖啡座、高級遊艇及觀光渡輪。

MAP ▶ P.158B1

奇皮可宅邸

Palača Čipiko / Cipiko Palace

充滿文藝復興風格的豪宅建築

🚶 從遊客中心步行約2分鐘可抵達　🏠 Radovanov trg 10

　　位於聖羅倫斯大教堂正門對面，原本是一座仿羅馬式建築，為特羅吉爾顯赫的奇皮可家族(Čipiko)所擁有，目前雖然沒開放參觀，但建築外觀仍值得細細品味。15世紀第一次翻修，時值早期文藝復興時期，由建築大師尼古拉·佛羅倫斯(Nikola Firentinac)操刀，增加文藝復興風格的南側大門和庭院，大門上方的雕像刻了一組拉丁文：NOSCETE IPSVM，意思是「認識你自己」。

　　後來，在17世紀進行第二次翻修時，東側增加一組巨大的哥德式窗，由三道雕刻得十分精緻的拱型窗所組成，是安德里亞阿萊西(Andrija Aleši)的作品。

MAP ▶ P.158A2

卡梅爾倫哥堡壘

Tvrđava Kamerlengo/
Fortress Kamerlengo

阻擋外敵入侵的面海城堡

🚶從遊客中心步行約7分鐘 🏠Obala Bana Berislavića ☎881-543 🕐9:00~21:00 💲全票€3.98，半票€2 🌐kula-kamerlengo-trogir.business.site

從海門出來右轉，順著海邊大道繼續向前走，遠遠就會看到這座宏偉的中世紀堡壘。1430年由威尼斯人建造，用來抵禦鄂圖曼土耳其的攻擊，也曾經作為威尼斯總督的住所。

城堡面海，高大的圍牆把三座高塔與堡壘串連起來，過去曾經與特羅吉爾的城牆及另一側的聖馬可塔(St. Mark's Tower)相連，爬上最高的塔可眺望舊城全景。夏天旅遊旺季時，城堡轉身成為露天電影院以及音樂會的表演舞台。

MAP ▶ P.158B1

特羅吉爾鎮博物館

Muzej grada Trogira/
Trogir Town Museum

認識城市歷史和聽故事

🚶從遊客中心步行約3分鐘可抵達 🏠Gradska vrata 4 ☎881-406 🕐6月和9月：週一至週六10:00~13:00、17:00~20:00；10~5月：平日10:00~14:00，7~8月：10:00~13:00、18:00~21:00 🚸6月和9月的週日、10~5月的週末 💲全票€4，半票€3 🌐muzejgradatrogira.blogspot.com

從陸門走進來不遠處，就看到這棟巴洛克式宅邸，裡面有5間展示室，從考古收藏、書籍、檔案、繪畫、古董、服飾到家具，種種展品都述說著特羅吉爾的歷史和故事。想進一步瞭解特羅吉爾，城市博物館可以是你探詢這座城市的第一站。

MAP ▶ P.158B2

聖尼古拉修道院

Samostan Sv Nikole/ Monastery of St. Nicholas

尋訪3世紀的大理石雕

🚶從遊客中心步行約3分鐘可抵達 🏠Gradska ul. 2 🕐6~9月：週一至週六10:00~12:00、16:00~18:00 💲€3.3 🌐benedicta.hr

從市政廳穿過巷弄往南走，可以看到這座15世紀的聖尼古拉修道院，建築在原本一座早期仿羅馬式建築的教堂之上。這座聖本篤修會的修道院珍藏了一塊令人炫目的3世紀橙色大理石雕，上面刻的是古希臘神祇中的機會之神－Kairos，此外，還有一些13~16世紀的繪畫和聖器。

順遊戰火後重生的莫斯塔爾 Mostar

📍P.11D5　🚗距離杜布羅夫尼克132公里，自行開車約2.5小時，搭乘長途巴士每日1~3班次，車程約3.5小時；從斯普利特出發約距離170公里，開車約2小時，搭乘巴士每日2~4班，車程約3.5~5小時。巴士站位於內雷特瓦河東岸的新城區，步行約15分鐘可抵達舊城

遊客中心

🏠Rade Bitange 5, Mostar　☎+387-36-580-275　🕐5~10月9:00~12:00　🌐www.turizam.mostar.ba、www.hercegovina.ba

碧綠色的內雷特瓦河（Neretva）蜿蜒穿越舊城區，石頭老橋跨越河面，在空中劃出優雅弧線，光禿裸露的岩石山脈環繞翠綠河谷，石頭房舍高高低低，像堆疊兩岸的彩色積木，小巧可愛。清真寺的圓頂和高塔佇立河畔，對岸天主教堂的十字架不甘示弱地朝更高的領空伸展，中世紀與伊斯蘭建築並存於石板道路上，餐廳中吃得到克羅埃西亞常見的燉牛肉和蔬菜捲，露天咖啡座人手一杯土耳其紅茶，天主教、東正教、伊斯蘭和猶太教在此和平共處。為了親眼見到畫作中才有的美景，也為了感受東西方世界錯雜的奇特氛圍，都值得在旅遊克羅埃西亞時，小小繞路順遊，更何況，進入波赫不需另外辦理簽證。

莫斯塔爾是波士尼亞·赫塞哥維納（Bosna i Hercegovina，以下簡稱波赫）西南方的城市，市區位於赫塞哥維納地區的地理中心。認識莫斯塔爾得從它複雜的身世談起，中世紀這裏屬於東羅馬帝國的領地，老橋旁的兩座塔是建於1440年代的防禦要塞，只是仍抵禦不了東方勢力的進攻，鄂圖曼土耳其自1468年開始統治莫斯塔爾，因附近蘊含礦產，且位置處於通往亞得里亞海的貿易中繼點，所以城市迅速發展，16~18世紀鄂圖曼建設到達巔峰，18世紀初市區就有24座清真寺，長時間受土耳其人統治，在飲食、文化與宗教留下深遠影響。

19世紀中後期鄂圖曼勢力逐漸衰退，1878年被奧匈帝國併吞，莫斯塔爾打開對歐洲的大門，基督教世界進入古城。一次世界大戰後歷經南斯拉夫王國、納粹

德國的魁儡政權，最後落入狄托領導的南斯拉夫社會主義手中，蘇聯解體後，巴爾幹半島上的各國紛紛脫離南斯拉夫，克羅埃西亞和波士尼亞人宣布獨立，塞爾維亞人卻堅決反對，引發將近四年的波赫戰爭（1992/4/6~1995/12/14）。這場戰爭造成約20萬人死亡，200萬人流離失所，莫斯塔爾則經歷了18個月的圍城，原本對抗的是南斯拉夫人民軍，後來演變成克羅埃西亞人和波士尼亞人的種族、宗教問題，老橋、伊斯蘭清真寺、天主教教堂等皆毀於無情的戰火。

迅速重建後，莫斯塔爾美得像童話中的純樸小鎮，走出遊人如織的舊城區，彈痕斑斑的廢棄大樓無聲控訴戰爭的殘酷，舊城區的戰爭博物館（Museum of War and Genocide Victims）則為這段傷痕留下珍貴的影像紀錄。

老橋Stari Most
🅰 P.162A

橫跨內雷特瓦河的石頭老橋是莫斯塔爾的經典地標，始建於1557年鄂圖曼時期，9年後才完工，長28.7公尺、高21公尺，寬4公尺，當時是全世界最寬的拱橋。

1993年波赫戰爭期間，老橋和伊斯蘭舊城區被克羅埃西亞人的勢力炸毀，1999年在聯合國和歐美國家的資金援助下，開始重建老橋和周圍建築，盡量使用古老的石造工法，2004年重新開放，翌年聯合國教科文組織正式將老橋和舊城列入世界文化遺產的保護行列。

老橋兩端各有一座石砌橋塔，分別是東岸的Helebija塔和西岸的Tara塔，莫斯塔爾的地名即來自於「守橋人(mostari)」這個詞。西岸橋頭有塊紀念石碑，刻著「Don't Forget '93」，提醒世世代代的波士尼亞人和世界各地的遊客，不要忘了戰爭的血腥與殘忍，珍惜得來不易的和平。

老橋還有一項自1664年開始、遠近馳名的傳統，每年7月舉辦跳水比賽，年輕人在群眾的歡呼中，從橋上一躍而下，象徵勇敢。現在除了比賽時間，也常有勇士站在橋邊表演，只要收了他認為足夠的賞金，隨時可以一躍而下。

科斯基穆罕默德-帕夏清真寺
Koski Mehmed-Pašina Džamija
🅰 P.162B　🏠 Mala Tepa 16　🕘 9:00~16:00　💲 清真寺€4、清真寺與喚拜塔套票€7

內雷特瓦河畔最顯眼的建築就是科斯基穆罕默德-帕夏清真寺。原本的清真寺建於1617年，可惜也毀於波赫戰爭，2001年獲得土耳其的資助重建，雖然從裡到外都是新的，內部裝飾依然仿照鄂圖曼時期的經典風格。爬上喚拜塔78層狹窄而陡峭的階梯，莫斯塔爾最美角度在眼前展開，高處俯瞰老橋和舊城，就像鄂圖曼時期旅行作家愛維亞·瑟勒比（Evlija Çelebija）在17世紀寫下的詠嘆：「橋從一個懸崖延伸至另一個懸崖，似空中的彩虹…」

土耳其浴場博物館Hamam Museum
🅰 P.162A　🏠 Ul.Rade Bitange bb　🕘 週二至週日10:00-18:00　🚫 週一　💲 全票€2

博物館就設立於一間鄂圖曼時期的土耳其浴場中，這也是莫斯塔爾唯一留下的土耳其浴場。內部保持浴場建築的結構，陳列土耳其浴前後會使用的物品，例如：刷身體的海綿、喝茶的用具、休息時包裹的浴巾，展示土耳其人的社交文化，若曾經到訪土耳其，可考慮不參觀。

布拉加Blagaj
🅰 P.11D5　🚗 距離莫斯塔爾約13公里，開車約20分鐘；或於莫斯塔爾巴士站搭乘10、11或12號公車前往，週間約0.5~1小時1班次，週末車次較少

特基雅修道院Tekija
🕘 8:30~20:30　💲 €5　🌐 www.medzlismostar.ba、www.tekijablagaj.ba

見到特基雅修道院的剎那，很少人不為那份神秘空靈著迷，純白修道院像似鑲嵌在240公尺高的垂直石壁下，碧綠色布納河(Buna)自山洞流出，成為東南歐喀斯特地形的源頭。

特基雅修道院位於莫斯塔爾南方的布拉加（Blagaj）小鎮，修道院建於鄂圖曼時期，時間已不可考，最早的文字紀錄出現在1664年Evlija Çelebija的遊記中。由於山壁岩石不斷崩落，數百年來已重建多次，即使如此，宗教上的重要性仍然讓苦修的穆斯林執意留下，至今都是蘇菲派修士的活動中心，每週在此集會誦經。

布納河此岸是心靈澄淨之所，彼岸卻是一整排餐廳，餐廳後有一條通往至高點的小徑，路的盡頭是最適合拍照的觀景平台。

布拉曲島

布拉曲島
Brač Island

文●林志恆　攝影●墨刻攝影組

布拉曲島是達爾馬齊亞中部地區最大、也是亞得里亞海第三大島嶼，島上最高峰Vidova Gora高778公尺，是所有克羅埃西亞島嶼海拔最高的地方。島嶼擁有典型的地中海式地理景觀，高大濃密的松林、長青的矮灌木叢、懸崖峭壁，一年有超過2700小時的日照，島民造酒、製橄欖油、生產無花果及杏仁。

真正讓這座島嶼揚名於世的，是喀斯特地理景觀和上等建築石材。石灰岩地質主宰了島嶼高低起伏的險峻地勢，高聳陡直的崖壁直逼海岸，經由海水萬年拍打侵蝕，無數的小峽谷、裂縫、洞穴、小海灣在海岸線交錯；如此多變複雜的喀斯特海岸地形，又有長達數公里的沙灘在崖壁下堆積、成長，造就了南岸波爾鎮Zlatni Rat海灘這個度假勝地。

儘管亞得里亞海沿線島嶼地質幾乎都同屬石灰岩，布拉曲島所蘊藏的石料材質卻無人能出其右，光是克羅埃西亞境內兩座世界遺產——斯普利特的戴克里先皇宮和旭本尼克的聖雅各大教堂，那銀白光亮的白石都是出自布拉曲島，這也意味著遠在羅馬時代，布拉曲島的採石業就非常發達。

此外，布拉曲島的白石還出現在匈牙利布達佩斯的國會大廈，而美國華盛頓白宮由雪白岩石構成的建築體，同樣來自布拉曲島的榮耀。

INFO

基本資訊
人口：13,931　**面積**：396平方公里
區碼：(0)21

如何到達—航空
　布拉曲島中央有一座機場（Brač Aerodrom），距離蘇沛塔30公里，距離波爾5公里，可由札格拉布直飛過來，但機場與城鎮間交通不便，必須搭乘計程車。
ⓤ www.airport-brac.hr

如何到達—渡輪
　從斯普利特搭渡輪抵達蘇沛塔，冬季每天約9班次，其他月份每天約12~14班次，航程約50分鐘，開車可直接登船；從斯普利特至波爾，每天約1班次，船程約1小時。此外也有航行於島嶼東邊港口Sumatin和本土Makarska之間的渡輪，但班次少，得花較長時間等待。
ⓤ www.jadrolinija.hr；www.krilo.hr

島上交通
　島上公共交通十分稀少，若時間充裕花時間等待倒無妨，自己開車搭渡輪過來仍是最便利方式。

旅遊諮詢
◎布拉曲島旅遊網站
ⓤ www.bracinfo.com　ⓤ www.visitbrac.com

住宿
　如果選擇民宿而且只住一晚，得有付出2、3倍價格卻找不到落腳地的心理準備，這是克羅埃西亞旺季時的普遍現象，但布拉曲島更嚴重，島民希望你一次就來住3天以上，而非1晚過個水就走，

Where to explore in Brač Island
賞遊布拉曲島

MAP ▶ P.10C5

蘇沛塔
Supetar

前往知名海灘的出入門戶

🔗 詳見P.164 INFO
蘇沛塔遊客中心
📍 Porat 1　📞 630-551　🌐 supetar.hr

多數遊客來到布拉曲島的主要目的地都是Zlatni Rat沙灘，然而由於蘇沛塔是主要出入門戶，旅館、餐廳、商店應運而生，自然而然也發展為一座觀光小鎮。

這裡港口繁忙，環繞港灣多數是奧地利式的房子，鎮上可看的景點不多，只有港灣西邊的巴洛克式天使報喜教堂(Church of the Annunciation)內部的畫可欣賞。沿著海岸向外走，東邊到達Splitska，西邊是Mirca，在這之間有許多適合游泳的小海灣。

MAP ▶ P.10C5

波爾
Bol

礫狀布拉曲白石沙灘人氣旺

🔗 從Supetar上岸後，碼頭有公車可達Bol，車程約1小時，或是搭乘Autotrans的巴士，沿途路況尚稱完好。Zlatni Rat海灘位於鎮上西邊2公里，旺季時有定期交通車
波爾遊客中心
📍 Porat Bolskih Pomoraca bb, Bol　📞 635-638　🌐 www.bol.hr

克羅埃西亞的主打景點之一，多數遊客大老遠跑來這座島，全是衝著Zlatni Rat沙灘而來。

波爾位於布拉曲島南方與世隔絕的海岸邊，也是布拉曲最古老的城鎮，也許是它的自然景觀太突出了，人們很容易遺忘小鎮裡的文化遺產(多米尼克修道院及悲憫聖母教堂)，而把目光全投向那道直直插入海中的Zlatni Rat沙灘，Zlatni Rat的意思是「金黃色的號角」，從崖壁上高空俯視，的確像一把號角；若從水面上看，又像是一道沒有雉堞的長城，綿遙向海中透迤伸去。有趣的是，海灘不是常見的細沙，而是礫狀的布拉曲特產白石，一顆顆銀白色石子被海浪磨得光滑晶瑩，隨著風向與潮汐變換，海灘又像神龍般隨之擺尾。

也因為Zlatni Rat海灘的關係，波爾旅遊業起步得很早，從1920年代就建立了旅遊交通系統。波爾也立下典範，雖大力發展觀光，卻一點也不損傷自然景觀，海灘距離旅館、城鎮聚集區還有2公里，之間被濃密的松林隔開。

除了最知名的Zlatni Rat，波爾附近還有許多小海灘，總共綿長15公里，構成克羅埃西亞水上極限運動的重要基地，衝浪、風浪板、潛水、拖曳傘、滑翔翼提供了游泳、作日光浴之外的多元選擇。

赫瓦爾島
Hvar Island

文·攝影●林志恆

赫瓦爾島曾被選為全球10大美麗島嶼，每年接受長達2742小時的日照，可以說居全國之冠。

　　赫瓦爾島原本是座森林之島，由於日照充足和氣候溫和，島民沿著石灰岩山谷開墾，種植葡萄樹和橄欖樹等地中海常見作物。不過真正能代表赫瓦爾島的，卻是滿山遍野的薰衣草。

　　赫瓦爾島的歷史可追溯到羅馬時代，羅馬人曾說過，玫瑰花的味道是心靈的香氣；薰衣草所散發的則是靈魂之香。島上的薰衣草是否為羅馬人留下來的，不得而知，也許是上帝眷顧，這裡的薰衣草長得特別好。1930年代開始，島上的薰衣草業迅速起飛，各種薰衣草精油、香皂、乳液、香包成為島民主要收入來源，並擊敗許多生產薰衣草的國家，被列為薰衣草的上品。

　　春末夏初是薰衣草收成的季節，此時造訪，空氣中隨處飄著薰衣草香。由於島上的薰衣草生產以家庭為單位，從薰衣草田到製成品規模都不大，如果期待能看到像法國普羅旺斯或日本北海道那樣排列整齊又一望無際的紫色薰衣草田，難免會有落差。

　　赫瓦爾島薰衣草田所呈現的是另一種野性美，具有歷史感的薰衣草長得足足有一人高，散落在高低起伏的鄉野、海岸間，紫色薰衣草被白色的石灰岩圈圍起來，黃昏時分，萬丈金光灑落下來，紫花、藍水、金光、綠島、白石、黑樹同時框在一個畫面裡，這就是薰衣草之島吸引遊客的神奇與夢幻。

赫瓦爾城街道圖

- 赫瓦爾堡壘 Hvar Fortress
- 聖史蒂芬廣場與大教堂 Trg Katedrala Svetog Stjepana
- Hotel Amfora｜Hotel Pharos
- 遊客中心
- 軍械庫 Arsenal
- 渡輪碼頭
- 赫瓦爾港 Hvar Harbour
- Galešnik
- Setnica
- Setnica

圖例：●景點 Ⓗ飯店 圌城堡 ●廣場 圌輪船 ⓘ遊客中心

N

INFO

基本資訊

人口：10,739　面積：297.37平方公里
區碼：(0)21

如何到達—渡輪

　　Jadrolinija和Kapetan Luka都有經營杜布羅夫尼克－赫瓦爾航線，航程約3~3.5小時，6~9月每天1班，冬季不營運；Jadrolinija和Krilo Shipping 經營斯普利特的航線，夏季班次頻繁，冬季也有1~2班次。停靠赫瓦爾城的渡輪通常不能搭載汽車，若要開車前往，可搭渡輪至史塔利·格拉德(Stari Grad)，每天3~7航班。此外，赫瓦爾島另一端的小鎮蘇秋拉(Sućuraj)和本土的Drvenik港有渡輪往返，每天6~11航班。
🌐www.jadrolinija.hr、www.krilo.hr

市區交通

　　Čazmatrans公車每天行駛於史塔利·格拉德和渡輪碼頭、赫瓦爾城、耶莎之間。詳細時刻表請上網查詢。
🌐cazmatrans.hr

MAP ▶ P.10C5

赫瓦爾城
Grad Hvar/Hvar Town
展現威尼斯風格的島嶼古城

🚢搭渡輪可在赫瓦爾港碼頭上岸，步行5分鐘可抵達遊客中心。如果在史塔利．格拉德上岸，碼頭(Trajekt)有公車開往赫瓦爾城，路程約18公里，公車時刻會配合船靠岸的時間

赫瓦爾城遊客中心

🏠Trg sv. Stjepana 42 🕐6~9月：9:00~21:00；10~5月：平日9:00~16:00 🚫10~5月的週末 ☎741-059 🌐visithvar.hr

赫瓦爾城是島上最繁忙的城鎮，旺季時，一天甚至可以擠進3萬人。還沒進入赫瓦爾城，遠遠就看見幾道城牆盤據在松林覆蓋的山頭上，很容易把初來乍到的遊客立即拉進它悠久的歷史。

城牆和堡壘建於13世紀，而14、15世紀威尼斯統治期間更留下精湛的石雕及建築技術，不過1571年全城毀於鄂圖曼土耳其，除了城牆之外，目前所看到的建築都是在這之後重建的。漫步在港邊大道，整座城市不僅呈現威尼斯風格，建築雕飾也特別華麗。

城鎮的精華環繞在深凹的港灣周邊。沿著碼頭水岸，小販一攤接著一攤，全是販售乾燥的薰衣草花穗、薰衣草精油、薰衣草蜂蜜等特產。遊艇碼頭邊則是整排水岸咖啡座和餐廳，遊艇上的船家就在碼頭邊搭起炊具，不時傳來陣陣烤魚的香氣。城內有不少旅館，打算在此住宿的人，可到遊客中心詢問或上網查詢。

聖史蒂芬廣場與大教堂
Trg & Katedrala Svetog Stjepana

🚶P.166B1 🚶從遊客中心步行約3分鐘可抵達 🏠Trg Sv. Stjepana

面對聖史蒂芬廣場的教堂擁有一座四層樓鐘塔，建於16、17世紀，取代先前被土耳其人摧毀的教堂，是達爾馬齊亞文藝復興顛峰時期的建築。不妨注意看看教堂正門的那對厚重銅門，上面的雕刻非常現代，那是1990年代才加上去的，其中一幅聖母子圖旁邊圍繞著許多星星，表達著克羅埃西亞對於加入歐盟的渴望。

至於教堂前的聖史蒂芬廣場是填海興建的，達4500平方公尺，面積之大，在達爾馬齊亞地區數一數二。

軍械庫與文藝復興劇院
Arsenal & Renaissance Theatre

🚶 P.166B1 　🚌 從遊客中心步行約2分鐘可抵達　🏠 Kroz Burak 2
🕐 9:00~13:00（夏季加開15:00~21:00）　💰 全票€7，半票€3.5，
若遇展演，票價會不同；另有古蹟聯票可選擇全票€15，半票€7.5

廣場南邊有一座17世紀的軍械庫，也是取代被土耳其人摧毀的建築，在威尼斯的一份文件中它曾被形容為「全達爾馬齊亞地區最美麗和最有用的建築」，如今這個直徑10公尺寬拱門的空間裡，是藝品商店和現代藝術藝廊。

在軍械庫樓上是一座文藝復興式劇院，據說這是全歐洲首座同時開放給平民和貴族使用的劇院。幾個世紀以來，一直是島上的藝文活動中心。

赫瓦爾堡壘Fortica Španjola Hvar

🚶 P.166B1 　🚌 從遊客中心步行約15分鐘可抵達　🕐 4~10月
8:00~21:00　💲 全票€10，半票€5；另有古蹟聯票可選擇全票€15，半票€7.5

從聖史蒂芬廣場西北方的主城門往上走，穿過小徑、屋舍繼續向上爬，依照指示來到盤據山崖上的城牆堡壘，這也是威尼斯人用來阻擋土耳其人侵略的防禦工事，起建於13世紀，經過好幾個世代的修築。1571年土耳其人來犯時，村民幾乎都躲到堡壘避難。從這裡可以飽覽整座美麗的赫瓦爾海灣。

MAP ▶ P.10C5

史塔利·格拉德
Stari Grad

群山環繞的寧靜古老小鎮

🚢 從斯普利特搭渡輪抵達史塔利·格拉德，10~5月每天3航班，6~9月每天7航班。再從碼頭(Trajekt)搭公車前往鎮中心，巴士會配合渡輪靠岸時間
史塔利·格拉德遊客中心
🏠 Obala dr Franje Tuđmana 1　☎ 765-763　🌐 www.visit-stari-grad.com

比赫瓦爾城還古老的小鎮，坐落在赫瓦爾島的西北側港灣裡，儘管建築不如赫瓦爾城來得華麗，聚集的遊客較為稀落，也因為如此，反而提供較多「呼吸的空間」。站在港口岸邊，眼前是小艇停泊在平靜無波的港灣，精緻小巧的屋舍緊挨水面，屋舍之後，青翠群山環抱，視線清澈沒有任何雜質。

事實上，Stari Grad的渡輪碼頭還在2公里之外，從Stari Grad碼頭上了岸，就有公車直達赫瓦爾鎮，真正的史塔利·格拉德鎮往往會被遊客忽略。如果開車過來，可以在港邊享受片刻寧靜及乾淨的畫面。

MAP ▶ P.10C5

耶莎與蘇秋拉

Jelsa & Sućuraj

清幽小鎮和驚險壯麗的海岸

🚌 從赫瓦爾城或史塔利,格拉德搭公車可抵達耶莎。從耶莎有公車前往蘇秋拉,僅週一、五各有1班車;從蘇秋拉往耶莎,僅週一、五各有2班車

耶莎遊客中心

🏠 Trg Tome Gamulina 1　📞 761-017　🌐 visitjelsa.hr

耶莎位於這座狹長島嶼的中心,在赫瓦爾城東邊27公里,是一座被高山包圍的海灣,到處是濃密松林和白楊木,儘管這裡沒有赫瓦爾城那些美麗的文藝復興建築,不過少了遊客摩肩擦踵,住宿相對便宜,鄰近還有宜人的小海灘,因此逐漸成為遊客落腳島上的第二個選擇。

從周邊高山一路蜿蜒向下開進耶莎,舊城被包圍在一座大海灣裡,海灣兩側有幾座大型旅館,城區緊臨港口,碼頭邊呈現水晶般的透藍。港邊步道一路從西延伸到東,越過東部盡頭的小山丘,有一座沙岸小海灣。

蘇秋拉位於赫瓦爾島的極東,與赫瓦爾城遙遙相望,兩地相距60公里,然而不僅路途遙遙,路況更是曲曲折折,有些路段僅容一輛車身寬度通行,公路下就是萬丈斷崖,對駕駛來說是心理上的一大挑戰。60公里距離,2、3個小時的車程,儘管驚險,卻也有美麗的代價,從公路懸崖向下望,綠色山脈就像裙襬一樣,層層插入湛藍海水,世界上再也難找到如此令人驚豔的海岸。

從蘇秋拉到本土的Drvenik,渡輪航程極短,僅僅30分鐘即可到達彼岸。

169

世紀遺產史塔利‧格拉德平原 Stari Grad Plain
whc.unesco.org/en/list/1240

2008年之後，史塔利‧格拉德有了不一樣的身分，從城區東郊算起，一大片史塔利‧格拉德平原的古老農地，被聯合國教科文組織指定為世界文化遺產。打從西元前4世紀之前，來自帕洛斯島(Paros)的古希臘人在這裡建立殖民地並開墾農地以來，這塊土地上的農業景觀至今幾乎與昔日無異。這些仍舊種植農作物的古老農地以葡萄、橄欖樹和薰衣草為主，依然欣欣向榮，這一切，都得歸功於超過2400年歷史的古老石牆。

以石牆為界切割出的幾何形耕地，連同石砌小屋和集水系統等建設，成為解說古希臘農業系統的最佳範例，它們整體構成的文化景觀留下了極其重要的價值。

行走在這些古老石牆間，可以輕易的辨認出橄欖樹、葡萄和薰衣草。在兩千多年前，希臘人來到赫瓦爾之前，野生的橄欖樹便已存在，至今仍能看到蒼勁的千歲橄欖樹依然挺立。在古希臘文明中，橄欖油與希臘文化密不可分，橄欖除了可食用之外，壓榨出來的橄欖油還可以製成肥皂、精油、入藥和燈油，這些傳統古老用法廣泛使用，流傳至今。在史塔利‧格拉德平原的農田裡，還挖掘出3世紀用來壓榨橄欖油的石磨。

第二古老的作物則為葡萄，赫瓦爾島上共有三種原生種葡萄，其中plavac mali可釀出頂級的達爾馬齊亞紅酒；bogdanuša和prič則是釀白酒的原料；稀少而黝黑的drnekuša過去評價極高，可生產出著名的沙漠酒——雪利酒(sherry)。

薰衣草則是20世紀20年代開始發展，取代被廢棄的葡萄園，沒想到赫瓦爾島強烈的陽光非常適合薰衣草生長，香味更是濃郁，因而贏得薰衣草之島的美譽。赫瓦爾島遍野的薰衣草、迷迭香等香草植物，也使得有香花味道的蜂蜜成了此島的另一項招牌。

達爾馬齊亞南部
Southern Dalmatia

達爾馬齊亞南部地區擁有一座世界級明星──杜布羅夫尼克古城，不少人千里迢迢，就為了一睹杜布羅夫尼克的風采，更多人的「克羅埃西亞經驗」，僅僅獻給了杜布羅夫尼克。除了古城之外，杜布羅夫尼克北方的佩萊沙茲半島及南邊的卡夫塔特，讓你可以遠離人群，悠閒享受美麗海岸風光。在杜布羅夫尼克外海，更有馬可波羅的故鄉科楚拉島，海灘和古城同樣迷人。

杜布羅夫尼克
及其周邊 ●

杜布羅夫尼克及其周邊
Dubrovnik & Around Area

文●李曉萍・林志恆　攝影●周治平・林志恆

一般人提到杜布羅夫尼克，指的是那座突出於海面上的古老城堡，這也是克羅埃西亞最受歡迎的世界遺產城市。

杜布羅夫尼克老城坐落在達爾馬齊亞海岸南端的一塊石灰岩脊上，從高處俯瞰，強大厚實的米白色城牆包圍著斑駁紅色磚瓦，清澈湛藍的亞得里亞海三面環抱，彷彿一片落在海面上的巨大貝殼。

這裡曾經是繁華的地中海貿易中心，海權力量僅次於威尼斯。儘管1667年經歷一場毀滅性大地震，近代又爆發克羅埃西亞與塞爾維亞人之間的武力衝突，杜布羅夫尼克仍然把古老遺產完整地保存下來，贏得了「斯拉夫的雅典」稱號。

杜布羅夫尼克的歷史可以追溯到7世紀，其間經過拜占庭、威尼斯、匈牙利的統治，1358年，一個自治的「拉古沙共和城邦」(The republic of Ragusa)誕生，杜布羅夫尼克以拉古沙(Ragusa)之名馳騁於地中海，一度成為地中海第三強權。15、16世紀時，拉古沙的商船艦隊超過500艘，隨著歐洲地理大發現紀元開啟，杜布羅夫尼克富甲一方；接著歐洲文藝復興運動興起，藝術、建築、文學、科學發展達到顛峰，是杜布羅夫尼克的黃金年代。

1667年的大地震毀去了城中大半建築，幸好根基雄厚的杜布羅夫尼克迅速從災難中站起來，富麗堂皇的巴洛克式建築就是明證。到了18世紀末，商船增加到673艘，與拉古沙締結邦交的城市超過80個。直到1808年，拿破崙攻破堡壘，解散城邦，「拉古沙」時代告終。

近代史上，杜布羅夫尼克面臨最殘酷的考驗就是克羅埃西亞獨立之初，1991年秋天到1992年5月期間，杜布羅夫尼克遭受塞爾維亞軍隊重砲轟擊，超過2000顆炸彈及導彈落在城裡，許多象徵性的文化遺產嚴重受損，觀光產業一蹶不振，1995年在聯合國教科文組織和歐盟協助重建下，杜布羅夫尼克逐漸走出戰火陰影，近年來極受歡迎的美國影集《冰與火之歌：權力遊戲》選擇古城作為影片中君臨城的取景地點，吸引大批遊客和影迷前來朝聖，再度展現黃金年代的榮耀。

INFO

基本資訊

人口：41,562
面積：21.35平方公里
區域號碼：(0)20

如何到達一航空

杜布羅夫尼克國際機場（Zračna luka Dubrovnik，機場代碼DBV）位於城外東南方17公里處，連接歐洲各大城市及首都札格拉布，許多遊客來到克羅埃西亞甚至會略過首都，直奔這個南方城市，而德國法蘭克福和慕尼黑、義大利羅馬、法國巴黎、荷蘭阿姆斯特丹都有直飛杜布羅夫尼克的航班。
🏠Dobrota 24, 20213, Čilipi　☎773-100
🌐www.airport-dubrovnik.hr

◎機場巴士Airport Shuttle

搭乘Platanus機場巴士前往市區，會先後停靠在舊城的Pile gate站和位於Gruž的巴士總站，票價單程€9，來回€12，可在機場Platanus travel agency櫃檯購買或上車向司機買票。巴士發車時間會配合飛機起降航班，於飛機降落後30分鐘發車。詳細班次請上網查詢。
🌐www.platanus.hr/shuttle-bus.html

◎巴士Public Bus

從機場搭Libertas公共巴士11、27、38號前往舊城，車程半小時，平日約11班車，週六約8班次，週日停駛，票價約€4~5。
🌐www.libertasdubrovnik.hr

◎計程車

從機場搭計程車到市區，依目的地遠近費用約€40~50，機場航廈B的計程車櫃檯有明列價目表，也可上車前先向司機確認好價格。

如何到達一巴士

前往杜布羅夫尼克的國內長途巴士班次頻繁，但夏季經常客滿，最好事先預訂。從斯普利特出發，車程4~4.5小時，每天約7~14班車；從札格拉布出發約8.5~10.5小時，每天約6~9班車；從札達爾出發，車程7~8.5小時，每天3~9班車。

需注意的是，若搭乘巴士行駛於斯普利特和杜布羅夫尼克之間，會經過一段「波士尼亞」的領土，記得隨身攜帶護照，以備查驗。

國際線也有巴士直通波士尼亞Mostar，車程3.5~4.5小時，每天2~6班車；到蒙特內哥羅Kotor，

杜布羅夫尼克區域圖

車程2.5小時，每天4~5班車，詳細班次請上網查詢。
🏠Obala Ivana Pavla II（Gruž區海灣旁）
☎60-305-070
🌐www.autobusni-kolodvor-dubrovnik.com/en

如何到達一渡輪

從斯普利特、里耶卡、赫瓦爾島(史塔利‧格拉德)、布拉曲島和科楚拉島，都可搭乘渡輪抵達杜布羅夫尼克的Gruž港口。國際線遊輪可通往義大利南部的巴里(Bari)。
🏠Stjepana Radića 40
☎418-000
🌐www.jadrolinija.hr

如何到達一開車

如果開車進市區，找停車位得費一番功夫，尤其舊城周邊巷弄狹窄、多單行道，很難找到路邊車位，收費停車場依照遠近每小時收取不同費用。若杜布羅夫尼克是行程的終點站，建議先還車再逛舊城，機場或Gruž港口可找到租車公司的櫃檯。

市區交通

舊城區不大，步行可前往各景點。

◎公車Local Public Bus

舊城與新城之間可搭乘地區性公車，夏季時，公車會營業到凌晨1點。

從長途巴士站前往舊城，可搭乘1A、1B、3、8號公車，前往Lapad可搭7號公車。從舊城的皮勒城門(Pile gate)可搭6、9號公車前往Lapad。在售票亭購票€1.73，車上購票€1.99，24小時巴士卡€5.31。
🌐www.libertasdubrovnik.hr

◎計程車Taxi

計程車招呼站前幾乎都有車子排班，從Gruž巴士總站或港口搭計程車到舊城，費用約€10~13，若有攜帶行李可能會加收費用。

旅遊諮詢

◎杜布羅夫尼克遊客服務中心

杜布羅夫尼克旅遊局在市區設有多個遊客服務中心，可以幫旅客解答基本問題、協助尋找民宿和兌換貨幣。

🌐 www.tzdubrovnik.hr

◎舊城Pile

🏠 Brsalje 5(皮勒城門外)

📞 312-011

🕐 週一至週六8:00~19:00，週日10:00~16:00

◎Gruž

🏠 Obala Ivana Pavla II, br.1

📞 417-983

🕐 週一至週六8:00~14:00

🚫 週日

◎Lapad

🏠 Masarykov put 3, Dvori Lapad

📞 437-460

🕐 平日9:00~16:00，週六9:00~14:00

🚫 週日

住宿

大部分的旅館和民宿位於新城及外圍山坡上，舊城裡也有不少民宿，但是舊城裡不能行車，到處是高高低低的階梯，一般旅客可得考慮行李的搬運是否方便。

城市節慶

每年7月10日到8月25日的「夏日節慶Dubrovnik Summer Festival」是杜布羅夫尼克的高潮，大大小小各種音樂、舞蹈、話劇等表演活動，以舊城的廣場、教堂、宅邸、城牆為舞台，上演一齣齣長達一個多月的好戲，雖然此時遊客最擁擠，但相對更能感受到舊城散發的新生命力。

行程建議

杜布羅夫尼克的新城區包括Lapad和Gruz，環抱著繁忙的大海港，結合了住宅及商業活動，但所有精采景點全數集中在舊城，可以選擇住在新城，再搭車前往舊城。舊城的景點一日之內就可逛完，但若能花2~3天從容欣賞它深厚的文化底蘊，最為理想，特別是穿梭在狹小巷弄間，順著階梯上下漫步，更能感受景點之外散發出的魅力。

杜布羅夫尼克通行票Dubrovnik Pass

基本上，只要你想爬上城牆，買一張杜布羅夫尼克通行票一定值得！因為1日票的價格等同於城牆門票。

杜布羅夫尼克通行票分為1、3、7日三種，持1日票可免費參訪包含城牆、行政長官官邸、海事博物館等9個景點，持3日票和7日票可免費觀賞10個景點和卡夫塔特(Cavtat)的1間藝術館，此外，隨票附贈一張Bus Card，可免費搭乘公車，還能享有部分餐廳和商店的折扣優惠。

🏠 遊客中心、舊城內主要博物館或是新城各大飯店購買 💰 官網訂購可享9折優惠，1日票€35、3日票€45、7日票€55 🌐 www.dubrovnikpass.com

Where to explore in Dubrovnik & Around Area
賞遊杜布羅夫尼克及其周邊

舊城區Old City

MAP ▶ 皮勒城門P.176①、普洛查城門P.177②

皮勒城門與普洛查城門

Gradska Vrata Pile & Vrata od Ploča/
Pile Gate & Ploča Gate

守護舊城的出入門戶

　這兩座城門是杜布羅夫尼克舊城的主要出入口，遊客通常以西邊的皮勒城門作為舊城之旅的起點。

　皮勒城門的外觀是文藝復興式拱門，建於1537年，城門上有一尊杜布羅夫尼克最古老的雕像聖布萊斯(St. Blaise)，他是這座城市的守護神。但是內城門建造時代更早了1個世紀，屬於哥德式風格，注意看那尊聖布雷瑟雕像，出自雕塑家梅什托維契(Meštrović)的手筆。在以往年代，城門的開合橋會在每天傍晚收起來，城門關閉，鑰匙交由王子掌管。

　普洛查城門在城的另外一邊，面對一座小碼頭，外觀與皮勒城門相似，位於勒維林(Revelin)堡壘下方，堡壘建造於1580年，城門與堡壘之間有一條護城河隔開。

舊城區Old City

MAP ▶ 大水池P.176⑥、小水池177⑦

歐諾弗利歐水池

Onofrijeva Fontana/Onofrios Fountain

散步在舊城街道中的清涼風景

🚶 從皮勒城門步行約3分鐘可抵達　📍 位於Stradún大道兩端

　從皮勒城門一進城，就可以看見大歐諾弗利歐水池，許多遊客走累了，總喜歡在此接引清涼的泉水飲用，順道坐在水池畔休息片刻。

　它是杜布羅夫尼克城地標之一，建於1438年，由那不勒斯水利工程師歐諾弗利歐(Onofrio)設計，他同時打造了早期城內主要的供水系統，水引自12公里外的Dubrovačka河。最初的水池有兩層，上頭裝飾著許多雕刻，但毀於1667年的大地震，如今只剩下16個出水口面具雕刻。

　在史特拉敦大道(Stradún)另一端盡頭，還有一座小歐諾弗利歐水池，屬於同個供水系統，主要供水給羅日(Luža)廣場上的市集，經常有鴿子飛來這裡飲水、順便洗澡。

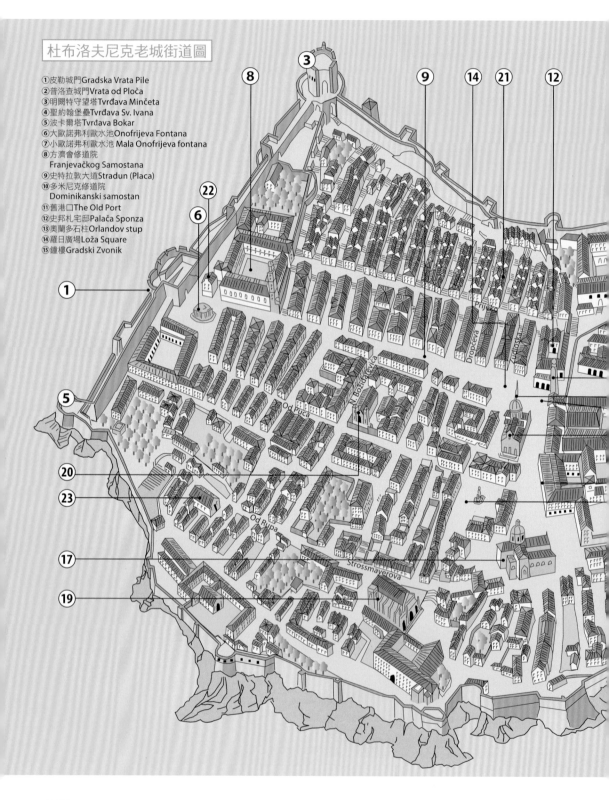

杜布洛夫尼克老城街道圖

①皮勒城門Gradska Vrata Pile
②普洛查城門Vrata od Ploča
③明闕特守望塔Tvrđava Minčeta
④聖約翰堡壘Tvrđava Sv. Ivana
⑤波卡爾塔Tvrđava Bokar
⑥大歐諾弗利歐水池Onofrijeva Fontana
⑦小歐諾弗利歐水池 Mala Onofrijeva fontana
⑧方濟會修道院
　Franjevačkog Samostana
⑨史特拉敦大道Stradun (Placa)
⑩多米尼克修道院
　Dominikanski samostan
⑪舊港口The Old Port
⑫史邦札宅邸Palača Sponza
⑬奧蘭多石柱Orlandov stup
⑭羅日廣場Loža Square
⑮鐘樓Gradski Zvonik

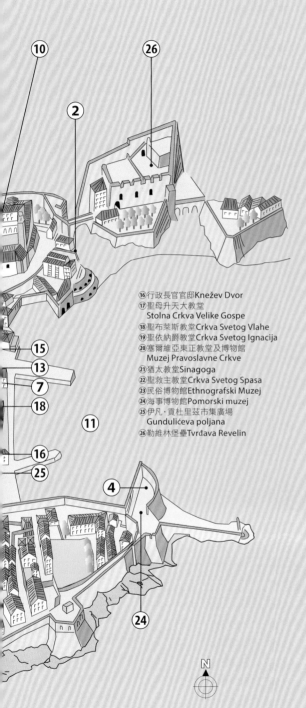

⑯行政長官官邸Knežev Dvor
⑰聖母升天大教堂
　Stolna Crkva Velike Gospe
⑱聖布萊斯教堂Crkva Svetog Vlahe
⑲聖依納爵教堂Crkva Svetog Ignacija
⑳塞爾維亞東正教堂及博物館
　Muzej Pravoslavne Crkve
㉑猶太教堂Sinagoga
㉒聖救主教堂Crkva Svetog Spasa
㉓民俗博物館Ethnografski Muzej
㉔海事博物館Pomorski muzej
㉕伊凡．貢杜里茲市集廣場
　Gundulićeva poljana
㉖勒維林堡壘Tvrđava Revelin

N

舊城區Old City

MAP ▶ P.176,177

MOOK Choice

城牆

Gradske Zidine/City Walls

攀登城牆俯瞰老城山海美景

攀登城牆共有3個入口，一在皮勒城門，一在多米尼克修道院附近，另一在海事博物館附近　4~6月：10:00~17:00；7月：8:00~19:30；8月：8:00~19:00；9月：8:00~18:30(9月下旬至18:00)；10月：8:00~17:30；11~3月：9:00~15:00　全票€35，半票€15，門票含城外的聖羅倫斯堡壘　www.wallsofdubrovnik.com　持杜布羅夫尼克通行票免費

　儘管攀登城牆的費用高得令人咋舌，卻是來到杜布羅夫尼克老城一定得付出的，絕對值回票價。它不僅是杜布羅夫尼克的精神象徵，登城覽景，更能把整座老城建築、遠山、近海、島嶼、遊艇、走動的人群，全數盡收眼底。

　現在的城牆結構確立於1453年到1667年大地震之間，這段時間也被稱為「杜布羅夫尼克的黃金時代the Golden Age of Dubrovnik」，之後隨著不同時代面對不同敵人，城牆不斷加寬、加高，直到今天依然穩穩屹立。圍牆加上堡壘的總長度將近2公里，有些地方高達25公尺；在面對陸地的方向，城牆甚至厚達6公尺，至於面海方向，因為有天然屏障，城牆厚度則在1.5到3公尺之間。

　全長2公里的路程，一路上隨著城牆高高低低爬上爬下，每一個轉彎、每一個眺望點所呈現的完美畫面，都造成視覺上的強烈衝擊。由於夏天炎熱，全程沒有遮蔽物，最好選擇黃昏時攀登，此時有最美的光線，氣溫也最舒適。

舊城區Old City

MAP ▶ P.176,177

明闕特守望塔與
聖約翰堡壘

MOOK Choice

Tvrđava Minčeta& Tvrđava Sv. Ivana /
Minčeta Tower & St. John Fortress

登上城牆必訪的防禦高塔與堡壘

🔺 明闕特P.176③，波卡爾P.176⑤，聖約翰P.177④ 🔹從皮勒城門登入口沿城牆步行5~10分鐘可分別前往明闕特塔和波卡爾塔，走到聖約翰堡壘約15分鐘。

環繞城牆的半圓形堡壘共有十餘座，隨著不同時代興建，各有不同的功能和形狀，其中最知名的就是明闕特守望塔、聖約翰堡壘(Tvrđava Sv. Ivana)與波卡爾塔(Bokar Tower)。

明闕特守望塔造型宛如西洋棋子扼守整座城的制高點，是遊客爬上城牆後必訪之處。建築本身於1453年由佛羅倫斯建築師麥可羅佐(Michelozzo，1396~1472)設計，並由建築師尤拉‧達爾馬齊亞(Juraj Dalmatinac，旭本尼克大教堂的建造者)接續完成。塔身一度充作儲水用水塔，並以貴族明闕特(Minčeta)家族命名。

爬上塔頂，這裡有俯瞰整座杜布羅夫尼克城的最好角度，前景是老城的紅磚瓦，幾座教堂、尖塔凸出磚瓦之上；視線向外延伸，聖約翰堡壘環抱著海港，幾艘船舶在水上擺盪；最後蒼翠蓊鬱的洛克盧姆島(Lokrum)挺立在亞得里亞海上，遊艇划出一道道水痕，呢喃燕群空中盤旋起舞。

聖約翰堡壘完成於1557年，立於海岸邊，用來防禦一旁的港灣；堡壘上層有一座「海事博物館」，陳列著杜布羅夫尼克航海時代的歷史及各種船隻模型。波卡爾塔與明闕特守望塔遙遙相對，主要作用是保護皮勒城門。

隔著小海灣，城外還有一座杜布羅夫尼克最古老的堡壘——聖羅倫斯堡壘(Tvrđava Lovrijenac)，目前為夏季音樂會的頂級表演場地，從這裡轉頭回望舊城牆的視角也令人印象深刻。

方濟會修道院

MOOK Choice

Franjevačkog Samostana/ Franciscan Monastery

迴廊間的中世紀老藥房

🚶 從皮勒城門步行約5分鐘可抵達 🏠 Placa 2 🕐 夏季9:00~18:00，冬季9:00~14:00 ☎321-410 💲博物館全票€6，半票€3 ✈malabraca.wixsite.com/pharmacy-museum ❗持杜布羅夫尼克通行票免費

從皮勒城門走進來，就會在左手邊看到方濟會修道院，總共包含了方濟會教堂、中庭迴廊、一座博物館及藥房。

教堂起初是介於仿羅馬和哥德的建築風格，但經過不斷翻修整建，除了大門上的聖殤像(Pietá)及鐘樓(銅頂是新增的)還保留了15世紀早期哥德式外，1667年大地震後，整座教堂已被巴洛克風格所取代。

教堂內部就是全然的巴洛克風格了，矩形的大會堂飾著一座座雕琢的祭壇。教堂北側通往中庭迴廊環繞的庭院，彷彿一座小型綠洲，迴廊建於1360年，屬於當時亞得里亞海岸發展出來的晚期仿羅馬式風格，共60根八角形柱子，其柱頭裝飾著奇形怪狀的人頭、魔鬼、鳥、獸等圖案。

好運貓頭鷹

修道院的外牆有一塊突出小石像，造型是貓頭鷹的頭，頭頂呈現平滑的斜面，這是以前教堂屋頂的排水孔。根據當地傳說，只要能站在石像上成功脫掉一件衣服（也有一說是要站上去支撐5分鐘），就會帶來好運，由於總是有許多挑戰者排隊嘗試，上方的牆壁已經被摩擦出一塊不同於其他牆面的顏色。

中庭迴廊的一邊會看到一間全歐洲第三古老、至今還在販售藥品的藥房，這間藥房從1317年開始營業(可能也是歐洲第一間賣藥給平民的藥房)，至今依然門庭若市，擺放著各式藥品，還有藥劑師細心為民眾調配藥方，因為訴求純天然草藥保養，販售的化妝水和乳液受到遊客歡迎；另一邊則是修道院附設的博物館，除了維持中世紀時的藥房擺設，還收藏了藥學書、教堂聖物、聖骨、聖畫、聖杯和黃金珠寶。在博物館後方，1990年代戰爭時落下的砲彈至今仍然保留著。

史特拉敦大道

MOOK Choice

Placa /Stradun

杜布羅夫尼克的香榭麗舍大道

🚶進入皮勒城門即抵達

　　這條東西向大道貫穿兩邊城門，把整座古城一分為二。杜布羅夫尼克城原本是一座島嶼，史特拉敦大道所在的地方就是隔開島嶼和陸地的水道，1468年填平水道並鋪上路面。1667年大地震過後，兩旁櫛比鱗次的巴洛克式石屋制式地蓋起來，一樣的高度、一樣的立面，形成這條熙來攘往的主動脈。

　　大道的官方名稱是Placa，長292公尺，至於「史特拉敦」名稱的由來，是一位米蘭籍軍官第一眼瞥見這條路，不禁用義大利文發出讚嘆：「Che stradone!」意思是「多麼大的一條街道」。

　　這條石板路面原本鋪的是紅磚，1901年改成今天所見的大理石路面，經過一個多世紀人來人往的踩踏，早已被磨得光亮無比。旺季時，大道兩旁的露天咖啡座總是座無虛席。

多米尼克修道院

Dominikanskog Samostana /
Dominican Monastery

觀賞文藝復興式中庭迴廊之美

🚶從皮勒城門步行約8分鐘可抵達　🏠Svetog Dominika 4　⏰夏季9:00~18:00，冬季9:00~17:00　☎322-200　💲博物館全票€5.4，半票€2.65

　　多米尼克修道院是方濟會修道院之外，另一座結合了仿羅馬、哥德及文藝復興的複合式建築，只是因為和城牆一起興建的關係，光禿禿不起眼的外表更像是堡壘而不像宗教性建築，不過以建築規模而言，它是亞得里亞海東部地區最大的哥德式建築之一。

　　整座修道院建築群最具看性的還是內部的中庭迴廊，是杜布羅夫尼克城裡最早的文藝復興式建築範例，建於1453到1483年之間。

　　目前多米尼克修道院博物館裡收藏了15、16世紀、所謂「杜布羅夫尼克學派」的畫作，最出名的就是守護神聖布萊斯手持杜布羅夫尼克城堡模型的畫像。

　　修道院教堂裡，在右邊祭壇有一幅《聖多米尼克的奇蹟》，那是杜布羅夫尼克著名寫實派畫家布萊斯·布可瓦茲(Vlaho Bukovac)於19世紀末的畫作。

舊城區Old City
MAP ▶ P.177⑪

舊港口

Stara Luka/Old Port

繁華落盡後的寧靜小碼頭

🚶 從皮勒城門步行約10分鐘可抵達

舊港口所在的海灣，一邊是半圓形的聖約翰堡壘挺立在海面上，一邊是聖路克(St. Luke)堡壘，過往檣帆雲集的光彩已不復見，只有遊艇、漁舟悠悠進出港灣的寧靜畫面。

在拉古沙(Ragusa)航海年代，這座港口是繁華的航海及商業中心，如今負擔主要港口的重責大任，已經移往新城區的格魯日(Gruž)港灣，小小

碼頭所停泊的船隻只能航向鄰近的小島。在老城任何角度都看得到的洛克盧姆島(Lokrum)，就是從這裡搭遊艇出海，旺季時每小時都有班次，可上島一日遊。

舊城區Old City
MAP ▶ P.176⑫

史邦札宅邸

Palača Sponza/Sponza Palace

記錄城市興衰史的檔案館

🚶 從皮勒城門步行約8分鐘可抵達 🏠Stradun 2
杜布羅夫尼克檔案館Državni Arhiv u Dubrovniku
🕐平日：8:15~15:00，週六8:15~13:00 ❌週日 ☎321-031

史邦札宅邸面對著羅日廣場，從房屋的立面看，它顯然受到威尼斯建築的影響：地面樓是一座文藝復興式的敞廊，二樓是威尼斯哥德式直立

花格窗，三樓的窗戶恢復到晚期文藝復興式，嵌著一尊聖布萊斯(St. Blaise)雕像。1667年大地震時，建築物沒有受損，得以保存原貌到現在。史邦札的拉丁文原意為「海綿」，因為這個地方過去曾經是雨水收集處。

最早的時候這是海關辦公室，後來改成鑄幣廠及銀行，現在則為杜布羅夫尼克檔案館，收藏記錄著杜布羅夫尼克從13世紀開始的一頁頁興衰史，檔案室不對外開放，珍貴文件已翻拍拷貝，展示於一樓中庭。每逢夏日節慶，這裡也是很好的表演場地。

舊城區Old City

MAP ▶ P.176⑬⑭

奧蘭多石柱與羅日廣場

Orlandov stup & Loža Poljana / Orlando's Column & Loža Square

聳立在廣場石柱的持劍騎士雕像

🚶 從皮勒城門步行約8分鐘可抵達　🏠Loža Square

由史邦札宅邸、鐘樓、聖布萊斯教堂所圍繞的羅日廣場，是杜布羅夫尼克最大的集會廣場，過去官方都選擇在此公告命令、裁決宣判，今天許多節慶活動都在此舉行。

在羅日廣場上，一座插著旗幟的奧蘭多石柱是矚目焦點。從1417年聳立到現在的石柱由米蘭雕刻家所作，屬於哥德樣式，有趣的是柱子上雕了一尊持劍的奧蘭多騎士雕像；奧蘭多騎士其實是北歐地區的英雄傳奇人物，但卻被借用到南方的亞得里亞海來，相傳他曾經幫助杜布羅夫尼克擊退了阿拉伯海盜。不妨留意這尊騎士雕像前臂的長度為51.1公分，這長度在拉古沙時代被拿來當作標準尺寸。

舊城區Old City

MAP ▶ P.177⑮

鐘樓

Gradski Zvonik / City Bell Tower

會敲鐘報時的古城地標

🚶 從皮勒城門步行約8分鐘可抵達　🏠Loža Square

這座31公尺高的鐘塔，正好位於東西向軸線史特拉敦大道的盡頭，與明闋特守望塔同樣是杜布羅夫尼克古城最顯著的象徵地標。

建於1444年，經過多次重修，最近的一次是1929年。塔頂有兩尊機械綠色銅人——馬羅(Maro)和巴羅(Baro)，在整點時會拿著手上的鐵鎚準時敲鐘報時。目前在鐘樓上的銅人為複製品，原始銅雕存放在行政長官官邸博物館裡。

除了塔頂銅鐘，鐘塔正面還有一面章魚狀的指針時鐘、以羅馬數字和阿拉伯數字顯示時間的鐘，還有一個可以顯示當日月亮形狀的「鐘」。

舊城區Old City

MAP ▶ P.177 ⑯

MOOK Choice

行政長官官邸

Knežev Dvor / Rector's Palace

中庭柱廊雕刻最精緻的總督府

🚌從皮勒城門步行約8分鐘可抵達 🏠Pred Dvorom 3 ⏰4~10月：9:00~18:00，11~3月：9:00~16:00 休11~3月的週三 ☎321-452 💰全票€15，半票€8；或是購買博物館聯票全票€20、半票€8，可於7天內參觀城內將近10間博物館 🌐www.dumus.hr ❗持杜布羅夫尼克通行票免費

放眼整個亞得里亞海地區，行政長官官邸在非宗教性建築藝術的地位，可說是數一數二。建築本身結合了哥德和文藝復興風格，外表看來十分協調完整，這得歸功於佛羅倫斯建築師麥可羅佐（Michelozzo），他同時也設計了杜布羅夫尼克的明闕特守望塔。

由於他厭倦了舊式哥德風格，因此把當時佛羅倫斯方興未艾的文藝復興風格引介過來，1464年蓋好的時候，被形容為「達爾馬齊亞地區最美麗的建築」。其精華之處就在一樓和中庭的柱廊，每根柱子的柱頭上都雕飾著崇尚古典精神的雕刻；夏季時，中庭也是舉辦音樂會的好場地。中庭裡有一尊1638年豎立的Miho Pracat雕像，他將一生的財富都貢獻給拉古沙，也是杜布羅夫尼克千年歷史中，唯一被豎立雕像彰顯榮耀的平民百姓。

在杜布羅夫尼克歷史的全盛時代，這棟建築曾經擔任政治、行政中心長達好幾個世紀，裡面包括行政長官的辦公室、私人廳室、公共廳堂和行政辦公室，由於行政長官是被選舉出來的，在任期內沒得到議會允許，不得離開這棟建築。

如今官邸內部是「文化歷史博物館（Cultural History Museum）」，陳列著關於杜布羅夫尼克的歷史、古老的家具擺飾、行政長官的辦公桌椅，以及威尼斯和達爾馬齊亞畫家的作品，而鐘樓上的兩尊銅人就存放在這裡，還能看到從前鎖上城門的那把鑰匙；此外，依主題分類的展廳中則陳列玻璃、瓷器、服裝、舊照片等收藏。

向劇作家求智慧

行政長官官邸旁有一個鼻子和雙手都金光閃閃的明星，這是馬林·德爾日奇（Marin Drzic，1508-1567）的銅像，他是克羅埃西亞文藝復興時期最優秀的劇作家和散文家，有『杜布羅夫尼克的莎士比亞』的美譽，城內也有一間關於他的博物館。據說只要摸雕像的雙手就能寫出一手好文章，摸摸鼻子就會獲得智慧，有摸有保佑，所以每個路過的人總要來試試看。

MAP ▶ P.176⑰

MOOK Choice

聖母升天大教堂

Stolna Crkva Velike Gospe/ Cathedral of the Assumption of the Virgin Mary

收藏黃金打造的聖布萊斯遺骨

🚶 從皮勒城門步行約10分鐘可抵達　🏠 Ul. kneza Damjana Jude 1　🕐 教堂：週一至週六9:00~16:00，週日11:30~16:00。寶物室：4月初~11月9:00~17:00；12~4月初週一至週六9:00~12:00　🚫 寶物室12~4月初的週日　☎ 323-459　💲 寶物室全票€3

大教堂的原址在7世紀時是一座拜占庭式教堂，12到14世紀期間改建為仿羅馬式的教堂。據說當

年教堂的擴建是英格蘭國王理查一世(Richard I，著名的獅子心國王)的禮物，因為他第三次十字軍東征回程時，在杜布羅夫尼克城外海的洛克盧姆島發生船難獲救，在他上岸的地方蓋一座教堂，表達他對上帝的感謝，曾經是亞得里亞海上最美麗的仿羅馬式教堂。然而，1667年大地震後教堂又垮了，才在1713年打造成一座純粹巴洛克式教堂。

大教堂內部最獨特的是以紫羅蘭色大理石打造的St. John of Nepomuk祭壇，另外，還有義大利提香(Titian)的畫作。教堂側邊有一間「寶物室」，收藏了近200件聖物，其中最名貴的是聖布萊斯的遺骨，包括《聖布萊斯手臂》及《聖布萊斯頭盔》，頭盔形似拜占庭皇帝的皇冠，手臂則是聖布萊斯的右手臂，它們都由黃金所打造，雕飾得十分華麗，每年2月3日的聖布萊斯日，這些聖物都會在信眾護持下，繞行杜布羅夫尼克城。

寶物室裡還有一件珍寶，就是「真十字架」的部份碎片，西元3世紀時，君士坦丁大帝的母親聖海倫在耶路撒冷挖掘到當年釘死耶穌的十字架後，運回君士坦丁堡保存，後來拜占庭皇帝把一部份碎片送給了巴爾幹國王，輾轉流傳到這座教堂，就像佛教世界中，名剎擁有釋迦牟尼佛牙舍利那般珍貴。

MAP ▶ P.177⑱

聖布萊斯教堂

MOOK Choice

Crkva Svetog Vlahe/ Church of St Blaise

躲過地震火災的守護神雕像

🚶 從皮勒城門步行約8分鐘可抵達　🏠 Loža Square　🕐 週一至週六7:00~12:00、16:00~18:00，週日7:00~13:00　☎ 323-389

這座供奉杜布羅夫尼克守護神的教堂於18世紀初重建，原因是1667年那場大地震以及1706年的大火，重建後的教堂屬於巴洛克的形式，外觀仿自威尼斯的聖模里西斯教堂(St. Mauritius)。

在教堂主祭壇上有一尊鍍金的銀製聖布萊斯雕像，它的珍貴不僅是因為材質，更在於它的歷史意義，注意看聖布萊斯左手所持的杜布羅夫尼克城模型，把1667年地震前的杜布羅夫尼克樣貌刻畫得淋漓盡致。可喜的是這尊15世紀的雕像不僅避過地震，更躲過大火，地方人士相信這就是「神蹟」。

聖布萊斯從10世紀開始封為杜布羅夫尼克的守護聖人，就像聖馬可之於威尼斯一樣，每年的2月3日，全城的人都在這天為他舉行一場盛大的宗教節慶。

舊城區Old City

MAP ▶ P.176⑳

塞爾維亞
東正教堂及博物館

Srpska Pravoslavne Crkve i muzej/
Serbian Orthodox Church & Museum

克羅埃西亞境內罕見的東正教建築

🚶從皮勒城門步行約5分鐘可抵達 📍Od Puča 8 🕐8:00~14:00

在以羅馬天主教為主的杜布羅夫尼克眾多教堂中，矗立著這間東正教堂，興建年代較晚，大約在1877年，是克羅埃西亞境內少數幾個可以瞭解東正教的地方。教堂博物館裡收藏了許多15到19世紀的聖像，包括來自希臘克里特島、義大利、俄羅斯、斯洛維尼亞等地所繪的聖經故事畫像，以及克羅埃西亞知名畫家布萊斯·布可瓦茲(Vlaho Bukovac)的作品。

舊城區Old City

MAP ▶ P.176⑲

聖依納爵教堂

Crkva Svetog Ignacija/
Church of St Ignatius

全城最美的巴洛克式教會建築

🚶從皮勒城門步行約10分鐘可抵達 📍Poljana Ruđera Boškovića 6 ☎323-500 🕐4~10月11:00有英語彌撒

聖依納爵教堂長得和一旁的聖母升天大教堂十分神似，都是在地震之後重建，並完成於1725年。教堂內部的壁畫以「聖依納爵一生」為主題，他是耶穌學會(Society of Jesuit)的創建者。緊鄰著教堂，還有一間耶穌會學院，而通往教堂的巴洛克式階梯，也是美國影集《冰與火之歌：權力遊戲》的著名場景之一。

舊城區Old City

MAP ▶ P.176㉒

聖救主教堂

Crkva Svetog Spasa/
Church of Saint Saviour

少數從大地震存活至今的可愛教堂

🚶從皮勒城門步行約3分鐘可抵達，在歐諾弗利歐大水池旁 📍位於Stradun與Poljana Paska Miličevića間

這是位於方濟會修道院旁一間長相可愛小教堂，之所以珍貴，在於它是少數能從1667年大地震中存活的建築，其建築年代約在1520年到1528年之間。不過目前已經不具教堂功能，偶爾作為臨時性展覽及燭光音樂會之用。

舊城區Old City

MAP ▶ P.176㉑

猶太教堂

Sinagoga/ Synagogue

全歐洲第二古老且仍在使用的猶太教堂

🚶從皮勒城門步行約5分鐘可抵達 🏠Žudioska 5 🕐5~9月：9:00~20:00，10~4月：平日9:00~15:00 ㊡10~4月週六日 💲€6.64

猶太教堂坐落在過去猶太人聚集的區域，位於史特拉敦大道以北的巷弄階梯旁，約建於15世紀，是僅次於布拉格、歐洲第二古老而且仍在使用中的猶太教堂，但若以塞法迪猶太教(Sephardi Jews，曾經住在伊比利半島的一支猶太人)而言，則是最古老的。教堂裡面還有一座小型博物館，裡面收藏猶太教相關的聖物、文件和教律，是克羅埃西亞境內唯一的猶太博物館。

在第二次世界大戰的大屠殺中，克羅埃西亞境內24000名猶太人僅4000人存活，目前約有12個猶太家庭仍住在杜布羅夫尼克。

舊城區Old City

MAP ▶ P.176㉓

民俗博物館

Ethnografski Muzej/ Ethnographic Museum

穀倉中認識在地民俗生活

🚶從皮勒城門步行約5分鐘可抵達 🏠Ul. od Rupa 3 🕐4~10月：9:00~18:00，11~3月：9:00~16:00 ㊡4~10月的週二；11~3月的週三 ☎323-013 💲博物館聯票全票€20、半票€8，可於7天內參觀城內將近10間博物館 🌐www.dumus.hr ❗持杜布羅夫尼克通行票免費

民俗博物館坐落在一棟16世紀杜布羅夫尼克最大的穀倉裡，穀倉的地下室挖掘成一個個深筒狀，上面一層覆蓋防水材質，讓溫度長年保持在攝氏17度，用來保存大麥、小麥、小米等穀物，如果需要乾燥，就移到上層來，這就是今天民俗博物館的展覽間。

博物館展示克羅埃西亞不同地方的民俗服飾、編織、樂器、珠寶、農耕用具、彩繪蛋、手工藝品、老照片，充分呈現出杜布羅夫尼克及其周邊多采多姿的歷史。

舊城區Old City

MAP ▶ P.177㉔

海事博物館

Pomorski muzej/Maritime Museum

拉古沙海上強權年代的歷史縮影

🚶從皮勒城門步行約12分鐘可抵達 🏠Ul. kneza Damjana Jude 12 🕐4~10月：9:00~18:00，11~3月：9:00~16:00 ㊡週三 ☎323-904 💲博物館聯票全票€20、半票€8，可於7天內參觀城內將近10間博物館 🌐www.dumus.hr ❗持杜布羅夫尼克通行票免費

海事博物館位於肥厚龐大的聖約翰堡壘(St. John Fortress)裡，拉古沙曾盛極一時的海上強權年代，全部都濃縮在這座博物館裡，包括船艦模型、航海工具、航海圖、繪畫等。在拉古沙時代，那些凱迪拉克(Cadillac)般的船艦經常在莎士比亞的小說中被提及。同樣在聖約翰堡壘還有一座水族館，展示著亞得里亞海的水族生物。

舊城區Old City

MAP ▶ P.177㉕

伊凡·貢杜里茲市集廣場

Ivanu Gundulićeva poljana/
Ivan Gundulić Square Market

選購地方特產和手工藝品的集散地

🚶 從皮勒城門步行約10分鐘可抵達　🕐 每日中午之前

　就像札格拉布有知名的多拉茲市集，杜布羅夫尼克也有這座位於教堂階梯旁的露天市集，不僅當地人來採買，更是吸引人來人往的遊客駐足。除了水果蔬菜之外，還有不少刺激遊客購買慾望的薰衣草、橄欖油、酒、刺繡等地方特產和手工藝品。

　這座露天市場正中央有一座紀念碑，碑上豎立著一尊伊凡·貢杜里茲(Ivan Gundulić)雕像，他是杜布羅夫尼克著名的詩人，紀念碑上的浮雕刻畫著他一首詩作的場景——奧斯曼(Osman)。至於他的肖像，也出現在克羅埃西亞50KN的紙鈔上。

舊城區Old City

MAP ▶ P.173

纜車

Žičara / Cable Car

> **MOOK**
> Choice

從最高角度俯瞰舊城百萬景觀

📍 Ulica kralja Petra Krešimira IV　🚶 從皮勒城門步行約8~12分鐘可抵達纜車站　🕐 4月：9:00~21:00；5月：9:00~23:00；6~9月：9:00~00:00；10月：9:00~20:00；11月：9:00~17:00；12月：9:00~16:00　❄ 1~3月　💲 來回全票€27，半票€7；單程全票€15，半票€4　🌐 www.dubrovnikcablecar.com　❗ 如遇強風或落雷，纜車會暫停營運

　在停駛了19年之後，杜布羅夫尼克於南斯拉夫時代最受歡迎的山頂纜車終於在2010年復駛，儘管票價不便宜，但不要懷疑，纜車在瞬間把你拉上山頂，從最高角度俯瞰全杜布羅夫尼克舊城，絕對值回票價。

　纜車連結城牆北緣和瑟爾德山(Srđ)，兩地落差405公尺，1969年開通，在1991年戰爭爆發之前，曾經搭載過250萬名遊客。如果你已經從城牆上欣賞過杜布羅夫尼克紅磚瓦屋頂全景，那麼來到瑟爾德山則是全然不同的視野，不僅角度更高，全杜布羅夫尼克城的輪廓一目了然，鄰近的洛克盧姆島，還有遠方的艾拉斐提群島(Elafiti)、米列群島(Mljet)，一座座大大小小島嶼浮沉在閃亮亮的晶藍海水中，天氣好的時候，視野可達60公里之外。

　山頂纜車站旁的山崖邊緣附設有咖啡座和餐廳，這裡的景觀價值百萬，比你付出去的餐費還值錢。由於居高臨下，山下有任何動靜，這裡看得一清二楚，拿破崙曾在瑟爾德山上興築了一座堡壘。

MOOK Choice

MAP ▶ P.11D6

維利史東＆馬利史東
Veliki Ston & Mali Ston
連接雙子城的克羅埃西亞長城

🚌 從杜布羅夫尼克搭15號公車前往，車程約1.5小時，週一至週六每天3班車，週日停駛；自行開車約1小時。

史東旅遊局

🏠 Gundulićeva poljana 1, 20230 Ston ☎754-452 ⏰夏季：8:00~15:00(週末至12:00)；冬季：平日8:00~14:00 🚫冬季的週末 🌐www.ston.hr

城牆Ston Walls

⏰ 4~5月：8:00~18:30；6~7月：8:00~19:00；8~9月：8:00~18:30；9~10月：8:00~17:30；11~3月：9:00~15:00 💲11~2月：全票€5，半票€2；3~10月：全票€10，半票€5

這兩座雙子城位於佩萊沙茲半島(Pelješac Peninsula)與克羅埃西亞本土銜接處的地峽上，距離杜布羅夫尼克59公里，過去屬於「拉古沙共和城邦」的一部分。

因為產鹽，經濟地位相形重要，從1333年開始，杜布羅夫尼克統治者下令在山頭建造了綿延7公里的長城，可說是歐洲最長的一道防禦工事，被譽為「克羅埃西亞的長城」。建築師尤拉·達爾馬齊亞(Juraj Dalmatinac)也曾參與城牆的設計和興建，包括40座城塔和5座堡壘。城牆在1991和1996年分別遭受砲彈和地震摧毀，克羅埃西亞政府經過多年的整建，已修補好受損的城牆，恢復往年的雄渾氣勢，高聳石牆如白色巨蟒，蜿蜒盤繞翠綠山頭，一條從山腰延伸串聯兩座小城，一條攀上山頂，頂端堡壘能夠同時扼守半島的南北水道。

維利史東與馬利史東是兩座相距1公里的雙子城，如果從杜布羅夫尼克方向過來，會先在馬利史東(即小史東)停留，這裡有一灣小海港，港邊有幾家海鮮餐廳，附近海域是座規模不小的牡蠣養殖場，這裡養殖牡蠣的歷史從羅馬時代便已開始。維利史東(即大史東)城區腹地較大、餐廳比較多，順著城牆往山上攀爬，可凌空俯瞰整座小鎮。兩座小城都以海鮮聞名，不少克羅埃西亞人會專程前來品嘗這裡的牡蠣和淡菜(冬季牡蠣、夏季淡菜)。

若體力和時間足夠，可以將車子停在馬利史東，順著長城一路走到維利史東（路程約40分鐘），悠閒地鑽鑽巷弄，找家海鮮餐廳犒賞自己，再順著車道旁的人行步道走回停車處。

杜布羅夫尼克周邊

MAP ▶ P.11E6

卡夫塔特

MOOK Choice

Cavtat

群山環抱的寧靜海港小鎮

🚌 從杜布羅夫尼克搭乘10號公車往卡夫塔特,每小時1~2班車,車程約40~45分鐘;如有購買杜布羅夫尼克3日卡或7日通行票,可免費搭乘公車前往卡夫塔特。或從杜布洛夫尼舊港口搭船前往,夏季每天約12班,其他月份約3~5班

卡夫塔特旅遊局

🏠 Zidine 6　🕐 4~10月:8:00~20:00;11~3月:平日8:00~15:00　🚫 4月和10月的週日;11~3月的週末　📞 479-025　🌐 visit.cavtat-konavle.com

　　這座人口2000人的小鎮,由許多小海灣構成天然良港,是距離杜布羅夫尼克最近的度假勝地,才被選為2019年「歐洲最佳旅遊地點European Best Destination」。中世紀起,屬於拉古沙共和城邦的一部分,與杜布羅夫尼克分享共同的文化和經濟。知名的現代主義畫家布萊斯·布可瓦茲(Vlaho Bukovac,1855~1922)就是從卡夫塔特出身,在杜布羅夫尼克舊城裡,可以在多米尼克修道院、塞爾維亞東正教堂博物館看到他的畫作。

　　鎮上有幾處景點,例如巴洛克風格的聖尼古拉教堂(Crkva Sveti Nikole),教堂裡的木雕祭壇讓人印象深刻;文藝復興風格的行政長官官邸(Rector's Palace),裡面有座館藏豐富的圖書館、平版印刷和部分考古文物;沿著港邊散步道走到底,來到布萊斯·布可瓦茲的出生宅邸,這棟19世紀的建築展示了他的部分畫作;一旁的聖母修道院(Samostan Snježne Gospe),則有早期文藝復興的繪畫;從修道院旁順著步道往山丘上走,這裡有一座由雕刻家梅什托維契所設計的拉齊茲(Račić)家族墓園,從紀念碑可以看出他所關注的都是宗教與心靈。

　　比起杜布羅夫尼克的建築,這裡的景點遜色許多,其實也可以選擇什麼都不做,就點杯飲料,靜靜待在港口邊棕櫚樹下的露天咖啡座,欣賞群山環抱、遊艇擺盪的海港美景,而平靜無波、沒有污染的港口就是一座渾然天成的天然游泳池。

科楚拉島—

科楚拉島
Korčula Island

文●林志恆　攝影●墨刻攝影組

科楚拉島是亞得里亞海上的第六大島，也是達爾馬齊亞海岸南部最響亮的島嶼，旅行家馬可波羅(Marco Polo)的身世之謎，使得這座島嶼永遠充滿話題。

　　科楚拉島懸掛在佩萊沙茲半島(Pelješac Peninsula)外海，如峽灣地形一樣，四周環繞鋸齒狀小海灣，圓滾的山丘覆滿茂密松林，更以美酒、老城、傳統劍舞聞名。

　　和島嶼同名的科楚拉城位於東北角的地峽上，扼守狹窄的佩萊沙茲海峽，這是一座美麗的石城，島上重要景點幾乎都集中在擁擠的城牆裡。遊客初來乍到，一定會發現科楚拉城彷彿杜布羅夫尼克老城的縮小版，馬蹄形的城牆順著海岸線圈圍起來，裡頭的巷道就像魚骨頭般整齊排列。

　　說到科楚拉，不能不提馬可波羅(Parco Polo，1254~1324)。究竟馬可波羅是科楚拉人或威尼斯人，至今仍有爭議，但科楚拉堅稱馬可波羅在1254年生於科楚拉的馬可波羅之

家，然後在1269年隨著家人遷往威尼斯。因此1995年，科楚拉還為馬可波羅舉辦700歲冥誕紀念活動。

INFO

基本資訊
人口：16,182　**面積**：279平方公里　**區碼**：(0)20

如何到達—渡輪
　　4~10月從杜布羅夫尼克、赫瓦爾島有渡輪航班直達科楚拉島，Jadrolinija、Kapetan Luka 和G&V Line提供不同路線的服務，碼頭就在市區旁邊，每天1~4航班，船程約1.5~2.5小時。從斯普利特出發的渡輪，中途停靠赫瓦爾島，全年運行，10~5月每天1~2班次，6~9月每天約5班次，船程約2.5~3.5小時。詳細航班與票價請上網查詢。
🌐 www.jadrolinija.hr、www.krilo.hr、www.tp-line.hr

如何到達—巴士
　　不論開車或乘坐巴士，進出科楚拉島一定要搭乘渡

科楚拉城街道圖

佩萊沙茲海峽
Pelješki Channel

卡諾維里茲塔
Kula Kanovelić

馬可波羅之家
House of Marco Polo

渡船碼頭

聖馬可教堂
Katedrala Sv. Marka

Ulica Svetog Roka
Ulica Ismaelli
Ulica Giunio
Ulica od teatra
Žitnica

Ulica Kalafata
Ulica Biskupije
Ulica Marka Andrijća
Ulica Baničevića
Ulica don Ive Matijava

Obala dr. Franje Tuđmana

小王子塔
Mala kneževa kula

大王子塔
Velika kneževa kula

劍舞
Moreška

大拉維林塔
Veliki Revelin Tower

Kaporova ulica

Ulica dobrotvornosti

Šetalište Petra Kanavelića

Rampada

遊客中心

N

圖例 | ◎景點 | ✝教堂
◎渡船 | ℹ遊客中心 | ◎水上計程車

Where to explore in Korčula
賞遊科楚拉島

MAP ▶ P.10D5

科楚拉城

Grad Korčula/Korčula Town

傳說中馬可波羅的故鄉

從遊客服務中心步行2~5分鐘可前往各景點

　　科楚拉古城於15世紀由威尼斯人所興建，和多數達爾馬齊亞海岸城市一樣，堅實堡壘用來抵禦鄂圖曼土耳其的進犯。圍牆裡的建築十足反映了科楚拉島卓越的石造建築技術，舉凡房子排列、窗戶開口設計都兼具舒適、通風與安全考量。例如是西邊的街道都直挺挺的，好讓夏季吹起的西風(Maestral，強而穩定的涼風)，可以吹拂進城裡；反之，東邊的街道彎彎曲曲，可以減少冬天的波拉風吹襲(Bora，冷冽的東北風)。

　　16世紀之後，威尼斯文藝復興之風也吹到科楚拉，石匠們開始在每棟建築立面增添裝飾性雕刻，因而老城建築多半以哥德風格為基礎，卻有文藝復興的外表。17、18世紀之後，土耳其的威脅漸漸退去，居民們不再需要城牆保護，吸引了商人、工匠向城外發展，直到今天，城外的南邊海岸沿線仍是科楚拉的商業中心。

輪。

　　從杜布羅夫尼克搭公車前往，巴士會載著乘客直接開上渡輪，上岸後再開進科楚拉城，全程約3~3.5小時，每天1~3班。
巴士公司 ⊕www.arriva.com.hr

如何到達─開車

　　從杜布羅夫尼克開車過來，穿越佩萊沙茲半島，在歐瑞碧契(Orebić)港口開上渡輪，約20分鐘可到達科楚拉城，碼頭在Dominče，與市區距離3公里，約每小時一班次。
渡輪公司 ⊕www.jadrolinija.hr

旅遊諮詢

◎科楚拉遊客服務中心

🏠Trg 19. travnja 1921. br. 40, 20260, Kor ula
6~9月：8:00~21:00；5月和10月：8:00~20:00；11~4月：平日8:00~15:00　9~6月的週六、日　715-701　⊕www.visitkorcula.eu

馬可波羅之家House of Marco Polo

ⓘP.191B2 ⌂Ul. Depolo 1a ❶馬可波羅之家因整修翻新暫時關閉

　　遊客想在科楚拉島上追尋與馬可波羅相關的一切，只能在老城僻靜巷子裡的馬可波羅之家牆上，看到這個雕著馬可波羅頭像的銅牌子。不過馬可波羅究竟是不是在這間馬可波羅之家出生還有爭議，據推測這間屋子建於1400年，距離馬可波羅死後已經76年。

　　過去，馬可波羅之家因屬私人所有，一直大門深鎖，官方與民間協調談判拉鋸多年，終於改為展示空間，自2022起進行翻新工程，預計2023年夏天以導覽解說中心的模式回歸。

城牆防禦工事City Defences

　　當船緩緩靠近科楚拉城時，總會被那高大厚實的城塔所震懾，這也意味著，中世紀時，這些防禦工事對來犯的海盜或異族頗具有警示作用——你要侵略並沒有那麼容易。科楚拉古城的城牆高20公尺，並由12座城塔所構成。

聖馬可大教堂Katedrala Sv. Marka

ⓘP.191B2 ⌂Trg Svetog Marka ⏰5~9月：週一至週六9:00~19:00；10月：週一至週六9:00~16:00，其他月份僅彌撒時間開放 ✕週日 $教堂€3，鐘塔€4

　　聖馬可教堂位於老城的正中心，是一座完成於15世紀的天主教堂，結合了哥德與文藝復興風格，由米蘭和當地建築師共同以科楚拉產的石灰岩打造而成。

　　仔細端詳面對廣場的正門，可以看出當時科楚拉石匠的石雕技術與風格：從兩隻獅子拱衛著入口，門框飾以細瘦螺旋花紋圓柱，到大門上半部半圓窗的聖馬可雕像，都雕得栩栩如生；而大門上方山牆上的簷口，可以看到美人魚、大象等雕刻裝飾。一旁高聳的鐘塔，塔尖的圍欄和穹頂雕飾得非常華麗，為科楚拉匠師馬可．安得烈契(Marko Andrijić)的傑作。

　　教堂內主殿挑高30公尺，由兩道柱廊隔開主殿與側殿，主祭壇前的華蓋也是安得烈契的作品。教堂裡的洗禮堂有一尊梅什托維契於1915年雕刻的聖殤像，呈現他一貫的雕刻風格。

MAP ▶ P.11D5

蘭巴爾達

MOOK Choice

Lumbarda

地方葡萄酒Grk的發源地

📍位於科楚拉城東南邊6公里,從市區可搭巴士或水上計程車前往,巴士車程15分鐘,平日約8班次,週六4班次,週日停駛
蘭巴爾達旅遊局遊客中心
🏠Lumbarda 327 📞712-005 🌐visitlumbarda.eu

　科楚拉還有「酒之島」的稱號,其中以Posip、Rukatac、Grk、Plavac這幾種地方酒最出名,而位於科楚拉城東南邊6公里的蘭巴爾達所生產的酒,就是Grk。蘭巴爾達四周被葡萄園和小海灣所環抱,是一座慵懶悠閒的小村落,其砂質土壤特別適合種植grk品種的葡萄,因此所釀出的酒品牌便稱為Grk(克羅埃西亞語的意思為「希臘」),早在西元前4世紀希臘人便已來此殖民。

　從16世紀起,科楚拉城的貴族和有錢人開始在村子周邊興建夏日度假小屋,至今仍維持著田園詩意的景致。這裡有一灣美麗的海灘,若嫌科楚拉城太擁擠,可以前來此地享受片刻寧靜。

劍舞Moreška

　科楚拉最著名的傳統文化活動「劍舞」(Moreška,可能從西班牙或義大利傳進來),享有國際知名度,從15世紀開始,每年7月29日,鎮上男士分別穿上黑色和紅色的騎士裝扮,在銅管樂隊伴奏下,以極戲劇性的對話、複雜的舞蹈,互相揮擊木劍。

　故事內容描述「白王」(穿紅衣)為了營救被「黑王」擄走的公主,而引發一場戰爭,最後是穿紅衣的白王戰勝了穿黑衣的黑王。原本是一年一度的活動,現在配合觀光活動,旺季的週一和週四傍晚或遇上其他節慶,這項傳統民俗隨時恭候遊客。

斯洛維尼亞

斯洛維尼亞

Slovenia

斯洛維尼亞之最
Top Highlights of Slovenia

波斯托伊納溶洞
Postojnska Jama

　　波斯托伊納之所以如此熱門，除了洞穴系統之大、在世界上數一數二，更在於它的可及性。洞穴裡還有軌道車等人工設施，只要搭上列車，便能迅速進入喀斯特的奇幻世界。（P.222）

什科茲揚Škocjan

　　由於低度開發，交通不如波斯托伊納便利，什科茲揚溶洞就靜靜隱身在什科茲揚村莊地底250公尺處，保存了更多原始的石灰岩地貌，在科學研究上享有崇高地位，在1986年已被聯合國教文組織列入世界遺產。（P.226）

普里迪亞瑪城堡
Predjamski Grad

　　儘管地理位置孤立，獨特的洞穴城堡還是吸引遊客遠到而來，普里迪亞瑪城堡鑲嵌在垂直123公尺的岩壁中，是金氏紀錄中全球最大的洞穴城堡，傳奇故事更為它添加幾分神秘色彩。（P.224）

斯洛維尼亞處於斯拉夫、日耳曼、義大利拉丁三種不同文化的交界，距離威尼斯、慕尼黑、維也納都不遠，不過很少被納入主要的旅遊線上。

　　儘管曾經是南斯拉夫的一員，但不論就地貌或人民特質而言，都更接近奧地利，從境內的阿爾卑斯山小村落、巴洛克式教堂、威尼斯風格皮蘭小鎮等元素看來，比起南斯拉夫其他成員國，這裡要更西化得多。

　　斯洛維尼亞國土面積不大，旅遊氛圍卻十分多元，早上你可能還在阿爾卑斯山徑健行，下午就來到喀斯特地區，欣賞全世界數一數二壯觀的溶洞奇景，到了晚上，就可以在亞得里亞海邊享受海鮮大餐。

　　比起歐洲前共產主義國家，斯洛維尼亞的經濟狀況好得多，過去奧匈帝國在這裡留下較完整的工業基礎建設，1991年獨立之後，率先在2004年加入歐盟，並於2007年使用歐元。

皮蘭Piran

　　威尼斯人在此統治長達500年，所有街道建築、城牆堡壘及防禦工事都在這個時期完成，至今保存得相當完整。（P.247）

布列德湖Bled

　　攀登高懸在山崖的中世紀古堡，搭乘獨一無二的搖櫓渡船徜徉於湖心，走上湖中童話般的小島敲響許願鐘，漫步於環湖木棧道，頗有幾分浪漫。（P.229）

How to Explore Slovenia
如何玩斯洛維尼亞

斯洛維尼亞國土面積不大，大致分為內陸區、朱利安·阿爾卑斯山區、喀斯特地區，以及海岸線僅短短47公里的伊斯特利亞海岸區，各區地形相差很大，因此旅遊氛圍十分多元，早上可能在阿爾卑斯山健行，下午就來到喀斯特地區，到了晚上則坐在亞得里亞海邊享受海鮮大餐。

初次造訪前，面對密密麻麻的景點難免霧煞煞，不知從何規劃起。別擔心，以下為你精選出四大區域的城鎮，以地圖清楚標示位置，並輔以文字介紹，讓你快速掌握各城鎮的旅遊特點，打造屬於自己的精彩旅程。

波茵地區
Bohinj & Around Area

　　這裡離特里格拉夫山更接近了些，四周被高山所環抱，沒有湖中小島，也沒有高崖上的古堡，可以靜靜享受自然和原始。有些人喜歡波茵湖的寧謐，不像布列德湖那麼觀光化，但也有人覺得稍顯安靜乏味。兩種截然不同的旅遊氛圍，端看個人的喜好與選擇。計畫去特里格拉夫峰國家公園健行或騎單車者，就從這裡進入。
●**代表性景點**：沙維查瀑布、里格拉夫峰國家公園

皮蘭Piran

　　皮蘭市區很小，所有建築都擠在一座狀似舌頭的小半島上，只需幾個小時，就能把整座皮蘭城踏遍。它是亞得里亞海沿岸被威尼斯人統治過的城市中，保存最完整的一座，非常推薦造訪。
●**代表性景點**：塔惕尼廣場、聖喬治大教堂、塞爾吉·瑪雪拉海事博物館、方濟會修道院與聖法蘭西斯阿西西教堂

索查河谷Soča Valley

　　索查河是一條野性十足的河流，歐洲人都喜歡來這裡泛舟、划船、健行、爬山。此外，這裡還有許多可愛的小村落和沿著山坡層層展開的葡萄園，宛如風景明信片般美麗，其中位於索查河谷南部的戈里查·博達是斯洛維尼亞最大的酒鄉，造訪這裡的酒莊有上百種葡萄酒可以試喝喔！
●**代表性景點**：托明峽谷與索查河泛舟、戈里查·博達葡萄酒鄉

布列德Bled

往西北部的朱利安‧阿爾卑斯山脈去，遇見翡翠綠的湖，湖中有童話般的小島和古堡，可以環湖散步，也可以搭乘船伕操作的傳統搖櫓渡船徜徉湖面，登上布列德島，走進教堂敲響許願鐘，或者住進高檔度假飯店，坐擁百萬級湖景視野，不論從哪個角度檢視，布列德都坐穩了斯洛維尼亞一級景點的領導地位。當然更別忘了享用這裡最負盛名的奶油蛋糕(Kremna rezina)。

●**代表性景點**：布列德島、布列德城堡、文特加峽谷

盧布里亞納Ljubljana

儘管小巧卻五藏俱全，其可看性之高，遠超過你對一座迷你首府的想像，不論用雙腳、兩輪或是透過遊船、纜車來探索這城市，盧布里亞納到處充滿迷人的巴洛克、新藝術建築和藝術品，以及高密度的博物館、藝廊、劇院和文化活動。碧綠的盧布里亞納河自西南流向東北，右岸是中世紀混合巴洛克式的舊城區，左岸則是新古典融合新藝術風格的新城區，以及遼闊的公園綠地，是斯洛維尼亞中央區最大的亮點。此外，戰間期由建築師普雷契尼克所設計的公共空間和公共機構，更在2021年被列入世界文化遺產名錄。

●**代表性景點**：盧布里亞納城堡、普雷雪倫廣場、舊城區、飛龍橋、博物館區

波斯托伊納Postojna

許多人前往斯洛維尼亞，都是為了波斯托伊納鬼斧神工的溶洞穴奇景。波斯托伊納之所以如此熱門，除了洞穴系統之大，在世界上數一數二，更在於它的交通十分便利，洞穴裡還有軌道車載著你迅速進入喀斯特地貌的奇幻世界。在溶洞9公里外的普里迪亞瑪城堡更屬一絕，整個城堡直接嵌入在崖壁洞窟中，光看外觀就令人讚嘆。

●**代表性景點**：波斯托伊納溶洞穴公園、普里迪亞瑪城堡

什科茲揚Škocjan

要不要拜訪什科茲楊溶洞，端視你對喀斯特地形的熱愛程度。因為這座溶洞穴隱身在什科茲揚村莊地底250公尺處，低調又低度開發，交通不甚便利，遊客相對較少，反而讓它保留了更多原始的石灰岩地貌，在科學研究有崇高地位，是斯洛維尼亞首座世界遺產。

●**代表性景點**：什科茲揚溶洞穴公園

波托羅許及其周邊
Portorož & Around Area

如果說澳洲有雪梨邦代海灘和黃金海岸，夏威夷有威基基海灘，克羅埃西亞有歐帕提雅，那麼斯洛維尼亞就是波托羅許了。倘若你對高檔度假飯店有興趣，不妨前來體驗，而沒興趣的人，建議前往鄰近的小鎮伊佐拉逛逛，或到瑟秋夫列參訪鹽田自然公園，觀賞傳統古老曬鹽技術。

●**代表性景點**：瑟秋夫列鹽田自然公園、伊佐拉

斯洛維尼亞
中央區

斯洛維尼亞中央區
Central Slovenia

盧布里亞納是斯洛維尼亞中央區的最大亮點，這座國家首都兼最大城市，西面、東邊及東南側夾擠在山丘之間，往南則是無法耕作的沼澤地。雖然地理位置上不是正中心，但也相去不遠，要前往東西南北任何區域都四通八達。

盧布里亞納的地理位置剛好夾處在維也納、布拉格和威尼斯之間，雖然名氣遠不及這些歐洲名城，但吸取了斯拉夫、日耳曼及義大利拉丁民族等不同養分，讓這座小都城融合出一種獨特的文化味道。

盧布里亞納

盧布里亞納
Ljubljana

文●李曉萍・林志恆　攝影●周治平・林志恆

身為斯洛維尼亞的首都，盧布里亞納人口僅僅28萬，相當迷你，用走的就可以悠閒逛完多數市區景點；它是歐盟會員國數一數二年輕的首都，也是人口最少的歐洲首都之一。

儘管小巧卻五藏俱全，其可看性之高，遠遠超過你對一座迷你城市的想像，不論用雙腳、兩輪、還是透過遊船、纜車來玩這座城市，盧布里亞納到處充滿迷人的巴洛克、新藝術建築和藝術品，以及高密度的博物館、藝廊、劇院和文化活動。

碧綠的盧布里亞納河自西南流向東北，從巍巍的山丘城堡山腳下悠悠走過，右岸是中世紀混合巴洛克式的舊城區，左岸則是新古典融合新藝術風格的新城區，以及遼闊的公園綠地。

盧布里亞納建城超過兩千年，從羅馬時代、神聖羅馬帝國、拿破崙的法蘭西帝國、奧匈帝國到前南斯拉夫，來自八方的政治勢力都在這座城市留下斧鑿痕跡，直到20年前才自己當家作主。

西元1895年盧布里亞納遭逢史無前例的毀滅性大地震，直到一次世界大戰過後，全城進行了大改造，由出身於盧布里亞納的建築師普雷契尼克(Jože Plečnik，1872~1957)操刀，從街道、市場到公園、墓園，從小橋、河岸到圖書館、辦公大樓，都可以看到他的身影，他把古埃及、希臘、羅馬、拜占庭、伊斯蘭，以及斯洛維尼亞等文化的建築元素融入了原本的巴洛克及新藝術風格。普雷契尼克以人為本的城市設計，更於2021年被列入世界遺產名錄。盧布里亞納今日能成為美麗而宜人居住的城市，普雷契尼克居功厥偉。

盧布里亞納的地理位置剛好夾處在維也納、布拉格和威尼斯之間，雖然名氣遠不及這些歐洲名城，但吸取了斯拉夫、日耳曼及義大利拉丁民族等不同養分，讓這座小都城融合出一種獨特的文化味道。

INFO

基本資訊

人口：284,293
面積：275平方公里
區域號碼：（0）1

如何到達－航空

　　從台灣出發沒有飛機可直達盧布里亞納，需經由維也納、法蘭克福、蘇黎世或伊斯坦堡等歐洲主要城市轉機。

　　盧布里亞納的機場（Letališče Jožeta Pučnika Ljubljana，機場代碼LJU），位於盧布里亞納北部26公里的Brnik，入境大廳有斯洛維尼亞遊客服務中心，此外還有銀行、電信公司、租車公司等。

206-1000
www.lju-airport.si

◎市區巴士City Bus
　　可搭乘巴士進入市區，約每小時1班，時間9:30~22:20，票價€4.5，車程約45分鐘；持盧布里亞納卡可免費搭乘。
www.ap-ljubljana.si

◎機場迷你巴士Shuttle Bus
　　有3~4家私人公司經營的機場巴士，可選擇共乘或是包車，好處是可以直接送到旅館門口。價格根據目的地遠近而有差異，開往市區共乘每人約€10~€14，包車大約€38。

GoOpti
www.goopti.com

Zup prevozi
zup-prevozi.eu

◎計程車

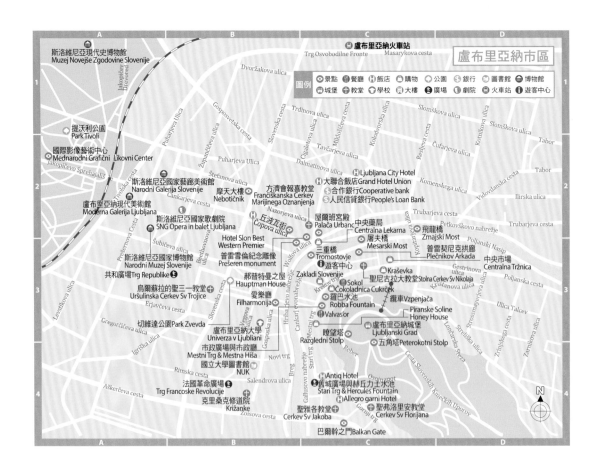

如果圖方便，搭乘計程車到市區，入境大廳外就有招呼站，上車前先留意擋風玻璃是否有合法的計程車許可證，依目的地遠近約€20~€45，車程約20分鐘。

如何到達一火車

盧布里亞納的火車站(Slovenske Železnice)就位於市中心北方，步行至舊城區約15~20分鐘。火車連結歐洲各大城市，到德國慕尼黑約6小時，到奧地利維也納約6小時，到札格拉布約2.5小時。

盧布里亞納火車站
⏺Trg Osvobodilne fronte 6
☎080-8111
🌐www.bahn.com(跨國)、potniski.sz.si(國內)

如何到達一巴士

盧布里亞納的長途巴士站(Ljubljana AP)位於火車站對面，鄰近國家城市如義大利的Trieste和威尼斯、奧地利的維也納和Klagenfurt、克羅埃西亞的札格拉布等都有直達巴士，此外，也有頻繁的班次前往斯洛維尼亞境內的知名景區，例如Bled、Postojna、Piran等地。

巴士站
⏺Trg Osvobodilne fronte 4
☎234-4600
🌐www.ap-ljubljana.si

市區交通

盧布里亞納是非常迷你的首都，除了前往盧布里亞納城堡可以搭乘纜車，多數景點步行即可到達。但出了市中心，仍得依靠大眾運輸系統。

◎公車

盧布里亞納的公車由LPP(Ljubljanski Potniški Promet)經營，共有30條路線，從1號線到27號線，分別行駛於Zone 1、2、3。在Zone 1範圍內單程€1.3，多半行駛於市區，可於90分鐘內自由轉乘；橫跨Zone 2和Zone 3，單程€1.75~€2.7。

可以使用盧布里亞納卡搭乘公車，或在遊客中心購買Urbana Card，一張€2，可自行儲值金額，可多人共用。離開前，卡內金額如沒用完，還可憑收據退回押金。

☎582-2460
🌐www.lpp.si

◎單車

如果懶得走路，單車是很好的交通工具，不少旅館都有租單車服務，4~10月遊客中心也提供單車租借，2小時€6、4小時 €10、8小時 €14；持盧布里亞納卡可免費租借4小時。

盧布里亞納市區現在也有共享單車服務BicikeLJ，除了網路註冊費用以外(7天€1、1年€3)，租借單車的第一小時可免費使用，第二小時€1、第三個小時€2，之後每增加一小時€4。註冊時須提供有效email及信用卡資料，收到系統發出的4位數字PIN碼後，即可以此號碼於各站點租車。

BicikeLJ
🌐www.bicikelj.si

◎計程車

計程車可在固定招呼站搭乘，例如火車站，或是手機下載HOPIN app，即可於任何地點輕易叫車。原則上起跳價€0.8~1.5，之後每公里€0.7~€1.7。
🌐hopintaxi.com

網路

在盧布里亞納市區範圍，遊客每天可免費使用 WiFree Ljubljana的無線網路60分鐘，手機或電腦連上WiFree Ljubljana的網路後，開啟瀏覽器就會出現登入頁面，輸入可接收簡訊的手機號碼，收到系統自動傳送的密碼後回到網頁輸入，即可開始使用。
🌐www.wifreeljubljana.si

旅遊票券

◎盧布里亞納卡Ljubljana Card

持卡可免費參觀多數景點與搭乘市區巴士、參加城市導覽、搭乘前往城堡的纜車、搭乘遊河船和租借4小時腳踏車，此外，住宿、餐廳、租車等可享有部分折扣，並可於24小時內免費使用WiFree Ljubljana的無線網路。卡片有效期限共有24、48和72小時三種選擇。

⏺卡片可於遊客中心、各大旅館或官網上購買
💲24小時卡：全票€36，半票€22；48小時卡：全票€44，半票€27；72小時卡：全票€49，半票€31。

旅遊諮詢

盧布里亞納旅遊局在市區設有遊客服務中心，提供地圖、旅遊小冊子、販售盧布里亞納旅遊卡、租單車，並協助遊客找尋旅館、導遊等服務。
🌐www.visitljubljana.com

◎盧布里亞納遊客中心TIC

⏺Adamič-Lundrovo nabrežje 2
🕗8:00~18:00(週日至15:00)
☎306-1215

MAP ▶ P.200C3

MOOK Choice

普雷雪倫廣場

Prešernov Trg/ Prešernov Square

城市經典地標和散步之旅的起點

🚊 從火車站步行約15分鐘可抵達廣場

　　普雷雪倫廣場位於盧布里亞納正中心，當地人經常在此舉辦文化慶祝活動，幾乎所有的遊客也都是從此地展開盧布里亞納之旅。盧布里亞納河沿著廣場南緣穿過，廣場上，幾座地標性雕像、建築和橋樑，使得普雷雪倫廣場成為盧布里亞納對外宣傳最具性代表性的經典畫面。

普雷雪倫紀念雕像Prešeren monument

　　這座雕像是為了紀念斯洛維尼亞最偉大的詩人法藍斯‧普雷雪倫(France Prešeren，1800~1849)，由Maks Fabiani和Ivan Zajc兩位藝術家於1905年所設計，普雷雪倫雕像後方則是繆思女神。普雷雪倫為19世紀斯洛維尼亞民族主義的重要提倡者，他的詩作充滿愛與自由，其中一首詩成為今天斯洛維尼亞的國歌，其肖像也出現在斯洛維尼亞所發行的2歐元硬幣上。

三重橋Tromostovje/ Triple Bridge

　　三重橋是盧布里亞納最知名的地標，顧名思義，這座跨越盧布里亞納河的橋共有三座，是由規劃這座城市的建築師普雷契尼克(Jože Plečnik)所設計。在1842年建造時原本只有中間那座，普雷契尼克於1931年在兩旁各增加一座，呈漏斗狀，讓新城那頭六條街的民眾更方便到舊城這頭。至於橋的樣式則故意採用威尼斯風格，因為盧布里亞納正好位於維也納和威尼斯的中途，也是義大利拉丁民族和日耳曼兩個不同文化的交界。

方濟會報喜教堂Frančiškanska Cerkev Marijinega Oznanjenja/ Franciscan church of the Annunciation

⌂Prešernov Trg 4　☎242-9300　◐06:40~12:00、15:00~20:00

　　方濟會報喜教堂雄立在廣場北方，外觀呈粉紅色調，始建於1646年，幾經擴大、重建，直到1895年大地震過後，才確立了今日的外觀。教堂內有一尊盧布里亞納最大的聖母銅像，主祭壇則是18世紀中葉義大利的雕刻大師法蘭西斯科‧羅巴(Francesco Robba)的作品。

中央藥局Centralna Lekarna/ Central Pharmacy

⌂Prešernov Trg 5　◐5~9月：平日7:30~20:00，週六8:00~15:00，週日9:00~14:00；10~4月：平日7:30~19:30，週六8:00~14:00　㊡10~4月的週日

　　這棟義大利風格的中央藥局是盧布里亞納歷史最悠久的藥房，19世紀時，曾是知識份子經常聚集的咖啡廳。

郝普特曼之屋 Hauptmanova hiša /Hauptman House

⌂Prešernov Trg 1

　　西元1895年，一場大地震摧毀了盧布里亞納大半的建築，郝普特曼之屋是少數倖存的，也是分離主義的一大塊寶。地震後不久，作染料生意的屋主用色大膽，在外觀上飾以當時流行的維也納新藝術風格，只有入口上方的小陽台保留巴洛克風格。

屋爾班宮殿Urbančeva hiša/ Urban House

⌂Prešernov Trg 4b　◐10:00~21:00(週六至20:00)　㊡週日　🕸www.galerijaemporium.si

　　這棟分離主義(Secessionist)建築建於1903年，如今是盧布里亞納心臟地帶高檔的精品百貨購物中心Galerija Emporium。抬頭仰望建築頂端，一尊雕像守望著整個廣場，那是商業之神墨丘利(Mercury)，仔細看，雕像左腳衣服皺褶裡藏著一個滿臉落腮鬍的人頭，他是當初這棟建築的主人。

丘波瓦街Čopova ulica/ Čopova Street

　　位於郝普特曼之屋和方濟會報喜教堂之間的街道，兩旁商店林立，是盧布里亞納心臟地帶最熱鬧的商業街，一個世紀之前，每逢假日，當地人總喜歡沿著這條人行步道散步到提沃利公園(Park Tivoli)，或者聽音樂表演，或者走進沿街的咖啡廳，於是這條街被建築師普雷契尼克稱為「城市的生命線」。

中央市場區

Centralna Tržnica Območje / Central Market Area

建築大師普雷契尼克的規劃傑作

🚶 從普雷雪倫廣場步行約3~5分鐘可抵達區內各景點

從普雷雪倫廣場跨過三重橋，便來到中央市場區，這整區的空間配置都來自建築師普雷契尼克的規劃，最讓人印象深刻的是沿著河岸的拱廊，然後一直延伸到盧布里亞納城堡山腳下的市集廣場。

錯過後悔的市場主題日

3月中至10月的每週五，盧布里亞納河畔散發致命的香氣，吸引全城的人聚集。這一天是中央市場露天廚房日（Odprta kuhna），60多間餐廳的大廚在Pogačar廣場大展身手，現場烹調各式各樣的料理，有機會品嘗到傳統鄉土菜、新式餐廳的創意料理、農場的新鮮味以及各國美味。每週三則是常常更換主題的生態市集（Ecological Market），例如：義大利食品市集、漢堡市集等。

🕸 www.odprtakuhna.si

普雷契尼克拱廊與中央市場
Plečnikov Arkada & Centralna Tržnica/
Plečnikov Arcade & Central Market

🕐 露天市集：4~9月平日6:00~18:00，週六6:00~16:00，週日9:00~18:00；10~3月週一至週六6:00~16:00，週日9:00~18:00(12月每日9:00~00:00)。拱廊及有頂區：平日7:00~16:00，週六7:00~14:00　🚫露天市集：1~3月的週日。拱廊及有頂區：週日🕸 www.lpt.si

光從拱廊的名稱，便知道這條沿河而建的長廊也是建築師普雷契尼克的傑作，其靈感來自於中世紀的城牆。拱廊屬於中央市場的一部份，有了這座拱廊的加持，在整個中歐地區來說，盧布里亞納的中央市場可說別具一格。來到這裡，可以滿足你對市場的任何想像，魚、肉、乳酪、乾果等生鮮食品就位於長廊裡的室內空間，而開闊的市集廣場上，從季節性水果、蔬菜、鮮花、香草、蜂蜜到服飾、具紀念價值的木雕、畫作、手工藝品，應有盡有。長廊和廣場之間，則是一整排可悠閒坐下來吃早餐的咖啡座。

飛龍橋Zmajski Most/ Dragon Bridge

幾個世紀以來，龍一直是盧布里亞納的城市象徵，不過這座跨越盧布里亞納河的新藝術風格橋樑，是河岸的公共建設中少數幾個非普雷契尼克的創作。橋建於西元1901年，取代原本的木橋，以紀念維也納哈布斯堡王朝(Habsburg)法藍茲‧約瑟夫(Franz Josef)皇帝加冕40週年。橋本身以水泥、鋼筋打造，是歐洲首批這種結構的橋樑，也是斯洛維尼亞首座鋪上瀝青的橋。建築師Jurij Zaninović在橋的四端飾以四條飛龍銅雕，因而得名，護欄上的路燈也雕著小龍，百年前這些燈均為瓦斯燈。

屠夫橋Mesarski Most/Butchers' Bridge

這座連接中央市場和堤岸碼頭的步行橋直到2010年才興建落成，風格迥異於左右兩側的飛龍橋和三重橋，橋上有幾尊雕像為斯洛維尼亞知名雕塑家Jakov Brdar的作品。名為屠夫橋，乃因橋的位置過去正好是中央市場肉販的攤位，雕像所訴說的正是過去市場攤販的故事。

聖尼古拉大教堂Ljubljanska Stolnica Sv Nikolaja/Cathedral St. Nicholas of Ljubljana

◎Dolničarjeva ulica 1 ◉彌撒週一至週六6:00、7:00、8:00、9:00、10:30、18:30、週日6:30、8:00、9:00、13:30、11:30、12:30、16:00、18:30 ☎234-2690 ⑤€2

聖尼古拉教堂矗立在市場旁有其歷史因素，人們相信聖尼古拉能保護人民免受洪災、水患之苦，因此一直是漁民的守護神，當漁民前來市場販售魚貨，獻給聖尼古拉的教堂也應運而生，從13世紀起就有一座仿羅馬式教堂，直到18世紀，逐漸發展成今天所見到的雙塔大教堂樣貌。

教堂最受矚目的焦點是兩扇厚重的銅製大門，那是為了紀念前教宗若望保祿二世於1996年來訪所打造。此為斯洛維尼亞當代雕刻家Tone Demšar的作品，大致呈現這個國家1250年的基督教歷史。

教堂內部以粉紅大理石、白色粉牆、鍍金裝飾以及華麗的巴洛克濕壁畫構成，主祭壇則是義大利雕刻師法蘭西斯科‧羅巴(Francesco Robba)的作品。

MAP ▶ P.200C3,C4

舊城區

MOOK Choice

Staro Mesto/Old Town

巴洛克建築與噴泉巡禮

🚶 從普雷雪倫廣場步行約5~8分鐘可抵達區內各景點

　　舊城區為盧布里亞納最古老的歷史區域，大多數的建築呈現巴洛克風格，部分街道則維持著中世紀的格局。這裡是盧布里亞納最適合閒適散步的行人徒步區，逛街、吃飯、約會、欣賞藝品，每年夏季，也是全城最有活力的角落。

羅巴水池Robbov vodnjak /Robba Fountain

🔵 P.200C3

　　從三重橋往前直走，遠遠可以看到市政廣場上的白色噴泉，乍看之下，就像羅馬廣場上的噴泉一樣，而噴泉的設計者是18世紀來自義大利的雕刻大師法蘭西斯科·羅巴，他因為愛上斯洛維尼亞，在此終老一生。噴泉上三座神祇捧著三只陶甕，分別代表這個區域的三條河流：沙瓦河(Sava)、克爾卡河(Krka)和盧布里亞納河(Ljubljanica)，不過目前所看到的雕塑為複製品，真品保存於國家美術館裡。

市政廣場與市政廳Mestni Trg & Mestna Hiša/ Town Hall Square & City Hall

📍P.200C3 🏠Stritarjeva ulica 2 🕐8:00~15:00(週三至16:00，週五至14:00) 🚶週末

市政廳挺立在市政廣場上，以高聳鐘樓和宏偉柱廊立面著稱，從這些建築元素約略可看出受到威尼斯的影響。走進前庭，上頭掛著一塊哥德晚期的徽章牌匾，地面上立著一尊赫丘力士(Hercules)與獅子的雕像，那是從舊城廣場的赫丘力士水池移過來的。再往裡頭走，則是一座文藝復興風格的中庭，四周圍繞著三層的拱廊。

舊城廣場與赫丘力士水池Stari Trg & Hercules vodnjak /Old Town Square& Hercules Fountain

📍P.200C4

從市政廳繼續往南走，會接連走過兩個廣場，一是舊城廣場，一是上廣場(Gornji trg)，與其說是廣場，不如說是寬一點的人行步道，悠閒散步其中，兩旁是整排略帶古意的19世紀木造房屋，沿街有雅致的精品店、餐廳、咖啡館及小品旅館。兩座廣場之間是一座赫丘力士水池，噴水池上的赫丘力士雕像為複製品，真品目前立在市政廳裡。

聖雅各教堂 Cerkev Sv Jakoba/ Church of St. James

📍P.200C4 🏠Levstikov trg 2

這座早期巴洛克樣式的教堂由一群耶穌會信徒建於1615年，取代原址上本來的哥德式教堂。幾個世紀以來，教堂幾經整建、重修，1895年的大地震震垮了原本的雙塔鐘樓，後來以單塔取代，成為盧布里亞納最高的鐘樓。

教堂內的主祭壇仍然是出於法蘭西斯科·羅巴的手筆，不過，更有趣的是聖法蘭西斯澤維爾禮拜堂(Chapel of St. Francis Xavier)左邊祭壇的「黑國王」與「白皇后」雕像。

聖弗洛里安教堂 Cerkev Sv Florijana/Church of St. Florian

📍P.200C4 🏠Gornji trg

西元1660年，舊城區曾經發生一場毀滅性大火，居民於是蓋了這座教堂以茲紀念，諷刺的是，教堂在1672年蓋好，一個世紀之後，自己本身也毀於大火。最後一次整建是在1934年，賦予這座教堂外貌的則為建築師普雷契尼克，他果然發揮其城市規劃的功力，在教堂旁蓋了一條步道，可以通往山丘上的盧布里亞納城堡。

MAP ▶ P.200C3

盧布里亞納城堡

MOOK Choice

Ljubljanski Grad/ Ljubljana Castle

登上塔頂360度俯瞰全城

🏠Grajska planota 1 🚶從舊城區步行上山，約15分鐘；或可從中央市場搭乘纜車上山 🕐城堡：10~4月9:00~19:00；5~9月9:00~22:00。博物館及各室內參觀點：10~4月9:00~18:00；5~9月9:00~20:00。餐廳：平日17:00~22:00，週六12:00~22:00 ☎306-4293 💲城堡和堡內景點全票€12、半票€8.4；套票全票€16、半票€11.2，包含城堡和堡內景點、來回纜車。 🌐www.ljubljanskigrad.si

盧布里亞納的城市發展是沿著城堡所在的山丘逐漸向外擴展開來，不論走到哪裡，都可以望見那高聳在山丘上的城堡，反之，爬上城堡瞭望塔頂端，整座城市盡在腳底下，不僅繁忙的市區，更遠的郊區林樹、鄉間遠山，都一覽無遺。

史前時代的山丘便已有人類的蹤跡；西元之前，凱爾特人(Celts)和伊里亞人(Illyrians)先後在此建立堡壘工事；到了羅馬時期，此地成為軍事驛站；9世紀之後，有了中世紀古堡的樣子；不論先建或後蓋，目前所看到的建築體都是西元1511年地震之後重建，逐漸擴大發展成今日規模。17、18世紀此地為貴族居所，19到20世紀前半葉則變身為監獄和軍營。

如今，城堡簇新的外觀都是1980年代之後翻新的，裡面有餐廳、紀念品店、展覽廳、禮拜堂以及婚禮大廳，盧布里亞納城堡除了是遊客絡繹不絕的必訪景點，更是當地市民舉辦音樂會、婚宴、文化活動的場所。

聖喬治教堂
Kapela Sv Jurija/ Chapel of St George

🕐夏季每週日15:30進行彌撒儀式，每年4月23日為聖喬治日，下午5點會舉行特別的儀式。

聖喬治教堂為城堡裡現存最古老的建築，建於1489年，奉獻給盧布里亞納的守護神聖喬治。天花板和牆上原本飾有15世紀的哥德式濕壁畫，18世紀之後，則以當時流行的巴洛克樣式，畫上六十幅有皇帝、官員、貴族、主教名字的圖案，在教堂內飾以世俗性的主題，這樣的案例並不多見。

虛擬城堡Virtualni dvorac/ Virtual Castle

虛擬博物館位於瞭望塔底層，這裡提供一段14種語言、12分鐘的影片介紹盧布里亞納城堡的歷史、建築發展及城堡內的考古發現，適合作為參觀城堡的第一站。

瞭望塔Razgledni Stolp/Viewing Tower

石頭打造的瞭望塔為城堡裡最高的建築，加上山丘的高度，因此可以說塔的頂端就是全盧布里亞納市的最高點。在1848年之前，它還是一座木造塔，過去主要作為火災消防瞭望警示之用，今天則是視野極佳的景觀台，遊客爬上95層的鍛鐵階梯之後，便能360度俯瞰全城。

木偶博物館Lutkovni Muzej/ Museum of Puppetry

五顏六色的木偶自天花板垂吊而下，邀請你進入神奇的木偶世界。木偶劇是被視為斯洛維尼亞重要文化遺產的傳統娛樂方式，2015年在城堡內成立第一間木偶博物館，展示木偶劇和製作技術的發展、各時期的藝術風

格，收藏豐富，有樣貌驚悚的木偶、膾炙人口的童話和天馬行空的幻想角色，最後還能實際演練操作木偶的方法。

斯洛維尼亞歷史常設展Permanent Exhibition of Slovenian History

以文物、多媒體及互動方式介紹斯洛維尼亞歷史，依時間順序分成六個主題，從史前、羅馬時期到前南斯拉夫政權與國家獨立，內容涵蓋各時期的社會、政治、經濟環境、交通、文化、建築與日常生活，內容豐富，簡單易懂，只是展品中包含許多複製品。

五角塔Peterokotni Stolp/ Pentagonal Tower

從塔內留著槍孔、狹縫，便知道過去這座五角形的塔具有防禦性功能，如今主要作為臨時性展覽廳，經常變換主題，由於音響效果不錯，有時也舉辦小型音樂會和戲劇表演，連同旁邊的展廳，約可容納100人。

纜車Vzpenjača/ Funicular Railway

纜車：10~4月9:00~19:00；5~9月9:00~22:00　來回全票€6、　半票€4.5；單程全票€3.3、半票€2.3

前往盧布里亞納城堡最簡單迅速的方式就是搭乘纜車，每10分鐘1班。

早在一百多年前，就有建造纜車的構想，讓城堡和市區之間的交通更為便利，不過這想法直到2006年底才實現。只需要1分鐘，便能從山下直達山丘上的城堡。

MAP ▶ P.200B3,B4

中央區
Center
繁忙現代化的商業新城區

🚶 從普雷雪倫廣場步行約5~10分鐘可抵達區內各景點

中央區位於盧布里亞納河左岸，有別於巴洛克風格的舊城區，這裡是繁忙的商業中心，屬於現代化的盧布里亞納，商業辦公室、商店、政府部門、大學和各國大使館都集中在這一區。

共和廣場Trg Republike/ Republic Square
📍 P.200A3

共和廣場是中央區的主要廣場，西元1991年斯洛維尼亞群眾便是在此宣布並慶祝獨立。由於盧布里亞納市區狹小，停車困難，此地目前主要功能為停車場。周邊有幾座醒目建築，包括雙塔辦公大樓(Twin Office Towers)、斯洛維尼亞國會 (Slovenian Parliament Building)等，國會大門的雕刻極富社會主義寫實風格(Socialist Realist)，內容不外乎讚揚共產主義的理想世界。其實原始的設計，國會應該在雙塔辦公大樓，但因為比前南斯拉夫首都貝爾格勒(Belgrade)的國會還大，而遭當時獨裁總統狄托(Tito)否決。

法國革命廣場Trg Francoske Revolucije/ Square of the French Revolution
📍 P.200B4

普雷契尼克在廣場中央豎立了一根伊里亞紀念碑(Illirija Column)，用以紀念拿破崙曾經指定盧布里亞納為伊里亞省(Illyrian Provinces)首府這段歷史。除了法國、巴黎之外，拿破崙所征服過的歐洲國家，很少地方還會特別紀念他，然而對盧布里亞納來說，拿破崙的貢獻是卓著的，包括斯洛維尼亞文化的發揚、設立學校、開拓道路和基礎建設等。

廣場不遠處還有一座13世紀由條頓騎士(Teutonic Knight of the Cross)所蓋的修道院，名為克里桑克(Križanke)，目前是盧布里亞納夏季舉辦節慶音樂會的場所。

愛樂廳Filharmonija/ Philharmonic Hall

🅐 P.200B3　📍Kongresni trg 10　📞241-0800　🌐 filharmonija.si

　愛樂廳為斯洛維尼亞愛樂管弦樂團的專屬音樂廳，這個樂團成立於1701年，在世界上眾多歷史悠久的樂團中數一數二，海頓、貝多芬、帕格尼尼、布拉姆斯都曾是名譽團員，而馬勒也曾在此擔任一季的客席指揮。音樂廳雖然不大，卻是舉辦精緻室內音樂會的好場地。

國立大學圖書館與盧布里亞納大學 NUK & Univerza v Ljubliani/ NUL & University of Ljubljana

🅐 P.200B4　📍圖書館：Turjaška ulica 1；大學：Kongresni trg 12　📞圖書館：200-1209；大學：241-8500　⏰圖書館：平日10:00~18:00（大廳和展覽室），週六14:30~18:00（閱覽室）　❌週日不對外開放　💲平日免費，週六全票€5，15歲以下免費　🌐圖書館：www.nuk.uni-lj.si；大學：www.uni-lj.si

　國立大學圖書館是普雷契尼克於西元1941年的大作，堪稱其最具代表性的作品。從建築外表看，磚紅、灰泥的色調，讓人想起位於盧布里亞納南方的喀斯特地區，那些紅土與巨大岩石；從更深的層次欣賞，紅色磚塊上裝飾著不規則的岩塊，其設計所要傳達的，不外乎圖書館設立的目的正是要解決人們的求知障礙。

　圖書館面對河岸的那側有一尊摩西雕像；在建築物的右側，大門的門把上雕了一顆馬頭，那是希臘神話中的飛馬(Pegasus)，意謂你手握馬頭、走進圖書館，便能獲得啟蒙，提升至不同的智慧境界。圖書館藏超過2百萬冊，更保存許多中世紀、文藝復興時期的文件和古版書。平日遊客只能參觀大廳和展覽室，閱覽室僅於週六下午開放參觀，其他時間只有學生能使用。

　至於兩街之隔的盧布里亞納大學主建築，過去曾是公爵的宮殿。

烏爾蘇拉的聖三一教堂Uršulinska Cerkev Sv Trojice/ Ursuline Church

🅐 P.200B3　📍Slovenska cesta 21　📞252-4864　⏰ 10:00~12:00、17:00~18:45　🌐ursulinska-cerkev-lj-sv-trojica.rkc.si

　烏爾蘇拉的聖三一教堂建於1726年，是盧布里亞納最漂亮的巴洛克式建築。教堂為建築師Carlo Marinuzzi所建，其立面是由六根半露柱子撐起一座造型奇特的山牆，風格受到義大利北部晚期巴洛克帕拉第奧學派(Palladian School)的影響，以及17世紀羅馬建築大師Francesco Borromini作品的啟發。一反大多數巴洛克式教堂內部都有繁複的彩繪，取而代之的是一座巨大的彩色主祭壇，不難發現，這又是另一件法蘭西斯科‧羅巴的作品，採用非洲大理石打造而成。

摩天大樓Nebotičnik/ Skyscraper

🅐 P.200B2　📍Štefanova ulica 1　⏰咖啡廳：週一9:00~22:00，週二至週六9:00~00:00，週日12:00~22:00；餐廳：週一至週三9:00~01:00，週四至週六9:00~03:00，週日12:00~22:00　🌐www.neboticnik.si

　這棟建於1933年的裝飾藝術(Art Deco)建築，名為Nebotičnik，其斯洛維尼亞文的意思就是「摩天大樓」，當年，這13層樓的建築在整個中歐地區可說首屈一指，也是歐洲首批受到美國摩天大樓影響的建築。在全世界各大新興城市都競逐蓋摩天大樓的今日，樓高70公尺的建築已是小巫見大巫，而盧布里亞納最高建築的地位也早就被水晶宮Crystal Palace奪走，為了頂樓景觀餐廳的遼闊視野，仍然值得上樓喝杯咖啡，看舊城區鱗次櫛比的紅屋瓦沿河畔展開，與遠方山丘上的盧布里亞納城堡遙遙相望。

博物館區
Muzejsko območje/Museum Area

四大重量級博物館齊聚一堂

🚶 從普雷雪倫廣場步行約8~15鐘可抵達區內各景點

　　博物館區內坐落著盧布里亞納四座最重要的博物館，緊鄰中央區，位於共和廣場的西北側。斯洛維尼亞國家博物館、自然史博物館、斯洛維尼亞國家美術館、盧布里亞納現代美術館這四大博物館，收藏著斯洛維尼亞最重要的藝術品與文物，仔細參觀，可以更清楚瞭解斯洛維尼亞的歷史脈絡和珍貴資產，區域內的國家劇院則是斯國首屈一指的藝術表演殿堂。

斯洛維尼亞國家美術館Narodni Galerija Slovenije/National Gallery of Slovenia

🚇 P.200B2 🏠 Prešernova cesta 24 ⏰ 10:00~18:00(週四至20:00) 休週一 ☎ 241-5418 💲 常設展全票€8，半票€5，每月第1個週日免費 🌐 www.ng-slo.si ❗ 持盧布里亞納卡免費

　　國家美術館這棟建築建於1896年，是捷克建築師František Edmund Škabrout根據布拉格國家劇院的原型所設計。這裡擁有斯洛維尼亞從中世紀到19世紀末，橫跨哥德、巴洛克、古典、浪漫、寫實派、印象派等時期最重要的藝術收藏，主要分為斯洛維尼亞藝術作品、歐洲藝術家畫作及臨時性展覽三個展區。

　　一走進國家美術館前廳，便可以看到18世紀義大利雕刻大師法蘭西斯科‧羅巴在盧布里亞納所留下最偉大的巴洛克藝術作品——「三條卡尼歐拉河水池」雕塑(Fountain of Three Carniola Rivers)，原本矗立在市政廳廣場前水池，為了避免在外頭風吹日曬雨淋，2008年才把真品移過來，原地以複製品取代。

　　既然館內集斯洛維尼亞歷來重要藝術家作品大全，在國

斯洛維尼亞國家歌劇院SNG Opera in balet Ljubljana/ National Opera and Ballet Theatre

🚇 P.200B2 🏠 Županičeva 1 ⏰ 詢問中心及售票處：平日10:00~13:00、14:00~17:00；或是表演開始前1小時 ☎ 241-5959 🌐 www.opera.si ❗ 觀賞表演請穿著正式服裝

　　歌劇院的正式全名為斯洛維尼亞國家歌劇院暨盧布里亞納芭蕾戲院(Slovenian National Opera and Ballet Theatre of Ljubljana)，是斯國首屈一指的歌劇、芭蕾和音樂會的表演場所，包含斯洛維尼亞國內和跨國的製作，每一個音樂季至少有150場演出，深具口碑。

　　歌劇院建於1892年，為新文藝復興風格，由捷克建築師所設計。隨著斯洛維尼亞歷史的發展，最早是一座德國劇院，後來為省立歌劇院，直到二次世界大戰之後，才漸漸發展為國際級的歌劇院。劇院立面兩旁各有一座壁龕，雕像分別代表喜劇和悲劇，正面入口處則由4根艾奧尼亞式(Ionic)石柱撐起一座飾滿雕像的山牆，上面全為斯洛維尼亞詩歌上的人物寓言故事。

家美術館的南翼，不能錯過浪漫畫派的Pavel Künl、Marko Pernhart、Anton Karinger，還有印象畫派的Jurij Šubic、Rihard Jakopič等人的畫作，以及Franc Berneker、Anton Gangl的銅雕。

　　國家美術館現代化的北翼，則收藏了歐洲各地藝術家，包括義大利、西班牙、法國、荷蘭、德國，從中世紀到20世紀初期的畫作。

盧布里亞納現代美術館Moderna Galerija Ljubljana/ Museum of Modern Art

⊙P.200A2 ⚐Cankarjeva cesta 15 🕐週二至週日10:00~18:00 休週一 ☎241-6834 💲全票€5，半票€2.5。每月第1個週日免費 ⓦwww.mg-lj.si

　　如果要欣賞20世紀下半葉之後斯洛維尼亞的現代藝術作品，便得從新古典主義風格的國家美術館，走向對街的現代美術館。在永久展區裡收藏了1960年代之後，斯洛維尼亞、巴爾幹半島、東歐等前南斯拉夫地區的現代藝術家作品，包括畫作、雕塑、印刷品、攝影、影片及電子媒體等。除了常設展品，現代美術館也會不定時推出互動性及特定主題的展覽。

斯洛維尼亞國家博物館與自然史博物館 Narodni Muzej Slovenije & Prirodoslovni Muzej Slovenije/National Museum of Slovenia & Natural History Museum

⊙P.200A2 ⚐Muzejska ulica 1 🕐10:00~18:00(週四至20:00) ☎國家博物館：241-4400；自然史博物館：241-0940 💲單館全票€8，半票€4；兩館聯票全票€10，半票€6；每月第1個週日免費 ⓦ國家博物館：www.nms.si；自然史博物館：www.pms-lj.si

　　斯洛維尼亞國家博物館與自然史博物館坐落在同一棟建於1888年的建築裡，坐擁一處林木茂密的公園，公園中央有一尊醒目的瓦瓦索爾(Johann Weikhard von Valvasor，1641~1693)雕像，他是17世紀斯洛維尼亞最偉大的科學家及學者，也是卡尼歐拉(Carniola)地區的公爵。

　　走進博物館，迎面而來是一座宏偉的梯廳，繆斯、幸運女神的雕像就倚在主梯的欄杆上，再抬頭望，天花板的濕壁畫則彩繪著卡尼歐拉這一代的寓言故事。從梯廳拾級而上，向右轉，便是國家博物館主要展示區，以斯洛維尼亞境內的考古發現為主，從盔甲、武器、陶器、銅器到玻璃器皿都有，最引人矚目的鎮館之寶，當為一截6萬年前、舊石器時代尼安德塔(Neanderthal)人留下的「骨笛」，被認為是目前所發現全世界最古老的樂器。

　　地面層的展廳展示了西元前6至7世紀的埃及棺槨和木乃伊，以及羅馬時代的石雕和石碑，這是斯洛維尼亞境內唯一的木乃伊，棺槨上彩繪著埃及的「死亡之書」。其中最著名的是貼著金箔、名為「艾莫那公民」(Citizen of Emona)的銅雕像，銅像高1.54公尺，身著羅馬時代的寬外袍和及膝短袖束腰外衣，栩栩如生，從其髮型及服裝，可判斷年代約為西元2世紀；目前盧布里亞納市區Kongresni廣場旁的公園也立著一尊複製品，陽光下金光閃閃，格外耀眼。

　　梯廳的左側則是自然史博物館，共有16間展示室，包括了長毛象和鯨魚的骨骸以及各種野鳥、爬蟲和哺乳動物的標本。

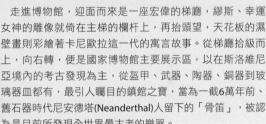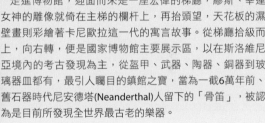

MAP ▶ P.200A1,A2

提沃利公園

Park Tivoli

當地居民休閒野餐最佳去處

🚶 從普雷雪倫廣場步行，沿Cankarjeva街往西行，穿過地下道，約20分鐘可抵達

國際影像藝術中心
🏠 Pod turnom 3　🕙 10:00~18:00　💤 週一　☎ 241-3800
💲 全票€6，半票€3.5。展期間的週日10:00~12:00有早餐套票€7　🌐 www.mglc-lj.si

斯洛維尼亞現代史博物館
🏠 Celovška cesta 23　🕙 10:00~18:00　💤 週一　☎ 300-9610　💲 全票€5，半票€3；每月第一個週日免費　🌐 www.muzej-nz.si

小巧的盧布里亞納市區，卻奢侈地享有一座面積廣達510公頃的都市之肺，面積之大為台北市大安森林公園的20倍，而且就位於市中心西側，步行即可到達。這裡不僅是盧布里亞納市民週末假日休閒野餐的去處，就連平日，隨時都是前來散步、運動、溜狗的民眾。

從東正教堂和現代美術館之間的人行地下道爬上來後，迎面即是一條人行大道，由整排新古典風格的列柱串連起來，為普雷契尼克於1920到30年代所設計，大道兩旁陳列了一幅幅斯洛維尼

亞的攝影圖像。

大道盡頭是17世紀的提沃利宅邸(Grad Tivoli)，目前為國際影像藝術中心(Mednarodni Grafični Likovni Center)，每三個月更換一次展覽，每逢奇數年也舉辦國際性的印刷藝術雙年展。這裡設有一座庭園咖啡廳，可以飽覽公園景觀。

從國際影像藝術中心向北走，會看到一座18世紀的巴洛克式宅邸，目前是斯洛維尼亞現代史博物館(Muzej Novejše Zgodovine Slovenije)，裡面以多媒體和模型回溯20世紀的斯洛維尼亞連續不斷的戰爭和歷經多種政權的歷史，以及兩次世界大戰對社會生活和工作的影響。

維也納分離派（Vienna Secession）是歐洲新藝術運動（Art Nouveau）的支流，19世紀末一群青年藝術家反對維也納保守的「藝術家協會」，以古斯塔夫•克林姆(Gustav Klimt)為首另組織理念相近的團體。分離派反對古典派藝術，宣稱與其分離，追求實用性，主張與現代生活的融合，沒有明確的綱領，注重獨特個性和自我風格。

西元1895年大地震過後，有不少規劃新城的建築師以當時維也納所流行的新藝術風格為師，為盧布里亞納的市容帶來新氣象，精彩程度亦不輸普雷契尼克，其中，以連結普雷雪倫廣場和火車站的米克洛什切瓦路（Miklošičeva Cesta）最具代表性，包括人民信貸銀行、合作銀行和大聯合飯店，都是分離派的建築精華。

🚩200C2 🚶從普雷雪倫廣場可進入街道

合作銀行
Cooperative Bank
🏠Miklošičeva Cesta 8

由斯洛維尼亞建築師Ivan Vurnik所設計，立面以紅、黃、藍的幾何圖形所構成。Ivan Vurnik在維也納留學期間也受到分離派影響，但回國後卻結合本土的農民藝術發展出獨特的民族國家風格。這是受到當時社會氛圍的啟發，第一次世界大戰過後，奧匈帝國傾覆，東歐各國初嚐民族國家的滋味，極具企圖心Ivan Vurnik便試圖在建築上表現出自己國家的特色。

大聯合飯店Grand Hotel Union
🏠Miklošičeva Cesta 1 🌐www.grandhotelunioneurostars.com

大聯合飯店是盧布里亞納第一間現代化的大型酒店，位於米克洛什切瓦路和普雷雪倫廣場相交處，1905年開幕時是全市最大的建築，長達100公尺的白色立面和鐵皮塔型屋頂相當醒目，而這棟建築僅用了短短18個月就完成。

這種高塔的設計有其歷史背景。18、19世紀時，捷克的布拉格是整個斯拉夫世界的文化首都，林立的尖塔，享有「百塔黃金之都」的美稱，為了向布拉格學習，曾經有一度盧布里亞納立了一條法律：面對街角的新建築必須蓋這類的高塔。後來普雷契尼克在規劃盧布里亞納河的河岸時，特別在垂楊柳之間穿插高大樹種，某個程度也反映出向布拉格學習的精神。

人民信貸銀行People's Loan Bank
🏠Miklošičeva Cesta 4

這棟建築前身為人民信貸銀行，外觀呈藍白色調，相當優雅。在建築立面的頂端，左右分別立了兩尊女性雕像，一個手持蜂窩，象徵工業；一個手持錢包，象徵財富。

🚇從普雷雪倫廣場步行約7~8分鐘可抵達 🏠Stari trg 7 ☎
425-0455 ⏰12:00~22:00 🈺週日 💲品嚐菜單每人€45
起 🌐valvasor.net

　　Valvas'or被列為盧布里亞納最好的餐廳之一，位在人
潮聚集的舊城區市政廳附近，2008年開幕，餐廳以斯洛
維尼亞的17世紀最偉大的科學家及學者Valvasor命名，
因為他就出生在附近。餐廳裝潢結合現代與古典，共有
三層樓，夏日戶外也有用餐區，就在人來人往的老街
上。餐點融合西式與傳統斯洛維尼亞美食元素。

🚇從普雷雪倫廣場步行約5分鐘可抵達 🏠Ciril Metodov
trg 18 ⏰11:00~23:00 ☎439-6855 💲單點主菜
€14.5~30，冷盤€6~18 🌐www.gostilna-sokol.com

　　位於舊城區，離羅巴水池
不遠，活潑殷勤的服務生穿
著傳統服飾，招呼著人來人
往的遊客。餐廳共有兩層、
250個座位，想品嚐斯洛維
尼亞傳統美食的人，可以來
此試試餐廳所標榜的「阿嫲
級老味道」，尤其是各種肉
類特製的香腸。

🚇從普雷雪倫廣場步行約5分鐘可抵達 🏠Štefanova ulica 1
⏰週一至週三9:00~凌晨1:00，週四至週六9:00~凌晨3:00，
週日12:00~22:00 ☎40-23-3078 🌐www.neboticnik.si

　　摩天大樓的頂樓餐廳，享有全盧布里亞納市區最好的
景觀，集餐廳、咖啡廳、酒吧於一身。由於營業時間
長，除了正餐之外，也提供餐間小點、快餐、咖啡及酒
品。夜晚時分，除了可以居高臨下賞夜景，這裡的雅座
酒吧愈夜愈美麗。

Where to Shop in Ljubljana
買在盧布里亞納

MAP ▶ P.200C3 **Central Market**

從普雷雪倫廣場步行約5分鐘可抵達 ▼露天市集：4~9月平日6:00~18:00，週六6:00~16:00，週日9:00~18:00；10~3月週一至週六6:00~16:00，週日9:00~18:00(12月每日9:00~00:00)。拱廊及有頂棚：平日7:00~16:00，週六7:00~14:00 休露天市集：1~3月的週日。拱廊及有頂區：週日 ⓤ www.lpt.si

不崇尚名牌，也不賞高檔精品，只想購買具紀念價值的當地土產、手工藝品，那麼中央市場絕對是首選。開闊的市集廣場上，從季節性水果、蔬菜、鮮花、香草、蜂蜜，到服飾、木雕、畫作、手工藝品，應有盡有。如果巧遇週日，在三重橋到鞋匠橋(Cobbler Bridge)的河岸邊，則有跳蚤市場和古董市場。

MAP ▶ P.200C3 **Piranske Soline**

從普雷雪倫廣場步行約5分鐘可抵達 Mestni trg 8 425-0190 9:00~19:00(週六至17:00) 休週日 ⓤ www.soline.si

斯洛維尼亞最知名的鹽店，產地在伊斯特利亞半島的瑟秋夫列鹽田自然公園(Krajinski Park Sečovljske Soline)，在斯洛維尼亞很多地方都有分店，全國統一售價，盧布里亞納的分店位於舊城區市政廳往舊城廣場的路上，是斯洛維尼亞伴手禮名店之一。

MAP ▶ P.200C3 **Zakladi Slovenije**

從普雷雪倫廣場步行約2分鐘可抵達 Ciril-Metodov trg 2 304-52588 週一至週六9:00~20:00，週日10:00~18:00

斯洛維尼亞的農特產品總讓人買不停手，想要一站買足所有特產，Zakladi不會讓你失望。引進各地純天然食品和原料，擺滿三面牆的酒類、橄欖油、果醬、蜂蜜、黑松露等，推薦適合沾麵包的黑松露抹醬，一打開就香味四溢，不妨現場嘗試一下再下手。

MAP ▶ P.200C3 **Kraševka**

從普雷雪倫廣場步行約5分鐘可抵達 Vodnikov trg 4 平日9:00~18:00，週六9:00~15:00 休週日 232-1445 ⓤ www.krasevka.si

想要購買真正屬於斯洛維尼亞的伴手禮，又具有一定程度的品質保證，Kraševka是不二選擇。Kraševka位於中央市場對面，店裡的斯洛維尼亞土特產都來自Kras這個農業地區，包括乳酪、火腿、蜂蜜、果醬、香草、酒、橄欖油等。

MAP ▶ P.200C3 **Honey House**

🚇 從普雷雪倫廣場步行約5分鐘可抵達　🏠Mestni trg 7　🕙10:00~19:00(週日至17:00)　☎320-2743　🌐honeyhouse.si

斯洛維尼亞是歐洲著名的蜂蜜產地，這間蜂蜜專門店販售各式各樣不同口味的蜂蜜，包括野花、冷杉果、栗子、松林等等，都是蜜蜂採集自不同植物的花所生產出不同種類的蜂蜜，店員會讓你試吃，有偏酸、有偏苦，餘韻還帶著花香，滿意才買。此外，也可嘗試加入蜂蜜釀造的酒，或是添加蜂蜜成分的洗髮精、保養品等。

MAP ▶ P.200C3 **Čokoladnica Cukrček 巧克力專賣店**

🚇 從普雷雪倫廣場步行約5分鐘可抵達　🏠Ciril Metodov trg 19　☎590-46020　🕙10:30~19:00　🌐www.cukrcek.si

雖然斯洛維尼亞並不特別以巧克力聞名，但談起舊城區這間巧克力專賣店，卻是每個盧布里亞納市民都要豎起大拇指。在盧布里亞納市區有4間分店，各式各樣、各種口味的巧克力擺滿整間店面，甜甜的香氣不斷溢出，新鮮現做或包裝好的禮盒都可供選擇。

Ⓗ Where to Stay in Ljubljana 住在盧布里亞納

MAP ▶ P.200C2 **Grand Hotel Union**

🚇 從普雷雪倫廣場步行約2分鐘可抵達　🏠Miklošičeva Cesta 1　☎308-1270　🌐www.grandhotelunioneurostars.com　💲單人房€126起，雙人房€131起

建於1905年，已有上百年歷史，因其新藝術風格的美麗外觀，始終是盧布里亞納知名度最高的地標型旅館。旅館分為兩個部分，一是位於主建築，擁有111個房間、古典奢華的Grand Hotel Union Eurostars，另一部分則是222個房間，屬於現代商務型的Eurostars uHotel。因為有足夠的公共廳堂，經常舉辦節慶及大型活動。

Hotel Slon Best Western Premier

MAP ▶ P.200B2

從普雷雪倫廣場步行約5分鐘可抵達 Slovenska cesta 34 470-1100 www.hotelslon.com 單人房€97起，雙人房€122起

坐落在市中心，不論步行到那個景點幾乎都是等距，位置得天獨厚，而且多達170個房間，足以迎合各種不同需求的旅客。19世紀中葉就有Slon Hotel這家旅館，目前這座建築是1930年代蓋的，落成之初，被譽為盧布里亞納最現代、最漂亮的旅館，20多年前加入Best Western旅館聯盟，內部裝潢設施持續不斷翻新，最特別的是提供各種不同選擇的枕頭，讓你一夜好眠。

Allegro garni Hotel

MAP ▶ P.200C4

從普雷雪倫廣場步行約10分鐘可抵達 Gornji trg 6 59-119-620 www.allegrohotel.si 單人房€80起，雙人房€100起

位於舊城區，是盧布里亞納第二間精品旅店，但房間數很少，只有14個房間，提供不同大小房型，從單人房到5人房都有。不同房間有不同視野，有面對老街，有面向城堡，也有朝向聖雅各教堂的角度，入住前可詢問櫃台。

Ljubljana City Hotel

MAP ▶ P.200C2

從普雷雪倫廣場步行約5分鐘可抵達 Dalmatinova ulica 15 239-0000 www.cityhotel.si 單人房€81起，雙人房€99起

地理位置優越，從火車站步行而來約7分鐘，距離舊城也不遠。2007年重新翻修過，共有207間客房，此外還有會議中心、圖書館、兒童遊戲區，適合商務客和一般遊客住宿，豐盛的早餐有加分效果。

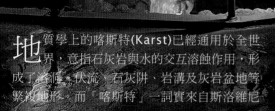

喀斯特地區
The Karst Region

地質學上的喀斯特(Karst)已經通用於全世界，意指石灰岩與水的交互溶蝕作用，形成了洞洞、伏流、石灰阱、岩溝及灰岩盆地等繁複地形。而「喀斯特」一詞實來自斯洛維尼亞文的Kras，指的是斯洛維尼亞西南部這塊與義大利交界的特殊地形地質。在這一整區的喀斯特地形中，首選就是遊客最多的波斯托伊納溶洞，以及被列為世界遺產的什科茲揚溶洞。

波斯托伊納
Postojna

文●李曉萍・林志恆 攝影●周治平・林志恆

斯洛維尼亞擁有兩個舉世聞名的喀斯特系統，一為波斯托伊納，另一個是什科茲揚溶洞(Škocjanske Jame)，雖然什科茲揚有「世界遺產」的加持，但受歡迎程度卻遠不及波斯托伊納，因為這裡不但離首都盧布里亞納更近，洞穴裡還有軌道車等人工設施，只要搭上列車，便能迅速進入喀斯特的奇幻世界。

波斯托伊納溶洞是個長達20公里的地底喀斯特系統，包含大大小小坑道、洞穴和鐘乳石，為200萬年前皮夫卡河(Pivka)溶蝕而成。早在中世紀人們便知道波斯托伊納洞穴的存在，但僅止於洞穴入口，直到1818年4月哈布斯堡皇帝法蘭茲一世(Franz I)駕臨過後，才開始開發成旅遊勝地；1872年洞內軌道電車鋪設完成，1883年通電，電車和電燈同步啟用，甚至比其他歐洲國家的首都更早使用電力，兩百多年來，已超過3千8百萬人造訪，超過150位各國元首、女王和國王曾經蒞臨，累積遊客之多，居全歐洲溶洞穴之冠。

INFO

基本資訊
人口：9,804　**面積**：33.3平方公里　**區碼**：(0)5

如何到達——火車
　波斯托伊納位於盧布里亞納西南方67公里處，是斯洛維尼亞火車主幹線上的大站，從盧布里亞納出發，車程約1小時，1天約20班次，全票€5.8起，半票€4.1起；從南部海岸大城Koper北上，需在Divača轉車，車程1.5小時，1天4~6班次，全票€7起，半票€4.9起；從義大利Trieste出發，車程約1.5小時，每天約2班次。詳細時刻表請上網查詢。
🚆 potniski.sz.si
❗2023年9月前，部分車次需轉搭鐵路替代巴士，可能會影響車程時間。

如何到達——巴士
　從盧布里亞納搭乘巴士可直達波斯托伊納溶洞售票處附近，車程約1小時，每天約3班次，搭到波斯托伊納市區的班次較頻繁，平日約20班次，週末約8班次；從Koper搭巴士直達溶洞，車程約1小時10分，每天1班次；從Nova Gorica搭巴士直達，車程約1.5小時，每天約2班次。
🚌 www.ap-ljubljana.si

市區交通
　從波斯托伊納火車站步行約30分鐘，可抵達波斯托伊納溶洞。或是從市區巴士站搭乘巴士前往溶洞入口，車程約3分鐘，每日4班次。若想搭計程車，可電話叫車。
Taxi Postojna
☎31-777-974、31-413-254

旅遊諮詢
◎波斯托伊納遊客服務中心
🚶從火車站步行約15分鐘可抵達　🏠Jamska cesta 9
☎720-1610　🌐www.tdpostojna.si

MAP ▶ P.10B2

波斯托伊納溶洞

MOOK Choice

Postojnska Jama/Postojna Cave Park

深入洞穴的驚奇探險

🏠售票處Jamska cesta 27 ☎700-0100 ◎必須參加導覽行程才能進入溶洞。7~9月9:00~18:00(9月至17:00)，約半小時至一小時一團；4~6和10月10:00~16:00，約每小時一團；11~3月10:00、12:00、15:00各一團 💲溶洞：全票€28.5、半票€17.1；溶洞＋普里迪亞瑪城堡：全票€40.9、半票€24.5 🌐www.postojnska-jama.eu ◎有含中文在內17種語言的語音導覽機

　不論何時來到波斯托伊納，總是被一團又一團的遊客淹沒，旺季時，即便每個小時都有導覽行程，也幾乎團團客滿。買完票，從人滿為患的洞口隨著人潮步下階梯，入口處顯示洞內溫度為攝氏10度，此為洞內終年均溫，也提醒了遊客，如果夏天來得準備一件外套，如果是冬天，可能身上的衣服又過於厚重。

　依照4種不同語言分組後，搭上黃色的軌道電車，便展開一連串讓人驚呼連連的洞穴之旅。電車時而穿過狹窄坑道，時而進入像萬盞燈燭高掛的巨大廳堂，每當奇形怪狀的鐘乳石出現，便引來遊客相機閃燈一陣亂閃（儘管在洞內不准許使用閃光燈）。然而這些只是前菜，3.5公里的電車之旅結束，在「大山」(Velika Gora)的洞穴停下來，才是地下宮殿的真正入口。

　步行近距離欣賞，果然與電車疾駛的走馬看花大不同，1個半小時的行程內(約1.5公里)，你可以看到數百呎高的石筍從地面往上堆高，也可以看到千百根銀針似的鐘乳石，就倒掛在天花板上；還有像冰柱、碎掉的義大利麵、梨子、白色花椰菜、沙堡等各種形狀的石筍與鐘乳石，任君想像；一旦石筍與鐘乳石連成石柱，你又可以看到石柱連成一整面半透明狀的帷幕，近看倒像一片片的培根豬肉。

　除了各式各樣美麗的鐘乳石，波斯托伊納溶洞裡還可以留意幾個重點：「俄羅斯橋」是1916年

由罪犯所打造；「美麗洞」(Lepe Jame)是一條長500公尺、布滿緞帶狀的石筍和鐘乳石；「冬季廳」(Zimska Dvorana)內5公尺高的鑽石石筍Brilliant，在燈光下折射閃閃發光的雪白色澤，與旁邊如結婚蛋糕層層堆砌的石柱並排，是波斯托伊納溶洞最具代表性的景觀；行程終點的「音樂廳」是最大的洞穴，這裡可以舉辦容納1萬人的音樂會。

人魚—盲螈螈

　　洞穴內生態也十分豐富，包含了洞甲蟲、蝙蝠、豪豬等200種動物和昆蟲，其中最為珍稀的是被瓦瓦索((J. V. Valvasor)形容為「四腳人魚」的盲螈螈(Proteus Vivarium)，為洞穴裡最大型的脊椎動物，長約25~30公分，雖然沒有視覺，但嗅覺極為靈敏，在水裡會釋放微弱電流，7年不吃東西也能存活。

　　就像一般兩棲動物，牠在水裡用頭部兩邊的鰓呼吸，一旦到了陸地，就改用肺呼吸。牠的皮膚看起來就像人類一樣，所以被稱作人魚，但沒有色素，之所以呈淡粉紅色，是血液循環的結果。

MAP ▶ P.10B2

溶洞旅館

Hotel Jama

溶洞洞口專屬貴賓席

🏠Jamska cesta 30　☎700-0200　💲單人房€84起，雙人房€75起　🕸www.postojnska-jama.eu

　　優越的地理位置，讓溶洞旅館自1971年開幕以來穩坐波斯托伊納地區最佳旅館的寶座。

　　Jama的斯洛維尼亞語意為「洞穴」，顧名思意，旅館正位於波斯托伊納溶洞旁邊，被廣闊的森林和蜿蜒流過的皮夫卡河包圍，對於想同時參觀溶洞和普里迪亞瑪城堡的遊客而言，無疑是最佳住宿選擇，再加上房客享有門票9折的優惠、不需至票口排隊，訂房或入住時即可透過旅館安排導覽團時間，貴賓級的待遇，讓這趟旅程輕鬆悠緩。

　　2016年旅館全面重新整修，簡潔流順的線條和設計傢俱表現時尚感，原木、銀灰和湖水藍的色彩調性平靜心靈，旅館設計巧妙融入在地元素，大廳使用高低起伏的木板一層層堆疊出鐘乳石洞樣貌、門把手或是房內掛衣架都能找到盲螈螈的蹤跡。房間內部寬敞舒適，梳洗過後，別錯過陽台正上映的日落大秀，以遼闊森林和河流為前景，夕陽落入遠方山脈，溶洞前喧雜的遊人們逐漸散去，而靜謐的夜晚與熠熠星光才悄悄上場，撫慰一日的疲憊。

普里迪亞瑪城堡

MOOK Choice

Predjamski Grad / Predjama Castle

金氏紀錄中全球最大的洞穴城堡

📍城堡位於溶洞西北方9公里處，車程約20分鐘。1.凡購買套票者，7月中~8月可免費搭乘波斯托伊納溶洞往返於普里迪亞瑪城堡之間的接駁巴士。2.從波斯托伊納搭乘計程車來回，含1小時等待，約€35起。 ⏰城堡：7~9月9:00~19:00(9月至18:00)；4~6和10月10:00~17:00；11~3月10:00~16:00。地底洞穴：5~6月16:00一場導覽；7~8月11:00、16:00共2場導覽；9月11:00一場導覽 ☎+386-5-751-6015 💲城堡：全票€17.5、半票€10.5；溶洞＋普里迪亞瑪城堡：全票€40.9、半票€24.5 🌐www.postojnska-jama.eu

離開波斯托伊納往西北方走，行至路的盡頭，123公尺高的垂直山壁擋住去路，雄偉的城堡嵌入崖壁，儘管地理位置孤立，獨特的洞穴城堡還是吸引遊客遠到而來，1986年成龍拍攝龍兄虎弟時在也曾此取景，從洞窟上方垂降至城堡。

普里迪亞瑪(Predjama)這個字的意思是「在洞窟之前」，大約從12世紀起，崖壁洞窟裡就已經出現最原始的城堡，一開始，城堡都隱身於洞窟裡，外界不易察覺，防禦功能居多；而如今文藝復興的4層樓外觀大抵是在16世紀確立的，城堡已經發展到突出於洞窟之外，最後一任城堡主人將之作為狩獵用的基地。

城堡一半嵌入岩壁，窗戶僅能引進微弱光線，一走進去，潮濕、冰冷的氣息立刻侵襲，內部陳設簡單，共有8個房間分布在4個樓層，展示油畫、武器、15世紀的聖殤圖、穿著傳統服飾的蠟像等，讓人想像中世紀時的情景。由於城堡的防禦需求，內部有不少錯綜複雜的秘密通道和洞穴，岩縫間的拷問室重現中古時期刑具，冷風陣陣，夾雜些許陰森和神秘的氣氛。

關於古堡的傳奇故事，最知名的是15世紀古堡主人Erazem Leuger男爵，他殺了哈布斯堡王朝的指揮官，而此人正好是神聖羅馬帝國皇帝Frederick III的親戚，所以Frederick III派兵追殺。當時哈布斯堡王朝的軍隊包圍古堡，試圖讓他斷糧投降，沒想到山壁中的天然洞穴可以通往另一頭的村莊，所以他不但沒餓著，還能享用當季櫻桃，頑強抵抗長達一年。後來士兵們買通一名城堡內的僕役，知道城堡的防禦弱點在頂樓廁所，有一天，趁著Erazem上廁所時，僕役發出暗號，軍隊對準廁所方向發出高射砲彈，Erazem就這樣被坍塌的岩石壓死了。

古堡還有一座地底洞穴，從石器時代就有人類居住的痕跡，整個洞穴系統超過4層，為斯洛維尼亞第二長的洞穴，目前已開發的部分就長達14公里，夏季有另外付費的導覽行程，可以參觀約700公尺的洞穴，相較於波斯托伊納，這裏的人工設施更少，需要戴頭燈進入。

每年7月中旬，為了紀念Erazem騎士，古堡外的廣場都會舉辦騎士比武大會(Erazem Knight's Tournament)，參加的騎士們全副武裝，進行一整天的馬上長槍比武、決鬥、射箭等競技。

什科茲揚溶洞

什科茲揚
Škocjan

文●林志恆 攝影●林志恆

雖然沒有波斯托伊納的人氣與知名度，什科茲揚反而保留更多原始的石灰岩地貌，在科學研究上享有更崇高的地位，早在1986年就被聯合國列入世界遺產保護名單，也是斯洛維尼亞首座世界遺產。由於低度開發，交通也不如波斯托伊納來得便利，什科茲揚溶洞就靜靜地隱身在什科茲揚村莊地底250公尺處。

總長6.2公里的什科茲揚溶洞，就像多數偉大的喀斯特地貌一樣，都有一段奇特的形成過程。大約在250萬年前的更新世(Pleistocene)，雷卡河(Reka)從東南方的Snežnik山腳下發源，在地面平穩地走了55公里之後，來到以石灰岩為主的喀斯特地區，當河水溶解石灰岩、深切河床，勉強再走一段路，形成一條長4公里的峽谷之後，到了Velika Dolina(斯洛維尼亞語意謂「大峽谷」)附近彷彿遇上一堵高牆，突然消失在地表，成為伏流後，又走了34公里，進入義大利境內，接近亞得里亞海時又流出地表，名為提瑪弗河(Timmavo)。

在西元前3000年前洞穴內就出現人類身影；到了西元前2世紀，什科茲揚溶洞開始有文字紀錄；17世紀時，斯洛維尼亞偉大的科學家瓦瓦索(J. V. Valvasor)探勘了雷卡河盆地、坑洞以及其地下伏流；而真正有系統的探勘，要到19世紀之後；至於觀光發展起步較晚，直到20世紀才有遊客，遠遠不及波斯托伊納。

目前整個景區由什科茲揚溶洞地區公園(Škocjan Caves Regional Park)管轄，占地401公頃，全部涵蓋在世界遺產的範圍，遊客可以參觀3公里左右的洞穴美景。

INFO

基本資訊

人口：7
面積：0.28平方公里
區碼：(0)5

如何到達──火車

什科茨揚是Divača的一座小型村落，而Divača位於盧布里亞納和Sežana之間的火車幹線上，從盧布里亞納搭乘火車抵達Divača站，車程1.5小時，每小時1~2班次。從Koper搭火車抵達Divača，車約45分鐘，每天5班次。

potniski.sz.si

❗2023年9月前，部分車次需轉搭鐵路替代巴士，可能會影響車程時間。

如何到達──巴士

盧布里亞納和海岸大城Koper之間的長途巴士會在Divača停靠，距離盧布里亞納82公里，車程約1.5小時，每天7班車。此外，波斯托伊納和Divača之間也有巴士行駛，車程約半小時，每天5~8班車。

www.ap-ljubljana.si

市區交通

沒有任何大眾交通工具可以直達什科茲揚，不論搭火車或巴士，都必須在距離什科茲揚3公里遠的Divača站下車，再步行或坐計程車前往溶洞。

旅遊諮詢
◎什科茲揚遊客服務中心
⌂Matavun 12, Divača
☎708-2110
🕑6~9月10:00~17:00提供旅遊諮詢

MAP ▶ P.10B2

什科茲揚溶洞

MOOK Choice

Škocjanske Jame/Škocjan Caves Park
隱身於村莊地底深處的世界遺產

🚆從Divača火車站步行約40~50分鐘可抵達溶洞，路程約3公里 🏠售票處Matavun 12, Divača ⏰必須參加導覽行程才能進入溶洞。4~10月：10:00~15:00，每小時1團(7~8月至16:00，且加開11:30場次)；11~3月：10:00、14:00各一團(週日加開15:00場次) ☎708-2110 💰7~8月：全票€24，半票€18；5~6和9月：全票€22，半票€16；4月和10月：全票€18，半票€14；11~3月：全票€16，半票€12 🌐www.park-skocjanske-jame.si

進入什科茲揚溶洞幾乎得全程步行，一個半小時、約3公里的路程中，得爬上爬下數百層階梯，只有結束前能搭乘一小段像升降梯般的纜車。

不同於波斯托伊納全程都在地底洞穴，在什科茲揚，你除了欣賞壯麗的鐘乳石洞穴，更能目睹喀斯特地形的形成過程，包含因溶蝕作用而陷落的盆地、大峽谷、地底河流、瀑布等地貌。

溶洞公園共有3種行程，想深入地底探險，要在售票處購買Through the underground Canyon的導覽行程。一開始，導覽員引領眾人往下行，走過約500公尺長的礫石步道，你會發現這裡的地形帶著一點不尋常，前方一片平緩的草坪中間凹陷彷如碗狀，這意味著地底下的溶蝕作用不曾停止，地表總有崩落的一天。

入口處位於Globočak山谷，在這裡，導覽員會根據遊客使用的語言進行分組，通過一段長116公尺、於1933年由人工開鑿的隧道後，便進入了溶洞的核心。

首先是寂靜洞(Tiha Jama)，這是一段長約500公尺的地底峽谷，前段有「天堂」(Paradiž)之稱，完整保存了什科茲揚最美麗的鐘乳石和石筍；繼續往前行，後段就來到120公尺寬、30尺高的「大會堂」(Velika Dvorana)，這裡有高達15公尺的石筍，名為「巨人」(Orjaki)，另外還有著名的「管風琴」(Orgle)，在此，你首度聽到水

聲，那是瀑布撞擊河水、形成漩渦的轟鳴聲。

循著水聲，進入了有百公尺高牆的「呢喃洞」(Šumeča jama)，沿步道而行，岩壁上盡是河水與灰岩溶蝕的刻痕，Cerkevnik橋高懸在雷卡河上，橋面離河床落差達45公尺。順著米勒(Müller)和斯維提納(Svetina)兩個廳向下行，就會到達步道的最低點，此時已經距離地表下144公尺。離開雷卡河畔，開始往上攀行，來到「碗廳」(Dvorana ponvic)，顧名思義，其洞口就像是一只碗。進入尾聲，遊客此時再度重見天日，從Schmidl廳的洞口可以看到「大峽谷」(Velika Dolina)那165公尺落差的大崩壁，以及林木茂密的峽谷景觀。行程結束時，則藉由升降梯抬升90公尺，輕鬆回到地面上。

如果還有時間，走回遊客中心之前，可以順著指標右轉前行200公尺，到達一處眺望點，盡覽整座「大峽谷」，什科茲揚村就緊鄰著大崖壁，眼前所見對照一路走來的溶洞景觀和剖面圖，喀斯特地貌究竟怎麼一路演變，你會更加一目了然。

朱利安
阿爾卑斯山區
Julian Alps

斯洛維尼亞的西北部與奧地利、義大利接壤，並以朱利安・阿爾卑斯山脈為界，其中包括海拔2864公尺、斯洛維尼亞最高峰特里格拉夫峰(Triglav)。黝黑而濃密的森林覆蓋著這塊廣袤的山區，翡翠般的高山湖泊鑲嵌其間，湍急河水深切而過。幽深森林裡，迤邐著蕾絲般的健行道，偶爾點綴著滑雪度假村、小木屋，及聳立的巴洛克式教堂。爬山、健行、滑雪、划船、泛舟，引領你進入朱利安・阿爾卑斯山區最原始的自然。

布列德
Bled

文●李曉萍‧林志恆　攝影●周治平‧林志恆

從布列德湖心極目四望，青翠山巒360度峰峰相連；湖中童話故事般的小島更增添湖景幾分姿色；高懸山崖上的中世紀古堡，在翡翠綠的湖面上形成美麗倒影；環繞湖畔一周，是綿延6公里、充滿詩意的林蔭木棧道；湖岸上，點綴著幾座高檔度假飯店，坐擁百萬級湖景視野，不論從哪個角度檢視，布列德都不愧居於斯洛維尼亞一級景點的領導地位。

早在哈布斯堡王朝(Habsburg)年代，此地就是皇室家族夏日度假勝地，到了20世紀共產政權統治後，布列德湖仍然是招待各國貴賓使節的首選，也因為有了各國政要加持，布列德湖享有極高的國際知名度。

來到布列德，可以爬上布列德城堡，從高處飽覽醉人的湖光山色；也可以搭乘布列德湖獨一無二的搖櫓渡船，登上布列德島，走進教堂敲響許願鐘；或漫步在環湖木棧道，沈浸夢幻湖景之中；欣賞美景的同時，不要忘了品嚐一塊布列德最負盛名的奶油蛋糕(Kremna rezina)。

由於布列德人氣不墜，始終是斯洛維尼亞的頭號搖錢樹，但也要有心理準備，高人氣相對造就了這裡的高物價。

INFO

基本資訊
人口：7,868
面積：72.3平方公里
區碼：(0)4

如何到達——火車

布列德有兩個火車站，一是Bled Jezero，位於布列德湖西邊，步行15分鐘可到湖畔碼頭搭渡船；這座車站主要通往西邊的波茵山區，例如波茵湖區的Bohinjska Bistrica(距離18公里，車程19分鐘，每天7班)、索查河谷的Nova Gorica(距離79公里，車程1.5~2小時，每天7班)。

另一個火車站是Lesce Bled，位於Lesce鎮上（布列德城鎮東方4公里），從盧布里亞納搭火車過來，車程40分鐘~1小時，每天19~21班，這也是布列德湖的主要對外門戶。
🌐 potniski.sz.si

如何到達——巴士

從盧布里亞納搭長途巴士到布列德，車程1~1.5小時，每小時1班次。若從米蘭、札格拉布、慕尼黑、布拉格等城市出發，可選擇 FlixBus經營的長程路線，車次依季節而不同。
巴士公司
🌐 www.ap-ljubljana.si、www.flixbus.co.uk

區域交通

布列德湖區的環湖步道相當適合散步，建議步行前往各景點，若要前往鄰近區域，可多利用公車或腳踏車。
◎公車Bus
從Lesce Bled火車站對面的巴士站(Lesce ŽP)搭公車，約10分鐘車程可抵達布列德鎮中心的巴士站(Bled)，班次頻繁，下車後步行3分鐘可抵達湖畔。搭乘巴士可前往鄰近區域，往波茵地區的巴士會先後經過Bohinjska Bistrica、波茵湖畔的Bohinjsko jezero，最後抵達湖西岸的Ukanc村，每小時1班次，車程約30~45分鐘，票價則依距離而不同。
布列德鎮中心巴士站
📍 Cesta svobode和Grajska cesta兩條道路交叉口
🌐 長途巴士www.ap-ljubljana.si、地區巴士arriva.si
◎Hop-on& Hop-off觀光巴士
7~8月間限定的觀光巴士，有拉多夫里查和Pokljuka山區的路線，詳細時刻表請洽遊客中心。

◎單車Bike

可以到遊客中心或當地旅行社租借腳踏車或電動腳踏車。

旅遊諮詢

◎布列德遊客中心

⌂Cesta Svobode 10　◉週一至週六8:00~19:00，週日9:00~17:00　☏574-1122　🌐www.bled.si

住宿

布列德是斯洛維尼亞的一級景區，從青年旅社、民宿公寓到豪華的五星級別墅旅館都有，離湖越近就越貴。

布列德湖區

Where to explore in Bled
賞遊布列德

MAP ▶ P.229

布列德湖

Blejski Jezero/Lake Bled

搭搖櫓渡船遊湖心賞美景

環湖觀光列車Tourist train

⌂Ljubljanska cest 5，從Sports Hall前方出發　◉6~9月每天9:00~21:00，平均45分鐘一班；5、10月僅週六和週日行駛，營運時間10:00-17:00　💰全票€5，半票€3

馬車Coachmen Fijaker

⌂Cesta Svobode 11，從Featival Hall前方出發　☏151-6688　💰一台馬車環湖€50起，如在景點停留等待須另計費　🌐www.fijaker-bled.si

搖櫓渡船Pletna boat

⌂湖畔約有5~6個碼頭，可在Hotel Park、Mlino、Velika ZaKa或Spa Park前方搭船　💰來回全票€18，半票€9

布列德湖是由冰河運動所形成的湖泊，湖面不算大，東西長2120公尺，南北長1380公尺，環湖步道約6公里，步行一圈約2~3小時。沿途除了要爬上Osojnica眺望點的路況稍陡之外，其餘都是可以悠閒散步的木棧道，兩旁盡是菩提樹、栗子樹、垂楊柳串成的濃密樹蔭。

如果不想走路，可以跳上小火車外型的環湖觀光列車，45分鐘遊湖一圈，或者再浪漫一點，試試馬車也不錯。

布列德湖是是斯洛維尼亞的划船中心，行政當

局為了符合世界標準航道的規範，把湖面東西兩側特別加長，這裡曾經舉辦過三次世界大賽。你當然可以努力划船，但搭乘搖櫓渡船，無論如何絕對要試一次。這種靠船伕搖櫓、純手工打造的無龍骨平底船，是布列德湖的重要標誌，自1590年開始，已經世襲傳承了好幾個世紀，能夠擔任船夫（Pletnarstvo）是受到尊敬的，根據傳統，只有Mlino地區的居民才有資格划搖櫓渡船到布列德島。

布列德城堡

MOOK Choice

Blejski Grad / Bled Castle

聳立於湖島山崖上的千年古堡

從遊客中心步行約17分鐘可抵達 ⬤Grajska cesta 61 ▶4~10月8:00~20:00；11~3月 8:00~18:00 ☎572-9782 ⑤全票€15，半票€6 ⊕www.blejski-grad.si

　　布列德城堡高懸在一座130公尺高的陡峭山崖上，根據歷史記載，早在西元1011年，這座城堡已出現在文獻上，至今超過千年。城堡聳立山崖並倒影在湖心的畫面，不僅是布列德的地標，它結合周遭山、湖、島的美景，更是代表斯洛維尼亞對外宣傳的經典鏡頭。

　　最早的時候，這裡是奧地利主教Brixen的座席，中世紀時，他統領了布列德這一帶領地。目前的建築大抵在16世紀之後完成，但仍可以看出中世紀古堡的組成樣貌，包含塔樓、防禦堡壘、護城河及瞭望平台。

　　進入城堡的門票包含參觀博物館、一座小劇院、小禮拜堂及印刷術展示室。博物館位於南翼的巴洛克式建築裡，陳列了布列德的歷史、布列德湖的自然環境，還有16到18世紀的盔甲、武器等。其中一件6世紀的孔雀胸針出土於城堡下方，為布列德最具代表性的收藏。

　　小劇院位於餐廳下方，播放20分鐘關於布列德的影片。小禮拜堂是16世紀的哥德式建築，牆上及天花板畫滿濕壁畫，主祭壇兩側左邊是11世紀日耳曼國王亨利二世，他是這座城堡的捐贈者，右邊牆面則是他的妻子。印刷術展示室裡擺設了古騰堡(Gutenberg)時代的活版印刷機，有真人示範古代印刷技術，並可以用古老字體印製屬於自己的名片或卡片。此外，還有城堡地下酒窖(Grajska Klet)以及香草藝廊(Zeliščna Galerija)兩間禮品店。

　　如果這些都不能滿足你，那麼一定要來到瞭望平台，享受從高處俯瞰布列德湖的綠色美景。如果有錢、有閒情逸致，可以在城堡餐廳一邊賞景一邊用餐。

MAP ▶ P.229A2

布列德島

MOOK Choice

Blejski Otok/Bled Island

沈醉湖心浪漫傳說

🚢 前往布列德島必須搭乘搖櫓渡船(Pletna boat)，來回每人€18，包含上島停留30分鐘，環湖有多處碼頭可搭船，最方便的上船點在Grand Hotel Toplice前方及Hotel Park下方。冬季如果湖結冰就無法前往 ⏰ 教堂及博物館5~9月9:00~19:00；4、10月9:00~18:00；11~3月9:00~16:00 💲 教堂和鐘塔全票€12，半票 €5 🌐 www.blejskiotok.si

布列德島就像是皇冠上那顆最耀眼的寶石，有了它，布列德湖的美更增添幾分姿色。別看它面積不大，卻是全斯洛維尼亞唯一的一座島嶼。

早在西元9世紀，基督徒便在島上蓋了一座教堂，據考古發現，在此之前一個世紀，非基督信仰的斯拉夫人曾在島上擁有一座他們崇敬的神廟。

從南岸上島之後，得先爬上一段建於1655年的99層階梯(Južno Stopnišče)。島上除了

最醒目的聖母升天教堂(Cerkev Marijinega Vnebovzetja)，還有兩間小屋，一為17世紀的牧師之屋(Meznarija)，另一間是18世紀的教長之屋(Stavba Proštija)，後者目前是小型博物館，陳列許多穿著19世紀斯洛維尼亞各地不同傳統服飾的小公仔。

至於巴洛克式的聖母升天教堂建於17世紀，這已是有史以來原址上的第五座建築。教堂裡有14世紀的壁畫殘跡以及一座金色大主祭壇，也可以爬上教堂旁的鐘塔看湖景。別忘了進入教堂最重要的，就是在主祭壇前找到拉動「許願鐘」的繩子，據說讓鐘響三次，你的願望便能實現。

在島上的教堂結婚被斯洛維尼亞人視為一件最浪漫的事，每逢夏季週末，這裡都會舉辦婚禮。另外還有一個傳統，不但考驗心意，更是試煉新郎的體力，新郎必須抱著新娘爬上那「天梯」，才證明兩個人是天生一對。

MAP ▶ P.229A2

布列德別墅

Vila Bled / Bled Villa

招待各國總統貴賓的經典旅館

🚶 從遊客中心步行約20分鐘可抵達　🏠Cesta Svobode 18　☎575-3710　💲單人房€160起，雙人房€170起　🌐brdo.si

　　布列德最老牌的旅館，享有極佳的湖景視野。在二次世界大戰之前，這裡是前南斯拉夫皇家夏日度假別墅；直到獨裁總統狄托(Tito)取得政權，共黨接手這間別墅，並從盧布里亞納請來建築師普雷契尼克(Jože Plečnik)進行整修改裝，從此以後，這裡就變成狄托招待各國賓客的賓館，從印度的甘地、蘇聯的赫魯雪夫、北韓的金日成到古巴的卡斯楚都來住過。

　　目前，除了還保留著狄托住過的房間之外，其二樓宴會大廳的壁畫也是一景，充滿社會主義寫實風格，大致描繪狄托率眾反抗納粹的故事，而整排壁畫的視覺焦點是一位母親一肩扛著小孩，一手執著南斯拉夫國旗，群起革命的畫面。

　　1984年起，布列德別墅開始對外營業，共31個房間，充滿1950年代的裝潢風格。在湖邊露台上的餐廳用餐，也能一邊享用絕美景色。

布列德奶油蛋糕Kremna Rezina

　　不要小看這塊外表平凡無奇的奶油蛋糕，它與搖櫓渡船並列布列德湖人氣最旺的代言人，嘗試過布列德奶油蛋糕，就再也無法接受其他奶油蛋糕了。

　　1953年Hotel Park的甜點主廚Ištvan Lukačevič研發出奶油蛋糕的食譜，60多年來，光是在創始店Hotel Park和對面的Park Café就已經銷售超過1千4百萬個奶油蛋糕。7x7x7的方塊蛋糕上桌，光是在盤中微微彈跳晃動又不倒塌的模樣，就令人期待，「喀滋～」金黃酥皮用聲音告訴你酥脆程度，第二層的鮮奶油在舌尖上緩緩化開，出乎意外的清爽，與第三層濃郁的香草卡士達醬混合成一首甜而不膩的協奏曲。沒有什麼了不起的食材或配方，完美比例就是布列德奶油蛋糕口齒留香的秘訣。

雖然湖區有很多餐廳販售，甚至斯洛維尼亞境內許多城市都販售Kremna Rezina，但只有創始店Park Café和Hotel Park能吃到最美味的奶油蛋糕。

🏠Cesta svobode 15, 4260 Bled (Park Café)　⏰11:00~19:00　☎579-1818　🌐www.sava-hotels-resorts.com

布列德湖的王者視野

除了布列德城堡，還有幾條步道可通往湖畔的山丘，從至高點俯瞰布列德島和全湖景觀。

Straža是離遊客中心最近，也是最容易到達的觀景點。上山的步道在混合松木、橡樹和白樺樹的林間蜿蜒，大約25分鐘就能從湖畔到山丘頂端，若不想步行，還能選擇搭乘座椅式纜車上山。山頂除了有能欣賞夕陽的觀景台，還有餐廳和戶外冒險公園，夏天可玩81種攀爬設施，冬天則是小小的滑雪道。

Mala Osojnica位於布列德湖的西岸，這是最受攝影師歡迎的拍照地點，光是為了這個理由，就足以努力撐45分鐘，爬上陡峭的階梯，到達海拔685公尺的觀景台，氣喘吁吁的獎賞絕對值得。沿著步道繼續往上步行20分鐘，就可以到達Velika Osojnica的山頂（海拔756公尺）。

©www.slovenia.info_Jošt Gantar

©www.slovenia.info_Jacob Riglin

布列德近郊

MAP ▶ P.229A1

文特加峽谷

MOOK Choice

Soteska Vintgar/ Vintgar Gorge

岩石狹縫間奔流的白涓

🚗 1.步行從布列德湖往北向Podhom村的方向前進，沿途都能看到Vintgar的指示路標，約1時可到達峽谷入口。2. 從Bled可搭公車至峽谷入口不遠處，淡季每天1班次，夏季每天2班次；或是搭公車至Podhom村，從這裡步行至入口約1.3公里，每小時1班次 🕐 4~9月，開放時間依實際天氣狀況改變，請詢問布列德遊客中心 💲 全票€10，半票€7 🌐 www.vintgar.si

上帝以利斧一刀劈開石灰岩層，在地表上裂開長長的縫隙，創造狂野壯麗而未經雕琢的峽谷。

文特加峽谷位於布列德湖的西北方4公里，1891年時，少校Jakob Žumer和攝影師兼地圖繪製家Benedikt Lergetporer發現了這個美麗秘境，1893年即對外開放，百年來一直是湖區最受歡迎的健行路線。

步道沿著峽谷鋪設，長1.6公里，平坦易行，木棧道有時跨越透明碧綠的哈多納河（Radovna River）上方，有時緊貼岩壁、懸空於高聳石崖下緣。夏日進入峽谷，沁涼水氣將溽暑隔絕於外，各種色調的綠佔領樹梢嫩葉、石上青苔、淵淵水流；秋日葉子轉黃，又為峽谷妝點幾分妖嬈。

道路盡頭是跨越Šum瀑布的木橋，洶湧河水奔騰直落16公尺，形成斯洛維尼亞最高的單層瀑布，站在橋上俯瞰，水花四濺相當壯觀。若是搭乘公車或步行前來，回程建議沿著瀑布旁的小徑走向Zasip村，村落中的聖凱薩琳禮拜堂（Cerkev Sv. Katarina）視野極佳，能眺望布列德湖區，欣賞特里格拉夫山脈峰巒起伏的絕景。之後再一路步行或搭公車返回布列德。

布列德近郊

MAP ▶ P.229B1

拉多夫里查

Radovljica

拜訪中世紀古鎮看薑餅製作

🚌 從布列德鎮中心搭巴士前往，約10~15分鐘1班，車程15分鐘；或從盧布里亞納搭火車到拉多夫里查，車程約1小時

拉多夫里查坐落在平緩的小丘上，周遭土地平曠，視野極佳，從舊城中心可遠眺西方的朱利安·阿爾卑斯山脈(Julian Alps)，包括海拔2864公尺的最高峰特里格拉夫峰(Triglav)在內。

拉多夫里查城區不大，舊城中心一整排的歷史建築獨具魅力，早在14世紀時，就因為市集貿易

而發展成一座小鎮，從林哈托夫廣場(Linhartov)上的古老建築可以遙想中世紀時，古鎮曾經繁榮的過往。

拉多夫里查多數景點都集中在林哈托夫廣場。1號是圖爾恩莊園(Thurn Manor)，這棟巴洛克式宅邸裡有兩間博物館，一為養峰博物館(Čebelarski Muzej)，陳設斯洛維尼亞的養蜂史，另一間則是拉多夫里查城市博物館(Mestni Muzej Radovljica)。此外，還有23號的科曼之屋(Komanova Hiša)、24號的馬利之屋(Malijeva Hiša)、3號的維迪契之屋(Vidičeva Hiša)、22號的許維契之屋(Šivčeva Hiša)、2號的雷克塔薑餅博物館，廣場走到底，則是聖彼得教堂(Župnijska Cerkev Sv Petra)。

雷克塔薑餅博物館Lectarski Muezj/Lectar Pension, Restaurant & Museum

🏠Linhartov trg 2, Radovljica ⏰博物館：12:00~23:00；餐廳：11:00~22:00 🚫博物館週二休息 ☎537-4800 🌐www.lectar.com

這棟已有500多年歷史的建築不只是一座博物館，更兼具民宿和餐廳功能，走進老房子，真人示範薑餅製作、廚房冒著滾滾蒸汽、主人Jože Andrejas的爽朗笑聲，還有遊客三五成群在餐桌前享用家庭式地方美食，讓外頭原本寂靜的老城頓時熱絡了起來。

打從西元1766年起，製作薑餅就是雷克塔家族的古老傳統，代代相傳，他們獨家配方製作、不含防腐劑的薑餅，不但是斯洛維尼亞人年節最佳伴手禮，更能長久保存，博物館裡就收藏了上百年的各種圖案薑餅。

從1822年開始，雷克塔就是一家客棧，至今已超過百年歷史，餐廳供應斯洛維尼亞手工傳統美食，客房則有9間，每個房間都有不同的景觀和裝潢，其中1號房擁有獨立露台，向遠方望去，便是朱利安·阿爾卑斯山脈那百萬價值的美景視野。

特里格拉夫峰
國家公園

波茵

波茵地區
Bohinj & Around Area

文●李曉萍・林志恆 攝影●周治平・林志恆

波茵湖與布列德湖相距26公里，也是一座冰河湖，湖面大得多，但相較於布列德湖，仿若兩個世界。這裡離特里格拉夫山(Triglav Mt.)又更接近了些，四周被高山所環抱，沒有湖中小島，也沒有高崖上的古堡，可以靜靜地享受自然和原始。有些人喜歡波茵湖的寧謐，不像布列德湖那麼觀光化，但也有人覺得稍顯安靜乏味。兩種截然不同的旅遊氛圍，端看個人的喜好與選擇。

波茵湖長4.5公里，寬1.2公里，最深處45公尺，躺在特里格拉夫峰南緣的河谷盆地裡，幾乎是布列德湖的3倍大。沙維查河(Savica)從西邊注入新鮮河水，然後從東南角的沙瓦・波茵河(Sava Bohinjka)流出，也就是利伯切夫拉茲村(Ribčev Laz)所在的位置。事實上，並沒有一個城鎮叫波茵，波茵指的是整條河谷，以及圍繞著波茵湖的小聚落。

波茵湖是進入特里格拉夫峰國家公園的主要門戶之一，尚未深入國家公園，波茵湖周圍就有許多值得探索的地方，夏天可以選擇健行、爬山、騎單車、划船等各項戶外活動，沙維查瀑布和莫斯特尼查峽谷的奔騰流水沁人心脾；冬季山頂一片銀白，滑雪愛好者在佛格爾山聚集，純淨的大自然和多元化的戶外活動就是波茵湖魅力所在。

INFO

如何到達——火車

波茵・比斯特利查(Bohinjska Bistrica)是波茵湖附近最大的城鎮，也是唯一有鐵路經過的城鎮，從盧布里亞納搭火車前來，中途必須在Jesenice換車，總車程約1.5~2小時，每天約4~6班次；從布列德Bled Jezero站出發，車程19分鐘，每天5~7班次。
⑰potniski.sz.si

如何到達——巴士

從盧布里亞納搭乘長途巴士可抵達波茵・比斯特利查(Bohinjska Bistrica)，繼續經過湖邊的利伯切夫拉茲(Ribčev Laz)，最後到達位於烏坎茲(Ukanc)村莊的終

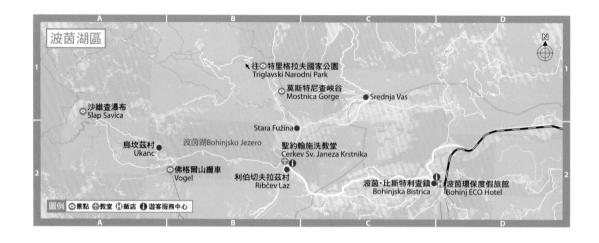

波茵湖區

往○特里格拉夫國家公園
Triglavski Narodni Park

莫斯特尼查峽谷
Mostnica Gorge

Srednja Vas

沙維查瀑布
Slap Savica

Stara Fužina

烏坎茲村
Ukanc

波茵湖Bohinjsko Jezero

聖約翰施洗教堂
Cerkev Sv. Janeza Krstnika

佛格爾山纜車
Vogel

利伯切夫拉茲村
Ribčev Laz

波茵·比斯特利查鎮
Bohinjska Bistrica

波茵環保度假旅館
Bohinj ECO Hotel

圖例 ○景點 ✝教堂 Ⓗ飯店 ⓘ遊客服務中心

點站，車程近2小時，每小時1班次。如果從布列德出發，除了搭乘AP Ljubljana的長途巴士以外，也可搭乘Arriva巴士可先後抵達波茵·比斯特利查、利伯切夫拉茲和烏坎茲，車程約30分鐘，每小時1班次。

🚍長途巴士www.ap-ljubljana.si、地區巴士arriva.si

區域交通

◎公車Arriva Bus
波茵·比斯特利查(Bohinjska Bistrica)距離湖畔尚有6公里，最接近湖畔的村落為湖東的利伯切夫拉茲(Ribčev Laz)和湖西的烏坎茲(Ukanc)，從波茵·比斯特利查搭巴士，約8~15分鐘可前後抵達Ribčev Laz站和終點站Bohinj Zlatorog，每小時1~2班車，票價€1.8。

🚍arriva.si

◎夏季巴士Summer Bus
7~8月的波茵遊人如織，巴士選擇也較多，另有單純往來湖邊（Bohinjsko jezero）和波茵·比斯特利查的巴士，以及從波茵·比斯特利查出發，經湖邊前往特里格拉夫峰國家公園的Hop-on & Hop-off巴士，且後者還是免費搭乘，雖然一天只有3班次。時刻表可至遊客中心索取或於巴士站牌確認。

◎單車Bike

Alpinesport
📍Ribčev Laz 53
📞41-918-803
🚍www.alpinsport.si

Hike&Bike
📍Vodnikova cesta 37
📞31-374-660
🚍www.hikeandbike.si

旅遊票券

◎波茵卡Bohinj Card
如果會在波茵地區住上2天，建議到Ribčev Laz遊客中心購買波茵卡，可免費進入沙維查瀑布和莫斯特尼查峽谷、參觀所有博物館、搭乘Hop-on & Hop-off巴士和Arriva巴士、波茵湖遊船和區域內免費公車，此外其他景點和纜車也都有折扣。

11~3月之間發行的冬季波茵卡則分為免費索取和付費，主要是針對滑雪客的巴士交通，詳細請至網站上查詢。

💶3日卡：全票€19、半票€11；5日卡：全票€26、半票€15；10日卡：全票€29、半票€17

🚍www.bohinj.si/en/julian-alps-bohinj-card

旅遊諮詢

◎波茵遊客中心
📍Ribčev Laz 48, Bohinjsko jezero (位於湖畔利伯切夫拉茲)
📞4-574-6016
🕐7~8月：8:00~20:00(週日至18:00)；9月：8:00~19:00(週日至18:00)；11~12月：9:00~17:00(週日至15:00)；1~6月和10月：週一至週六8:00~18:00，週日9:00~15:00
🚍www.bohinj.si、tdbohinj.si

◎波茵·比斯特利查遊客中心
📍Mencingerjeva ulica 10，步行到火車站約8分鐘
🕐7~8月：8:00~19:00(週日至13:00)；9~6月：平日9:00~12:00、14:00~18:00，週六9:00~15:00，週日9:00~12:00
🚍ld-turizem.si

MAP ▶ P.236B2

利伯切夫拉茲村
與聖約翰施洗教堂
Ribčev Laz & Cerkev Sv Janeza Krstnika/
Ribcev Laz & Church of St. John the Baptist

波茵湖畔的石橋和老教堂地標

從遊客中心步行約3分鐘可抵達　5月和9月：週五至週日9:00~18:00；6~8月：9:00~21:00　40-237-812　教堂：€2.5；教堂＋鐘塔：€4；持波茵卡免費　www.janez-krstnik-bohinj.si　參觀需提前預約

電動遊湖船Panoramska Ladja

4~6月底：9:30~17:30之間，每80分鐘一班船；6月底~9月中：9:30~17:30之間，每40分鐘一班船；9月中~10月：10:50~16:10，每80分鐘一班船　單程全票€9，半票€8；來回全票€14，半票€12.5

利伯切夫拉茲村坐落在波茵湖的東南角，緊鄰著湖畔，聖約翰施洗教堂是最顯著的地標，中間隔著沙瓦·波茵河(Sava Bohinjka)，並以一座20公尺長的石橋相連。教堂建於14世紀，保留了中世紀教堂樣貌，融合仿羅馬式及哥德式兩種風格，內部有些斯洛維尼亞最古老的濕壁畫。走上石橋，可以看到成群的「黃金鱒魚」在湖裡自在悠游。

由於靠著湖邊，利伯切夫拉茲村是很理想的落腳處，有巴士站、遊客中心、餐廳和幾間旅館。從橋這頭沿湖而行，來到一處小碼頭，從這裡可以搭乘電動遊湖船(Panoramska Ladja)到波茵湖西岸的另一個村落烏坎茲(Ukanc)，遊船劃破如鏡面，四周高山環繞、清風徐徐，又是另一番風景。

©Bohinj Park Hotel, Eco Resort&Spa

MAP ▶ P.236D2

波茵環保度假旅館

Bohinj ECO Hotel

旅遊住宿一起來做環保

從波茵·比斯特利查火車站步行約7分鐘可抵達　Triglavska cesta 17, Bohinjska Bistrica　8-200-4140　雙人房€125起　www.bohinj-eco-hotel.si

這棟旅館坐落在波茵·比斯特利查(Bohinjska Bistrica)，雖然距離湖邊有6公里，卻是波茵地區最值得一提的旅館，從旅館名稱，便知其企圖心，它同時是全斯洛維尼亞第一、也是唯一一座被「綠色環球」(Green Globe)認證的環保度假旅館。

這座旅館的環保措施大致包括：建材採用天然或回收環保材質、能源系統百分之百來自本身所鑽探的地熱能源井、有完善的廢水回收系統、多餘的熱能用在戶外游泳池、全部使用較節能的LED燈、房客住在這家旅館所產生的碳足跡比一般旅館少10倍、為降低食物里程大部分食材來自鄰近村落、84%員工都是當地人、搭乘大眾運輸工具來的旅客給予房價優惠、提供電動汽車電力補給系統等。

瞭解了這家旅館為環保所做的努力，當你入住之後，也會不自覺受到每個細節的感染，舉凡開關燈、用水、餐廳用餐，都會更加小心翼翼。

MAP ▶ P.236B2

佛格爾山纜車與滑雪中心

Vogel Žičnica & Ski Center／Vogel Mountain Cable Car & Ski Resort

乘纜車俯瞰波茵河谷遠眺群峰

🚌從遊客中心前的Bohinj Jezero站搭公車，車程約6分鐘，在Žičnica Vogel K站下車後，步行5分鐘可抵達纜車站 🏠Ukanc 6 ⏰纜車：8:00~18:00，每30分1班；升降吊椅：9:00~16:00 ☎4-572-9712 💲冬季來回全票€28，半票€25；夏季來回全票€24，半票€20。另有其它套裝行程可自行參考。 🌐www.vogel.si

　　佛格爾山纜車位於烏坎茲(Ukanc)，當初建此纜車的主要目的是為了冬季滑雪之用，滑雪中心就位於上層的纜車站，海拔1535公尺，從滑雪中心可以再搭升降椅往上推升到海拔1682公尺的Orlove glave。滑雪季節從每年11月到翌年4月底。

　　就算不滑雪或是非雪季來，也值得來一趟纜車之旅。從湖濱水平面算起，隨著車廂不斷抬升，不一會兒功夫就拉出1000公尺的落差，天氣狀況良好時，整條波茵河谷盡在腳底，往北方望去，壯闊的朱利安‧阿爾卑斯山、特里格拉夫峰就在眼前。

　　下了纜車之後，可以在主道路左手邊的小徑旁看到一道鐵門，這裡不是什麼名勝，卻訴說著歷史上重要戰役的一段小插曲。一次世界大戰墓園(World War I Cemetery)裡埋葬的都不是斯洛維尼亞人，他們多半是一次世界大戰時，來自匈牙利、波蘭、捷克等被奧匈帝國徵召的士兵，他們戰死在山的另一頭的索查前線戰役(Soča Front)，最後長眠於此。

MAP ▶ P.236A1

MOOK Choice

沙維查瀑布

Slap Savica

人氣第一的波茵景點

⚠冬季步道結冰時封閉，步道狀況請至當地遊客中心確認 💲7~8月：全票€4，半票€2.5；9~6月：全票€3，半票€2.5；持波茵卡免費

　　岩壁傾瀉而下的瀑布分裂成二，遠遠看就像哪個調皮的孩子用白色水彩隨意揮灑了個「A」字，不少人來到波茵，就是為了一探沙維查瀑布的壯麗美景。

　　充沛水源來自喀斯特地區Črno Jezero，地底伏流在瀑布前500公尺冒出地表，被稱為沙維查河，遇到地形落差形成一連串瀑布群，總落差達78公尺，其中最壯觀的就是沙維查瀑布，碧綠溪水東流，在烏坎茲注入波茵湖。

　　要欣賞美景之前得先費一番功夫，從烏坎茲公車站附近找到昔日的Zlatorig Hotel，循著步道指標，步行約1小時（3公里）能到達沙維查瀑布的停車場，順著石頭階梯和步道緩緩上坡，20~25分鐘左右就抵達瀑布，是一條輕鬆易行的大眾化路線，夏季有接駁公車可直達停車場。

©www.slovenia.info/ Michael Matti

MAP ▶ P.236B1

莫斯特尼查峽谷

MOOK Choice

Mostnica Gorge

翡翠綠精靈峽谷

從波茵‧比斯特利查或利伯切夫拉茲可搭巴士到達Stara Fužina村；或是從利伯切夫拉茲步行約25分鐘前往 ◐ 全年通行 ⑤ 6~9月：全票€4，半票€2.5；10月~11月初與4~5月：全票€3，半票€2.5；冬季持波茵卡免費

雖然名氣不若沙維查瀑布和布列德的文特加峽谷那般響亮，能避開夏日裡滿滿的觀光團客，與翡翠綠色的溪水一路相伴，漫步於像精靈會出沒的森林，就值得造訪莫斯特尼查峽谷。

莫斯特尼查河侵蝕石灰岩層，在地表劃開一刀，注入水晶般透明綠，造就莫斯特尼查峽谷驚人的美。峽谷最深達20公尺，最窄距離不到一個肩膀寬，沿途能見到各種侵蝕地形，水夾帶細砂和小石頭磨蝕河岸，淘洗出壺穴；大約步道中段，強勁水流侵蝕石塊，挖出中空石洞，像極了站在岸邊喝水的大象。

從Stara Fužina村出發，沿著清楚的指標走向終點莫斯特尼查瀑布，大約5公里，單程約2~2.5小時，步道沿著河谷兩岸緩緩上坡，回程可以走不同邊，看看不同風景。一路上經過4座主要橋樑（most），遊客中心和售票處在第二座橋，最精華的深谷在第三座橋（Češenjski most）以前，若時間和體力有限，到這裡就可折返。終點的莫斯特尼查瀑布高21公尺，夏季在距離瀑布不遠處有提供餐飲的小屋。

MAP ▶ P.236B1

特里格拉夫峰 國家公園

MOOK Choice

Triglavski Narodni Park / Triglav National Park

斯洛維尼亞人心中的神聖象徵

©www.slovenia.info Hannes Becker

國家公園布列德遊客中心

🏠Ljubljanska cesta 27, Bled ☎4-578-0205 ◻4月中~9月：8:00~18:00；10~4月中：8:00~16:00

國家公園波茵遊客中心Center TNP Bohinj

🚉從Ribčev Laz的波茵遊客中心步行約20分鐘可抵達 🏠Stara Fužina 37~38, Bohinjsko jezero ☎4-578-0240 ◻7~8月：平日8:00~16:00；9~6月：平日9:00~15:00 休週末 🕸www.tnp.si

　就像玉山的象徵意義之於台灣，特里格拉夫峰也是斯洛維尼亞人的精神代表。斯洛維尼亞把海拔2864公尺的最高峰，連同周邊880平方公里的土地都納入國家公園的保護範圍，大約占了全國總面積的4%，是歐洲數一數二大的國家公園保護區。

　Triglav的斯洛維尼亞語意思是「三顆頭」，早期的斯拉夫人相信，特里格拉夫峰是三頭神的家，掌管天、地和地底世界，一直以來，始終是神聖而不可侵犯，直到1778年才首度被一位奧地利登山家征服。19世紀哈布斯堡王朝統治年代，

到特里格拉夫峰朝聖反倒成了一種流行。仔細看斯洛維尼亞的國旗，國徽上就有這座三峰狀的高山，這座山峰在斯洛維尼亞人眼中有無可取代的地位，因此有了「一生沒有爬過特里格拉夫峰，就不是斯洛維尼亞人」的說法。

　國家公園裡還包括河谷、峽谷、溝壑、河流、洞穴、溪流、森林、高山草原等繁複地形和植被，不論健行、爬山、騎登山車、釣魚或泛舟，每逢週末假日，國家公園裡到處都看得到從事戶外活動的群眾。

　由於占地甚廣，除了波茵之外，從**Kranjska Gora**、**Primorska**、**Trenta**和布列德，都有入口可以前進特里格拉夫峰國家公園。建議不妨先到位於布列德或波茵的國家公園遊客中心，蒐集詳細資訊或參加導覽之旅。

©www.slovenia.info Daniel Tajale

©www.slovenia.info, Mirko Bijaklič

波茵周邊

MAP ▶ P.236D2

朱利安‧阿爾卑斯火車

Julian Alps Train

乘坐高山蒸汽火車穿越群峰

Motorail

Ⓢ開車上火車，依車廂等級和車子大小€14~€28；沒開車者全票€2.6。請直接到火車站買票 　Ⓒ一天中只有4~5班次，車程約40分鐘 　Ⓤpotniski.sz.si

　　以波茵為核心，共有兩種特殊火車可以輕鬆搭乘賞遊朱利安‧阿爾卑斯山。

　　一種是汽車鐵路(Motorail)，可以把汽車開上火車，讓火車帶你通過一段只有鐵路而沒有公路的路段。這段鐵道位於Bohinjska Bistrica和Most na Soči兩個小鎮之間，由一座隧道貫穿朱利安‧阿爾卑斯山脈，並連結Gorenska和Primorska兩個行政區，這座隧道於1906年開通後，使得朱利安‧阿爾卑斯山區和海岸地區的兩地居民往來更加方便。如今，不只是普通汽車，就連摩托車、露營車、單車都能透過火車運輸，穿越朱利安‧阿爾卑斯山，尤其是騎單車的人可

以省去一段爬越Soriška Planina山(海拔1277公尺)的辛苦過程。

　　另一種火車，則是朱利安‧阿爾卑斯蒸汽觀光列車(Julian Alps Vintage Train)，早上從 Jesenice出發沿著波茵鐵路行駛，中間停靠布列德、Bohinjska Bistrica、Most na Soči和Kanal，最後抵達終點站Nova Gorica，全程共3小時；當天傍晚再由Nova Gorica原路開回 Jesenice。每年5月到11月行駛，可以在盧布里亞納火車站的遊客服務台訂票，也可請旅行社代訂，固定出發日期請上網查詢。

索查河谷

索查河谷
Soča Valley

文●林志恆 攝影●林志恆

索查河谷位於斯洛維尼亞西北方，與義大利為界，北起特里格拉夫峰國家公園，南抵諾瓦‧戈里查(Nova Gorica)，綿延96公里的索查河主宰了這整個區域，河流最寬處可達500公尺，最窄還不到1公尺，但河水一樣地深、一樣呈現不真實的「牛奶綠色」。

　　遊客來到索查河谷多半為了令人著迷的大自然，在醉人的山川景致掩蓋之下，卻也容易讓人忽略這裡曾發生的歷史過往，第一次世界大戰期間，整條索查河谷又被稱為「索查前線」(The Soča Front)，延續29個月的戰事，死傷無數，又被稱為「墳墓河谷」，不少地方仍遺留著當年的戰爭痕跡。

　　然而也不全然都是悲傷的，壯麗的自然景觀之外，這裡還有許多可愛的小村落以及隨著山丘起伏的葡萄園，由於索查河谷南北長達近100公里，這裡正好位於北方阿爾卑斯山脈及南方地中海的交界處，氣候受到這兩大系統影響，愈是往南，愈受到地中海陽光的眷顧，因此出產高品質的葡萄酒，也是斯洛維尼亞最大的酒鄉。

INFO

如何到達——火車

　　從盧布里亞納出發前往Most na Soči，需在Jesenice換車，車程約2.5小時，每天4~6班；從布列德Bled Jezero站出發會先經過波茵‧比斯特利查(Bohinjska Bistrica)，車程約1小時，每天5~7班次；波茵出發每天9~11班次，約44分鐘。
🔗potniski.sz.si

如何到達——巴士

　　從盧布里亞納搭乘長途巴士到諾瓦‧戈里查(Nova Gorica)，車程約2~2.5小時，每天約8~19班車，也有巴士經過Most na Soči直達Tolmin，車程約2小時50分，每天1~6班次。
🔗www.ap-ljubljana.si

如何到達——開車

　　從盧布里亞納走A-1高速公路接H-4高速公路，可抵達索查河谷南部大城諾瓦‧戈里查(Nova Gorica)。

區域交通

　　遊客來到索查河谷，自北而南會停留的地點分別是Bovec、科巴利德(Kobarid)、托明(Tolmin)、Most na Soči及Nova Gorica，彼此之間都有巴士串連。
🔗巴士公司www.nomago.si

MAP ▶ P.242B2

MOOK Choice

托明峽谷與索查河泛舟

Tolminska korita& Soča Dolina /
Tolmin Gorges & Soča river rafting

翡翠河流泛舟穿越峽谷

托明遊客中心

🚌從Most na Soči搭地區巴士，10分鐘可抵達托明鎮的巴士站(地址：Trg Maršala Tita 13)，從巴士站步行2分鐘可抵達遊客中心 📍Mestni trg 6 ☎5-380-0480 🌐www.soca-valley.com

托明峽谷

🚌從遊客中心步行約半小時可抵達，路程2公里；或搭計程車前往；7~8月間有接駁小巴往來托明和峽谷，10:00~16:00間整點從托明鎮停車場發車 🕐3月底~4月和9月中~10月中：9:00~18:00；5月：9:00~19:00；6~9月中：8:00~19:00；10月下旬：9:00~17:00(10月底至15:00) 🚫11~3月 💰5~6和9月：全票€8，半票€6；7~8月：下午4點前全票€10，半票€8，下午4點後全票€8，半票€6；其他時間全票€6，半票€5 ⚠2023起改採時段入場，建議提早在線上購票，避免現場購票該場次已售罄，購買的門票只在該時段有效。

Maya Travel Agency(索查河水上活動)

☎51-312-972 📍Volče 87c, Tolmin 🌐www.maya.si

托明峽谷距離托明鎮約2公里，涵蓋在特里格拉夫峰國家公園(Triglav National Park)的範圍裡，也是整座國家公園海拔最低的地方，只有180公尺。峽谷被托明河(Tolminka River)切穿，形成一道200公尺長、5至10公尺寬的急彎。急流底下，汩汩冒出攝氏22度的溫泉，這種情形在阿爾卑斯山區十分少見。

除了翡翠色的河水，托明峽谷內還有兩大賞遊重點，一為高懸河面上60公尺的「魔鬼橋」(Hudičev most)，另一個是卡在峽谷最窄處的一塊三角形巨石，名為「熊之心」(Medvedova glava)。

索查河是一條野性十足的河流，因此成為歐洲知名的泛舟勝地，泛舟多半集中在Trnovo ob Soči這個河段，獨木舟則在Otona和Kobarid，對這些活動有興趣的遊客可找旅行社代為安排。

戈里查·博達

MOOK Choice

Goriška Brda

層層山坡上最美麗的葡萄酒鄉

🚌 從盧布里亞納搭乘長途巴士到諾瓦·戈里查(Nova Gorica)，再從諾瓦·戈里查乘坐地區巴士到戈里查·博達鎮

戈里查·博達遊客服務中心

🏠 Šmartno 13, Kojsko ☎ 5-395-9595 ⏰ 4~10月：平日9:00~12:30、13:00~17:00，週末10:00~12:30、13:00~18:00；11~3月：9:00~12:30、13:00~16:00 ✆ www.brda.si

　戈里查·博達是斯洛維尼亞重要的葡萄酒產區，位於索查河谷南部大城諾瓦·戈里查(Nova Gorica)的西北方13公里，不論自然風景或人文地貌，戈里查·博達的可看性遠比鄰近的大城高出許多。

　博達(Brda)這個字的斯洛維尼亞語意思是「山丘」，山丘上的土壤是葡萄樹最喜愛的泥灰土和砂岩，葡萄園就沿著山坡層層展開，在地中海型氣候的眷顧下，每年日照長達2900個小時，因而造就了斯洛維尼亞最大的酒鄉，以及如風景明信片般的地貌景觀。

　戈里查山丘上大約住了6000人，多數是葡萄農，光葡萄園就超過1000座，總面積達2000公頃。有些是小型酒莊自產，大多數則供應給斯洛維尼亞最大的戈里查·博達酒莊。

　除了葡萄樹，戈里查·博達也盛產橄欖、櫻桃、桑椹和無花果，尤其是櫻桃在哈布斯堡年代最受皇室歡迎。

多博弗城堡 Grad Dobrovo

🏠 Grajska cesta 10, Dobrovo v Brdih ⏰ 週二至週五10:00~12:00、13:00~15:00，週末13:00~17:00 🚫 週一 ☎ 5-395-9587 💲 全票€3，半票€1.5 ❶ 城堡自2021年起進行翻修，目前暫停開放。

　這座17世紀的文藝復興式城堡，是戈里查·博達的地標性建築，三層樓的建築空間裡，除了常態性地展出城堡的歷史、義大利籍畫家Zoran Mušič(1909~2005)的畫作之外，也經常在城堡庭院舉辦喜慶活動。

　從城堡四邊角樓往外望去，可以覽盡戈里查·博達的田園風光。地下室則有一座酒窖，展售戈里查·博達生產的各類酒品。平面樓層則是餐廳，值得一試。

戈里查·博達酒莊Vinska Klet Goriška Brda

⌂Zadružna cesta 9, Dobrovo v Brdih ☎5-331-0102 ⬀ klet-brda.si

這是斯洛維尼亞最大的酒莊，超過100種酒可以讓你試喝。每年，酒莊收購鄰近葡萄農14000公頃的葡萄，整座酒莊所貯存的酒量高達1800萬公升，所生產的葡萄酒占了全國總量的四分之一。

戈里查·博達酒莊成立於1957年，設立以來，大大改善了戈里查·博達地區的經濟以及民眾生活水平。戈里查·博達酒莊所生產的酒，其中比較受歡迎的品牌為Baqueri、Quercus、A+、Villa Brici，還有氣泡酒，除了供應斯洛維尼亞國內需求，也外銷美國、日本、歐盟各國。

沒有微醺怎麼算參觀過酒莊，戈里查·博達酒莊提供24款葡萄酒試飲（平日13:00、14:30，週六12:00、13:30，每場90分鐘），其中包含數款得獎葡萄酒，每人€15，另有參觀酒窖的行程，每天一梯次，葡萄酒試飲與參觀酒窖皆需事先網站上預定。

Zanut酒莊

⌂Neblo 27, 5212 Dobrovo v Brdih ☎5-395-9494 ⬀ www.zanut.si

相較於戈里查·博達酒莊，Zanut是一座再小不過的酒莊了，雖然年產量不多，但卻非常有個性。堅持少量，因為品質易於控制，每到葡萄成熟季節，酒莊主人確保每一顆葡萄都吸飽了土壤的礦物以及太陽的能量，才以手工採收，並小心翼翼地移入酒

窖發酵釀造。試酒時，主人也非常講究，每嘗一口，你可以閉上眼睛，搭配每一種酒的提示，想像酒裡是否融合了各種香味：迷迭香、豆蔻、柑橘、巧克力……。

©www.slovenia.info, Jošt Gantar

MAP ▶ P.242A2

科巴利德

Kobarid

靜靜佇立山谷中的白色小鎮

🚌從托明搭乘巴士到科巴利德，車程半小時，每天約1~2班車

科巴利德遊客中心

⌂Trg svobode 16(位於巴士站附近) ☎5-380-0490 ⬀ www.soca-valley.com、www.kobarid.si ●7~8月間每天有Hop-on & Hop-off巴士從科巴利德出發前往鄰近山區河谷，共5條路線，詳細時間表及路線可於旅遊局網站查詢

科巴利德海拔只有234公尺，四周被2200公尺的高山所包圍，儘管身處阿爾卑斯山區，卻更似地中海小村落，因為西邊距離義大利邊界只有9公里，人文景觀多少受到義大利風格影響。

提到科巴利德，幾乎都和第一次世界大戰有關。西元1929年，美國大文豪海明威(Ernest Hemingway)在其小說《戰地春夢》(A Farewell to Arms)中，寫到第一次世界大戰的恐怖與災難時，這麼描寫科巴利德：「山谷裡一座擁有鐘樓的白色小城鎮，城小而乾淨，廣場上有一座漂亮水池。」如今鐘樓仍然每小時敲一次鐘，但水池已不復見。

第一次世界大戰時，科巴利德就是知名的索查前線戰役(Soča Front)中的一個重要據點，如今科巴利德博物館(Kobariški Muzej)收藏了當年「索查前線」打了29個月、以戰止戰相關悲劇歷史。此外，遊客服務中心也安排戰役歷史散步路線之旅，串連相關的戰爭遺跡，憑弔當年慘烈的血戰。

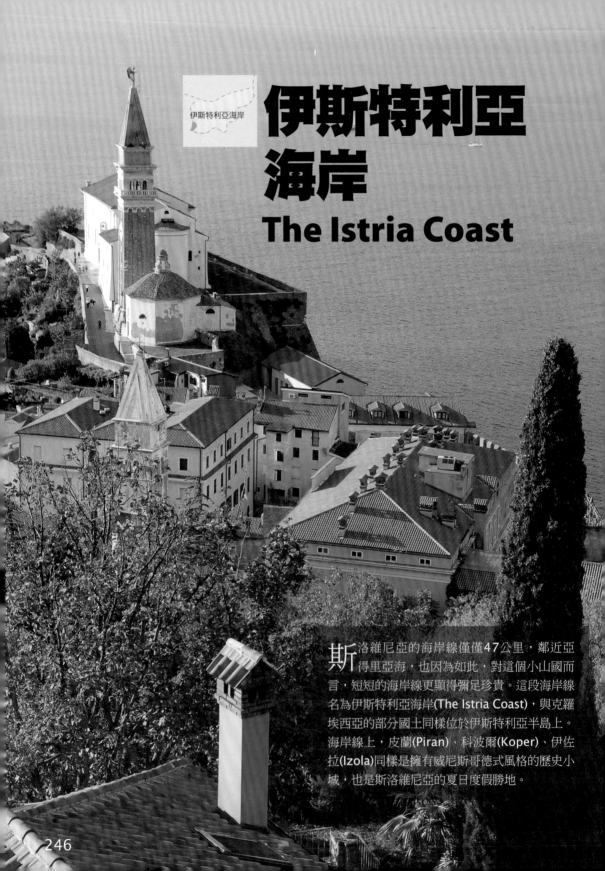

伊斯特利亞海岸
The Istria Coast

伊斯特利亞海岸

斯洛維尼亞的海岸線僅僅47公里，鄰近亞得里亞海，也因為如此，對這個小山國而言，短短的海岸線更顯得彌足珍貴。這段海岸線名為伊斯特利亞海岸(The Istria Coast)，與克羅埃西亞的部分國土同樣位於伊斯特利亞半島上。海岸線上，皮蘭(Piran)、科波爾(Koper)、伊佐拉(Izola)同樣是擁有威尼斯哥德式風格的歷史小城，也是斯洛維尼亞的夏日度假勝地。

皮蘭
Piran

文●林志恆　攝影●林志恆

©www.slovenia.info/Ubald Trnkoczy

皮蘭是斯洛維尼亞伊斯特利亞海岸的最大亮點，儘管科波爾(Koper)才是這個區域的最大城。

皮蘭市區很小，所有建築都擠在一座狀似舌頭的小半島上，只需幾個小時，就能把整座皮蘭城踏遍。由於市區不可能再往外擴散，一個世紀之前人口還有7500人，如今則掉到剩3千多人，巷弄間，盡是外地遊客。

早在遠古時代，皮蘭就有人類的蹤影，「皮蘭」這個名字據說來自古希臘文的「火」(pyr)，指的是皮蘭半島頂點處那座燈塔所點燃的火光，指引來往船隻。後來羅馬人打敗了伊利里亞人(Illyrians)、凱爾特人(Celts)之後，便在此定居；接著，斯拉夫人、拜占庭人、法蘭克人先後都在此留下足跡。13世紀晚期，威尼斯人開始統治皮蘭，延續長達500年，也造就了皮蘭的城市風貌，所有的街道巷弄、城牆堡壘、防禦工事以及美麗的建築，都在這個時期完成。如今，皮蘭是亞得里亞海沿岸，被威尼斯人統治過的城市中，保存得最完整的一座。

INFO

基本資訊
人口：3,730
面積：0.7平方公里
區碼：(0)5

如何到達——火車
伊斯特利亞海岸的大城為科波爾(Koper)，搭乘火車必須在科波爾下車，再轉搭地區巴士前往皮蘭。從盧布里亞納開往科波爾的火車每天約3~4班次，中間停靠波斯托伊納，車程約2.5小時。
🌐 potniski.sz.si

如何到達——巴士
從盧布里亞納有巴士可前往皮蘭，車程約2.5~3小時，每天4~7班次，沿途會停靠科波爾和伊佐拉(Izola)。從義大利的Trieste搭乘長途巴士抵達科波爾，車程50分鐘，大約每小時1班。

從科波爾開往皮蘭的地區巴士平均20分鐘1班車，車程約50分鐘。波托羅許和皮蘭之間往來的巴士非常頻繁，車程只要7~8分鐘。詳細時刻與票價請上網查詢。
🌐 長途巴士www.ap-ljubljana.si、地區巴士www.arriva.si

市區交通
皮蘭市區很小，步行即可。大型巴士只能停靠在市區外圍，從塔惕尼廣場(Tartinijev Trg)有免費的接駁小巴可前往外圍停車場。

皮蘭巴士站
🏠 Dantejeva ulica 4(Karamela冰淇淋店旁)

旅遊諮詢
◎皮蘭遊客服務中心
🏠 Tartinijev trg 2（塔惕尼廣場旁邊）
🕐 7月中~8月中：9:00~20:00；8月中~7月中：9:00~17:00
☎ 673-4440
🌐 www.portoroz.si

住宿
皮蘭的飯店不多，多數遊客會選擇落腳在鄰近的波托羅許(Portorož)，但市中心還是有幾間旅館、青年旅社、民宿可選擇，若無事先訂房，可請遊客中心代為安排。

MAP ▶ P.249C2

塔惕尼廣場

MOOK Choice

Tartinijev Trg/Tartini Square
知名小提琴家塔惕尼的出生地

🚌 從巴士總站步行約6分鐘可抵達廣場，從廣場可抵達周圍各景點。

　　塔惕尼廣場所在位置過去曾是漁船停靠的港灣，直到1894年才填海造陸、鋪上大理石，成為今日這座呈橢圓形的廣場，幾乎所有遊客都是從這裡開始認識皮蘭的。

　　名為塔惕尼廣場，當然是紀念皮蘭最重要的歷史人物塔惕尼（Giuseppe Tartini，1692~1770），他是音樂史上最出色的小提琴家兼作曲家之一，他就出生在廣場上的塔惕尼之家。事實上，塔惕尼的父親是義大利佛羅倫斯人，只是來此從事海鹽貿易而娶了當地女子，塔惕尼後來揚名於義大利，最後埋葬在義大利的帕多瓦（Padova），其傳世作品中，最有名的就是《魔鬼的顫音》（Devil's Trill）。

塔惕尼雕像Tartini Statue
　　這座塔惕尼雕像原本打算在塔惕尼200歲冥誕時豎立起來，以茲紀念，不過拖了4年，才在1896年由威尼斯雕刻師Antonio dal Zotto打造完成，成為廣場上最顯著的地標，與後方山丘上的聖喬治大教堂互相呼應。

塔惕尼之家Tartinijeva Hiša/Tartini House
🚇 249C2 📍 Kajuhova ulica 12 🕐 6~8月：9:00~12:00、18:00~21:00；9~6月：週五15:00~18:00，週六10:00~18:00，週日10:00~13:00 ❌ 9~5月：週一至週四 ☎ 4167-1297 💲 全票€4，半票€3 www.casatartini.com

　　塔惕尼之家是廣場上最老的房子，一份1384年的文件就提到這座哥德式的建築，儘管後來外觀變成古典主義樣式。之所以取名為塔惕尼之家，乃因為塔惕尼出生於此，目前這棟房子主要作為舉辦文化活動和音樂會之用；塔惕尼之家在2020年塔惕尼250歲冥誕時進行翻新，館內的塔惕尼紀念室主要展示塔惕尼留給後代的遺物，包括小提琴、樂譜、油畫肖像以及塔惕尼的遺容石膏像等。

市政廳Občinska Palača/Town Hall
🚇 249B2 📍 Tartinijev trg 2
　　遊客服務中心就位於市政廳內，這棟新文藝復興式的建築建於19世紀下半葉，取代原先由威尼斯人在13世紀蓋的哥德式市政廳。不過舊市政廳部分拆下來的建築則被移植到新市政廳上，像是柱廊立面二樓的右手邊，有一隻威尼斯石獅捧著一本打開的書，象徵著止戰、和平；左手邊則是皮蘭守護神，聖喬治的浮雕。此外，入口處有兩根15世紀的旗杆，上頭刻有保佑皮蘭的拉丁文字；大廳上則有代表皮蘭圖案的盾形紋章。

法院Sodnijska Palača/ Court Palace
🚇 249B2 📍 Tartinijev trg 1
　　在蓋法院之前，14世紀時這裡是穀物倉庫，16世紀時又增加一間當鋪。入口的兩道門是17世紀留下來的，同時刻有這棟建築的重建過程。

特里艾斯特灣
Gulf of Trieste

燈塔
Punta

Prešernovo nabrežje

Pusterla

vrečna ulica

Rtoslova ulica

Vegova ulica

Budič inova ulica

Grajska Ulica

Vodopivčeva Ulica

Adamičeva ulica

Rožiška ulica

五月一日廣場
Trg 1 Maja

Trubarjeva Ulica

Prešernovo nabrežje

Verdijeva ulica

Gregorčičeva ulica

市集Market

Kosovelova ulica

Stjenkova ulica

市政廳
Občinska Palača

遊客中心

法院
Sodnijska Palača

Tartinijev trg

Ulica IX. Korpusa

方濟會修道院與聖法蘭西斯阿西西教堂
Cerkev Sv Frančiška Asiškega

聖喬治大教堂
Stolna Cerkev Sv Jurija

威尼斯人之屋
Benečanka

Bolniška ulica

Ulica IX. Korpusa

聖彼得教堂
Cerkev Sv Petra

塔惕尼之家
Tartinijeva Hiša

塔惕尼廣場Tartinijev Trg
塔惕尼雕像Tartini Statue

足球場

皮蘭海灣
Piran Bay

Teslova ulica

Kidričevo nabrežje

Čankarjevo nabrežje

遊艇碼頭
Marina

塞爾吉‧瑪雪拉海事博物館
Pomorski Muzej Sergej Mašera
Maritime Museum

Ulica Svobode

Župančičeva ulica

城牆
Town Walls

Rozmanova ulica

皮蘭港
Piran Harbour

Kidričevo nabrežje

Čankarjevo nabrežje

Trg Bratstva

Gortanova ulica

海底活動博物館
Muzej Podvodnih Dejavnosti

Marxova ulica

Tomšičeva ulica

Prežihova ulica

Alma Vivoda ulica

Matteottijeva ulica

Matteottijeva Ulica

公車站
往波托羅許Portorož

N

圖例　景點　教堂　廣場　購物
碼頭　巴士站　遊客中心

威尼斯人之屋Benečanka/ Venetian House

249C2　Tartinijev trg 4

　這棟位於角落的紅色宅邸，15世紀時由一位威尼斯富商所建，特別容易讓人想起威尼斯，尤其是那十分威尼斯哥德風格的花飾窗格和陽台。據說這位富商來此經商時愛上皮蘭當地一位女孩，很快地，此事立刻成為街談巷議，為了杜悠悠眾口，富商於是蓋了這座宅邸送給女孩，並在窗台之間的石獅浮雕刻上這句話：「Lassa pur dir」，意思是「就讓他們説吧！」

聖彼得教堂
Cerkev Sv Petra/ Church of St. Peter

249C2　Tartinijev trg 9

　從西元1272年之後，就有這座聖彼得教堂，不過到了1818年，整座教堂全部重建，由維也納藝術學院建築系教授Pietro Nobile操刀，立面表現出學院派的純古典主義風格，入口處上頭有一個浮雕，意思是「把鑰匙交給聖彼得」。教堂裡保存著一付14世紀的「皮蘭十字架」。

聖喬治大教堂

Stolna Cerkev Sv Jurija/ St. George's Cathedral

俯瞰伊斯特利亞海岸的鐘塔教堂

從塔惕尼廣場步行約5分鐘可抵達 Adamičeva ulica 3
673-3440

聖喬治教區博物館
Župnijski Muzej Sv Jurja/ Parish Museum of St George
3～5月和9～10月：10:00～16:00；6～8月：10:00～13:00、17:00～20:00；11～2月：週末10:00～16:00
3～10月：週二；11～2月：平日 www.zupnija-piran.si

　皮蘭以教堂之多而引以為傲，小小的城區就擠了超過20間教堂，其中以聖喬治大教堂最能代表皮蘭的精神。

　這座融合文藝復興和巴洛克式風格的大教堂，挺立在塔惕尼廣場北方的山脊之上，東北方面海的一側設有一道長200公尺的城牆保護著。教堂起建於14世紀，到了17世紀由一群來自威尼斯的藝術家修建成巴洛克樣式。

　47公尺高的鐘塔，彷彿威尼斯聖馬可廣場鐘樓的縮小版，金字塔型的塔頂頂端矗立著大天使米迦勒，有風向儀的功用。遊客可以爬上146層的階梯，從高處俯瞰伸長舌頭的皮蘭城及港灣。天氣好的時候，甚至可以看到從斯洛維尼亞一直延伸到克羅埃西亞的伊斯特利亞海岸，以及義大利的特里艾斯特灣(Triest)，更遠一點則是義大利境內、掛著皚皚白雪的多羅邁特山(Dolomites)以及斯洛維尼亞內陸的朱利安·阿爾卑斯山。

　鐘塔旁設有一座八角形洗禮堂，也是教堂建築群中最後完成的建築，裡面有祭壇、畫作以及一座2世紀的羅馬石棺，被回收充作浸禮池。教堂主建築裡有一座聖喬治教區博物館，裡面收藏了一些聖器、畫作及寶石。18世紀時，教堂裡增加了7座大理石祭壇，上面裝飾著聖喬治雕像及威尼斯畫派的畫作。

方濟會修道院與聖法蘭西斯阿西西教堂

Minoritski Samostan & Cerkev Sv Frančiška Asiškega/ Minorite Monastery of St Francis

穿梭美麗迴廊欣賞歷史畫作真品

🚶從塔愓尼廣場步行約5分鐘可抵達　🏠Bolniška 30　☎673-4417　🕐10:00~12:00、17:00~20:00　🌐minoriti.rkc.si

　　方濟會修道院與聖法蘭西斯阿西西教堂坐落在同一座建築裡，修道院裡美麗的迴廊特別引人矚目，在亞得里亞海地區的修道院幾乎都可以看到類似建築形式。因為建築本身的浪漫氣氛加上美好的音響效果，迴廊中庭經常舉辦晚間音樂會，每年的皮蘭音樂節和塔愓尼音樂節都在此舉辦。

　　教堂建築本身可以回溯到14世紀，後來經過多次的整修、重建。走進教堂，天花板上頭有壁畫，一個大貝殼作為捐獻箱，還有一座巴洛克式的講道壇，以及塔愓尼家族的墓地，這些大致都是17世紀之後才增建。聖法蘭西斯阿西西教堂以他們所收藏的真品歷史畫作為傲，其中有一幅《聖母子》的畫作特別重要，那是16世紀義大利威尼斯畫派畫家卡巴喬(Vittore Carpaccio)的大作。

塞爾吉・瑪雪拉海事博物館

Pomorski Muzej Sergej Mašera/ Maritime Museum

漁業航海製鹽的主題展覽

🚶從塔愓尼廣場步行約3分鐘可抵達　🏠Cankarjevo nabrežje 3　🕐7~8月：9:00~12:00、17:00~21:00；9~6月：9:00~17:00　🚫週一　☎671-0040　💲全票€7，半票€5　🌐www.pomorskimuzej.si

　　塞爾吉・瑪雪拉(Sergej Mašera)是一次世界大戰時的斯洛維尼亞海軍指揮官，他的船艦在克羅埃西亞外海被炸沉殉難，博物館於1967年以他命名，作為紀念。

　　博物館內展覽重點不外乎漁業、航海以及製鹽，幾個世紀以來，這三件事都與皮蘭的發展息息相關。

　　博物館臨著皮蘭港灣，建築物本身是一座19世紀的宮殿，為皮蘭最具規模的博物館。在不同民族的漁業史部分，展出各種漁船模型、捕魚工具，以及捕魚方式。各國航海史部分，則展出中世紀到二次世界大戰期間，各式各樣的各國戰艦模型，包括15、16世紀西班牙大型帆船、大型航海船，以及著名的格魯伯(Gruber)，此外還有航海工具、水手制服、海上拍的照片及圖畫等。至於製鹽業，大致都是瑟秋夫列(Sečovlje)的鹽田發展，若要瞭解得更清楚，建議在館內報名導覽之旅，將帶你實地到10公里外的瑟秋夫列，更能親身感受。

燈塔
Punta
駐守於半島最尖端的引航者

🚶 從塔惕尼廣場步行約10分鐘可抵達

　　燈塔就位於皮蘭的「舌尖」處，也是皮蘭最著名的歷史景點，皮蘭這個名稱的由來，就是根據古希臘文的「火」而來，指的就是燈塔上的火。儘管今天燈塔上的火已經被使用電的探照燈取代，今天這座燈塔也不是幾千年前古希臘人看到的燈塔。

　　而這座胖圓形、上頭呈鋸齒狀的燈塔下方，也是一座教堂，名為聖克萊門教堂(Church of St Clement)，這是獻給羅馬首位教皇聖克萊門。

MOOK Choice

五月一日廣場與市集
Trg 1 Maja & Tržnica / 1st of May Square & Market
走進巴洛克式老房子購物

🚶 從塔惕尼廣場步行約3分鐘可抵達　🏠 Prvomajski trg 11

　　在19世紀末，塔惕尼廣場還沒有填海造陸之前，五月一日廣場才是皮蘭舊城的中心，因此又稱為舊城廣場(Srari trg)，主要街道都在此交會，通往廣場的街道像迷宮一樣，一棟棟呈現粉蠟筆般的鮮豔色彩。來到廣場，周邊都是巴洛克式的老房子，包括廣場北邊的一間老藥店，不過目前已改裝為Rostelin餐廳；另外，舊的市政廳，如今則是Delfin餐廳。

　　皮蘭居民經常前來廣場周邊購物，不少遊客也會帶瓶斯洛維尼亞產的紅酒。夏季時，廣場上經常有音樂會、舞會、戲劇表演等活動。廣場正中央是一座石頭打造的雨水貯水槽，這是1775年一場大乾旱後才增建的，水池後方有兩座孩童雕像，一尊手持水罐，另一尊則捧著一條魚，雨水就是沿著周邊房子的屋簷流進雕像，經過碎石、砂子過濾，再注入貯水槽。水槽正中心有兩個小井，可以用手搖幫浦打水。

　　廣場正面的階梯豎立著兩尊雕像，一尊代表法律，一尊代表正義。「法律」的盾上刻著井的建造日期、用途、捐獻者的名字；「正義」的盾上則是皮蘭及貴族的徽章。

　　五月一日廣場和塔惕尼廣場之間則有一座露天市集，一攤攤擺著來自鄰近地區的農特產，不僅皮蘭市民前來採買，也吸引遊客駐足。

海底活動博物館

Muzej Podvodnih Dejavnosti / Museum of Underwater Activities

認識潛水主題與海底活動發展史

🚶 從塔悕尼廣場步行約6~8分鐘可抵達　🏠 Županči čeva 24　🕐 7~8月：9:00~22:00；6月下旬和9月上旬：9:00~20:00；9月中~6月中：週五~週日10:00~17:00　🚫 9月中~6月中的週一至週四　☎ 41-685-379　💲 全票€4.5，半票€3　🌐 www.muzejpodvodnihdejavnosti.si

　顧名思義，博物館展出的主題都和潛水有關，不只有斯洛維尼亞本身，還包括奧匈帝國、前南斯拉夫、鄰國義大利等國的海底活動發展歷史。

　對人們來說，大海底下永遠藏著深不可測的秘密，那些海底的無盡深淵、不知名的海底生物，還有沉船寶藏等。來到這間博物館，你有機會看到自從人類開始潛水以來，與水底世界的各種相關事物和影像，例如沉船、潛水艇、各種潛水裝備等。有興趣的人也可以報名博物館舉辦的水肺潛水活動，帶領你遨遊斯洛維尼亞的海域。

斯洛維尼亞▼伊斯特利亞海岸…**皮**蘭 Piran

©www.slovenia.info/Jacob Riglin

皮蘭海灣

MOOK Choice

Piran Bay

灣畔散步喝咖啡看夕陽

🚶 從塔悕尼廣場步行約3分鐘可抵達

　在皮蘭的港灣邊散步是件很宜人的事。從塔悕尼廣場沿著遊艇碼頭向前行，沒有汽車擋路，也沒有小販的騷擾；走在水泥鋪的散步道上，右手邊是一整排昂貴的景觀餐廳和咖啡廳，左手邊則是消波塊堆疊起來的海堤，以及波平浪靜的皮蘭海灣。大海上，檣帆緩緩駛過；海堤邊，幾支釣竿等待上鉤的魚兒，在天空中擺盪；偶爾，有人噗通跳進水裡，把海灣當天然泳池，享受無拘無束的快感。

　由於海灣正對西方，夕陽就從海平面緩緩西沈，港灣大道正是觀賞夕陽的最佳地點，你可以悠哉地找個餐廳坐下來，啜口咖啡，或享受伊斯特利亞美食，一邊欣賞落日美景。

波托羅許及其周邊
Portorož & Around Area

文●林志恆　攝影●林志恆

每一個擁有美麗海岸的國家或城市，總要有一片具代表性的海灘，沙灘上排滿曬日光浴的泳客，海灘後方則是整排高檔度假飯店，澳洲有雪梨邦代海灘(Bondi)和黃金海岸，夏威夷有威基基海灘(Waikiki)，克羅埃西亞有歐帕提雅(Opatija)，巴西里約有伊帕內瑪海灘(Ipanema)，那麼斯洛維尼亞就是波托羅許了。

波托羅許就如同它的地名一樣浪漫，意思是「玫瑰港」(Port of Roses)，每年平均日照2334小時，位於皮蘭東南方5公里，因皮蘭的名氣而來到斯洛維尼亞海岸的遊客，多半會選擇在波托羅許過夜，享受飯店設施及片刻浪漫。

相較於伊斯特利亞海岸其他城市，波托羅許的起步非常晚，直到19世紀末才有奧匈帝國的官員來到這裡，用瑟秋夫列(Sečovlje)鹽田收集來的鹽泥進行身體泥療，消息傳開，幾年後，皇宮旅館就在1910年落成。如今，歐巴拉大道(Obala)兩側的高檔飯店和精品商店多半是1960到70年代之後發展起來的。

波托羅許雖然擁有完整的沙灘海岸，但沙灘並沒有直接延伸到水裡，而是被人工步道一分為二，不過人們在海灘步道上散步、跑步、騎單車，倒襯托出波托羅許的悠閒自在。

INFO

基本資訊
人口：2,866　**面積**：2.97平方公里　**區碼**：(0)5

如何到達－巴士
從盧布里亞納搭乘巴士抵達波托羅許，車程約2~2.5小時，每天4~12班次，沿途會停靠科波爾(Koper)和伊佐拉(Izola)。

地區巴士行駛於波托羅許、科波爾、伊佐拉之間，平均20分鐘1班車。波托羅許和皮蘭之間往來的巴士非常頻繁，車程只要7~8分鐘。詳細時刻與票價請上網查詢。

長途巴士www.ap-ljubljana.si、地區巴士www.arriva.si

市區交通
波托羅許市區不大，步行即可。

旅遊諮詢
◎波托羅許遊客服中心

Obala 16, Portorož

7~8月：9:00~20:00；5、6和9月：9:00~19:00；10~4月：9:00~17:00

674-2220　www.portoroz.si

斯洛維尼亞⊙伊斯特利亞海岸⋯

波

托羅許及其周邊 Portorož & Around Area

MAP ▶ P.10A2

波托羅許凱賓斯基皇宮飯店

Kempinski Palace Portorož

全國第一家超五星級的老牌飯店

🚶從遊客中心步行約3分鐘可抵達 🏠Obala 45, Portorož ☎692-7000 💲冬季雙人房€128起，夏季雙人房€251起 🕐www.kempinski.com/portoroz

這座飯店是波托羅許的地標，由於這間百年旅館的率先創立，才打開波托羅許的觀光度假之路。不過別因為它的百年歷史，就認定其內部必然陳舊不堪，2008年重新開幕的皇宮飯店，結合「凱賓斯基」這個歐洲最老牌的國際奢華連鎖飯店，以「當舊的遇上新的」的概念迎接遊客，再續百年風華。

就像它百年前出現在波托羅許的不凡意義，現在有了國際高檔飯店品牌的加持，也一舉推升了波托羅許在世界旅遊地圖的知名度。

波托羅許凱賓斯基皇宮飯店是斯洛維尼亞第一間奢華度假飯店，重新改裝後，在原有的主建築增加一棟全新側翼，走現代裝潢風格，有別於主樓層的古典風，遊客從簇新的外觀走進旅館，彷彿穿梭在時光隧道，從19世紀的新藝術(Art Nouveau)、包浩斯(Bauhaus)、立體派(Cubism)、裝飾藝術(Art Deca)，到21世紀各種令人炫目的建材，二者交錯混搭，卻不顯突兀。

2009年1月，波托羅許凱賓斯基皇宮飯店被評定為斯洛維尼亞第一家超五星飯店(Five-star superior)，共有164間豪華客房及17間套房，最小的房間至少有30平房公尺。飯店的餐廳以改良的地中海式及義大利餐為主；新增設的玫瑰水療(Rose Spa)更讓人彷彿置身天堂。

©www.slovenia.info, Jaka Ivančič

波托羅許周邊

MAP ▶ P.10A2

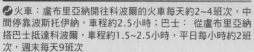
©www.slovenia.info, Jošt Gantar

科波爾

Koper

斯洛維尼亞海岸最大商業城

火車：盧布里亞納開往科波爾的火車每天約2~4班次，中間停靠波斯托伊納，車程約2.5小時；巴士：從盧布里亞納搭巴士抵達科波爾，車程約1.5~2.5小時，平日每小時約2班次，週末每天9班次
科波爾遊客服務中心
◎6月中~9月：9:00~19:00；10~6月中：平日9:00~13:00、14:00~17:00，週末9:00~17:00 ⏱Titov trg 3 ☎(0)5-664-6403 Ⓦvisitkoper.si

科波爾是斯洛維尼亞海岸地區的最大城市，搭乘火車、長途巴士或是國際遊輪，都以此為出入門戶，由於是斯洛維尼亞唯一商業港都，沒有皮蘭那般吸引遊客目光，不過市中心的舊城區仍保留濃濃的威尼斯風情，但人潮不似皮蘭的擁擠。

觀光景點多半集中在狄托廣場(Titov trg)周邊，受到威尼斯在15、16世紀殖民的影響，四周都是令人讚嘆的哥德和文藝復興風格建築，例如15世紀的涼廊(Loža)和執行官宅邸(Pretorska Palača)，還有18世紀中、融合哥德式和仿羅馬式的聖母升天大教堂(Stolnica Marijinega Vnebovzetja)和36公尺高的鐘樓，都是代表科波爾的歷史建築。

波托羅許周邊

MAP ▶ P.10A2

伊佐拉

Izola

老街古宅錯落的威尼斯風格漁港

©www.slovenia.info, Jaka Ivančič

🚌從盧布里亞納開往科波爾、皮蘭和波托羅許之間的巴士，都會在伊佐拉停靠。從科波爾搭巴士約15分鐘可抵達，平日每20分鐘1班車，假日每小時1班車
伊佐拉遊客服務中心
◎6~9月：9:00~19:00；10~5月：9:00~12:00、12:30~17:00 ⏱Sončno nabrežje 4 ☎(0)5-640-1050
Ⓦwww.visitizola.com

伊佐拉是位於科波爾和皮蘭之間的小漁港，由於沒有太多珍貴的歷史建築，因此比科波爾更容易受到遊客忽略，不過伊佐拉同樣經過威尼斯人統治，也是一座威尼斯風格的漁港，狹窄的老街、港邊幾間餐廳和小酒吧，還有隨著海浪搖擺的漁船，頗具詩意。

伊佐拉最漂亮的建築是位於Gregorčičeva和Giordano Bruno街口、一棟名為Besenghi degli Ughi的宅邸，建於1770年代，它的窗台和陽台以灰泥粉飾，並嵌著淡藍色的鍛鐵窗格，經常成為攝影獵取對象。目前這棟建築是一間音樂學校。

©www.slovenia.info, Matic Klanšek Velej, Sportida d.o.o

波托羅許周邊

MAP ▶ P.10A2

瑟秋夫列

（ MOOK Choice ）

Sečovlje

保留古老曬鹽技術的鹽場

🚗 在Lera和Fontanigge各有一個入口，前者走陸路，目前沒有巴士可達，只能自行開車，或是搭車至鄰近城市Lucija，再步行約半小時前往；後者走水路，得在波托羅許或皮蘭報名參加導覽行程

瑟秋夫列鹽田自然公園Krajinski Park Sečovljske Soline/ Sečovlje Salina Nature Park

🕐 鹽田：6～8月7:00～21:00；4～5月和9～10月7:00～19:00；11～3月8:00～17:00。博物館：6～8月9:00～19:00；9～5月9:00～17:00 ☎ 5-672-1330 💰 4～10月：全票€7，半票€5；11～3月：全票€6，半票€4。參加導覽行程須另付費 🌐 www.kpss.si

　　因為有了瑟秋夫列這座鹽田，伊斯特利亞海岸變得價值非凡，更因為有了這座鹽田，斯洛維尼亞又多了一樣值得對外稱頌的特產，斯國馳名商標Piranske Soline所產的鹽，全部來自這座鹽田。

　　瑟秋夫列位於斯洛維尼亞國土西南端，以Dragonja河與克羅埃西亞為界，目前包括鹽田在內，阡陌縱橫的堤壩、溝渠、水道、水池總共6.5平方公里的大片濕地，都劃入瑟秋夫列鹽田自然公園的保護範圍內，也因此吸引超過270種鳥類來此棲息，其中有90種在這裡繁衍後代。

　　從中世紀開始，瑟秋夫列的鹽田就是伊斯特利亞海岸地區的搖錢樹，雖然盛況不再，但傳統古老的曬鹽技術延續好幾個世紀依然運作不輟，堪稱活的文化遺產。

　　自然公園以Dragonja溪為界，分成南北兩大部分，北部稱為Lera，曬鹽、製鹽仍在運行中；南部稱為Fontanigge，從1960年代就遭廢棄，而鹽田工人住的簡陋石屋、溝渠、堤岸等景物仍一如上個世紀的模樣，如果要看幾個世紀以來鹽田是怎麼運作以及鹽田工人的生活，鹽田博物館就位於這一區。

　　皮蘭有一句諺語：「Piran xe fato de sal!」，意思是說皮蘭的崛起全仰賴鹽，也因為鹽業才使得皮蘭在歷史上發光發熱。由於皮蘭距離瑟秋夫列鹽田還有一段距離，每到收成季節，皮蘭人就得搬到鹽田上的房舍居住，房子裡除了備有一切生活必需品外，還有貯藏鹽的地窖；婦女們則在屋子後方用特製的火爐，烘烤工作時所需的麵包。這些鹽田工人的生活和器具都可以在博物館內看到。

　　瑟秋夫列鹽田自然公園之所以珍貴，在於它同時保存了過去的歷史、仍在運作中的鹽田，以及濕地自然生態。從引海水入鹽田，透過水閘門控制濃縮海水，最後結晶成鹽的每一道程序都一目了然。因為過程全部採取傳統手工，品質嚴格控管，只有最高品質的鹽才能掛上「皮蘭鹽」的商標。

蒙特內哥羅

Montenegro

蒙特內哥羅——
（黑山共和國）

波士尼亞・赫塞哥維納
BOSNIA & HERCEGOVINA

塞爾維亞
SERBIA

蒙特內哥羅
MONTENEGRO

杜彌托爾國家公園
Durmitor National Park

新赫爾采格
Herceg Novi

科托爾
Kotor

洛夫茜國家公園
Lovćen National Park

波德哥里查
Podgorica

采蒂涅
Cetinje

布達瓦Budva

聖史蒂芬Sveti Stefan

斯卡達湖國家公園
Skadarsko Jezero National Park

阿爾巴尼亞
ALBANIA

亞得里亞海

有人說，如果克羅埃西亞的杜羅洛夫尼克是美好假期的終曲，那麼蒙特內哥羅就是同場加映的安可曲。它是歐洲最年輕的國家，一路上都是充滿戲劇性的風景。不同於克羅埃西亞和斯洛維尼亞，蒙特內哥羅人以信奉東正教為主，人民性格上較接近隔壁的塞爾維亞人，不過與內陸國塞爾維亞相比，靠海岸這一邊的蒙特內哥羅人多了一點輕鬆自在，部分城市因為羅馬天主教與東正教並立，又有那麼一點接近克羅埃西亞。

只是從克羅埃西亞過了邊境，不論路況、屋況或基礎建設，都遠遜於克羅埃西亞達爾馬齊亞海岸的城市，畢竟這是個才剛起步的國家，它的海灣、山脈和森林，都還散發著原始之美。

科托爾灣峽灣地形Boka Kotorska Bay

這是地中海唯一的峽灣地形，從遠處望去，一座座鋸齒狀的山脈陡直插入波光瀲灩的海水中，灣中有灣，上面點綴著如鈕釦般的歷史古城，此般情景直撼人心。英國浪漫詩人拜倫於1872年造訪後，不禁發出讚嘆：「陸地與海洋最美的相遇！」(P.272)

蒙特內哥羅之最
Top Highlights of Montenegro

科托爾Kotor

這座古城早在1979年就被納入世界遺產保護行列，除了歐洲少見的長城般城牆，各種不同文化也在此融合，尤其東正教和天主教兩大教派竟能在一座教堂裡使用不同角落。(P.265)

采蒂涅Cetinje

從15世紀起，這裡就是蒙特內哥羅國王的家，建都者伊凡・斯諾耶維契(Ivan Crnojević)因為深受文藝復興思潮的影響，讓這座昔日的皇都顯得低調而不矯067。造訪市區知名的5座博物館，可以深度認識黑山共和國。(P.279)

布達瓦Budva

陽光、沙灘、海水，造就了這座「旅遊大都會」，一到夏天，造價昂貴的遊艇紛紛駛進古城旁的遊艇碼頭，每年擠進海灘的泳客超過25萬人。布達瓦的歷史超過2500年，從古希臘時代就有人在此建立聚落，是亞得里亞海岸數一數二古老的海港城市。(P.273)

洛夫茜國家公園
Lovćen National Park

洛夫茜國家公園有三分之二的土地被森林所覆蓋，特別是濃密的黑色山毛櫸，形成了這裡的黑山印象。國家公園以保護自然生態為主，這裡棲息著85種蝴蝶、各種爬蟲、棕熊、狼和200種鳥類飛禽。(P.283)

How to Explore Montenegro
如何玩蒙特內哥羅

蒙特內哥羅對多數旅人來說，算是陌生的國度，很容易被附屬於克羅埃西亞的順遊行程中。它的國土面積雖然不大，豐富度卻絲毫不減，海岸線度假城市不輸克羅埃西亞，科托爾灣有挪威峽灣般的壯闊，內陸地區裸露岩石與森林羅織「黑山」印象，以下為你精選出熱門區域的城鎮，以地圖清楚標示位置，並輔以文字介紹，讓你快速掌握各城鎮的旅遊特點，打造屬於自己的精彩旅程。

新赫爾采格Herceg Novi

在克羅埃西亞，你所看到的多數城牆堡壘都是用來防範鄂圖曼土耳其的入侵，但這裡卻恰好相反，都是15世紀鄂圖曼統治新赫爾采格期間所興建的。由於蒙特內哥羅較為貧窮，對古蹟的維護力不從心，如果你是從克羅埃西亞的杜布羅夫尼克越過邊界而來，要有心理準備，這座城市會顯得比較破舊，主要景點都集中在城牆堡壘所環繞的舊城區。

●**代表性景點**：舊城、聖米迦勒天使教堂、堡壘

布達瓦Budva

陽光、沙灘、海水，僅造就了布達瓦古城，一到夏天，造價昂貴的遊艇和渡輪紛紛駛進古城旁的碼頭，每年擠進海灘的泳客超過25萬人。最閃亮卻又神祕的，其實是布達瓦附近的聖史蒂芬島，綿長的海灘、隱密的特質，長久以來一直深受國際影星和歐洲皇族喜愛。

●**代表性景點**：舊城區、老城海灘、聖史蒂芬

采蒂涅Cetinje

如果不前進內陸，就不算來過蒙特內哥羅，Montenegro的字意為「黑山」，指的就是這內陸地區峰峰相連的黝黑山

科托爾Kotor

科托爾正是蒙特內哥羅的頭號招牌景點，這座彷彿被鎖在時空膠囊的古城，除了歐洲少見的長城般城牆，各種不同文化在此融合，東正教堂和天主教堂在同一個廣場上當鄰居。

科托爾灣被視為地中海唯一的峽灣地貌，曾經在西元2000年被選為全世界最美麗的25座海灣之一。

●**代表性景點**：聖特里普納教堂、城牆堡壘、科托爾灣峽灣、城門

脈，傳統上就是「黑山共和國」心靈的原鄉。除了科托爾之外，采蒂涅這座舊皇都也值得探訪。雖然街道有些冷清，卻聚集了5座重量級博物館，想了解黑山共和國的歷史，把博物館逛一遍就不再陌生。鄰近的洛夫茜國家公園被濃密的黑色山毛櫸所覆蓋，很推薦來看看何謂「黑山」地形，並認識在地動植物生態。

●**代表性景點**：黑山國家博物館、采蒂涅修道院、洛夫茜國家公園

亞得里亞海岸
Adriatic Coast

蒙特內哥羅的海岸線不長，由於起步較晚，這裡樣樣都不如克羅埃西亞發達，但相對遠離遊客，保留較多原味。

北方科托爾灣被視為地中海唯一的峽灣地貌，曾經被選為全世界最美麗的25座海灣之一，連綿不絕的陡峭山脈直挺挺地插入波光瀲灩的海灣，山海之間錯落著經典的歷史古城，這般美景，直教人起慄；南方海岸就屬布達瓦最耀眼，古城老街宜人可愛，陸連島聖史蒂芬神秘而引人注意，綿長的海灘，更是歐洲海灘愛好者的精神食糧。

● 新赫爾采格

新赫爾采格
Херцег Нови/ Herceg Novi

文・攝影●林志恆

如果你去過克羅埃西亞的杜布羅夫尼克，也許會覺得任何古城都難以和杜布羅夫尼克相提並論。不過離開克羅埃西亞之後，新赫爾采格也許是你遇到的第一座蒙特內哥羅城市，不妨從大馬路彎進來，感受略顯不同的蒙特內哥羅文化。

新赫爾采格之所以命名為「新」(Novi)，意謂著它是科托爾灣較年輕的城市，不過算起來也有600多年歷史，是15世紀時由來自赫爾采哥維納(Hercegovina，今天波士尼亞境內)的史蒂芬公爵(Stjepan Vukčić)所發展起來的城市，不過隨後被鄂圖曼土耳其所征服，接著西班牙、威尼斯、奧地利、俄羅斯、法國、義大利、德國等外族勢力不停流轉，和巴爾幹半島上多數地區遭逢相似的命運。

目前新赫爾采格為科托爾灣區的主要經濟和工業城市，因為周邊有高山和灣澳的庇護，新赫爾采格終年氣候溫和，不難發現，當你搭車從這裡經過時，你會看到道路兩旁不少香蕉樹，而成為這座城市的象徵。

新赫爾采格的海岸東西蜿蜒15公里，主要景點都集中在城牆堡壘所環繞的舊城區。

INFO

基本資訊
人口：19,536
面積：235平方公里
區域號碼：(0)31

如何到達─巴士

從克羅埃西亞的杜布羅夫尼克前往科托爾的長途巴士，都會中停新赫爾采格，車程約1小時，冬季1天約2~5班車、夏季約7班，因為需要過邊境，護照得隨身攜帶，上下班時間會影響邊境排隊車流，行程時間可能延長至2小時。

從新赫爾采格也有頻繁的巴士班次前往科托爾(Kotor，車程約1小時)，以及布達瓦(Budava，約1小時45分)。

◎新赫爾采格巴士站
🏠Dr. Jovana Bijelića 1 , Herceg Novi ☎321-225
🌐www.autobusni-kolodvor-dubrovnik.com、getbybus.com

旅遊諮詢
◎巴士站遊客服務中心
🏠Orjenski bataljon 3（巴士站對面） ☎350-820
🌐www.hercegnovi.travel
◎舊城遊客服務中心
🏠Trg Nikole Đurkovića 1 🕐平日8:00~15:00
🈺週末 ☎581-054

MAP ▶ P.263B2,B3

舊城

Стари Град/Old Town

鄂圖曼土耳其帝國統治興建的古城

🚌 從巴士站步行約10分鐘可進入舊城區

　　相較於克羅埃西亞的古城，你第一眼瞥見新赫爾采格，腦海不禁泛起一個念頭：「為什麼這裡的老建築破敗許多，而且視覺上一團混亂？」究其現代史，這並不難理解，在狄托的南斯拉夫時代，克羅埃西亞的達爾馬齊亞海岸被視為掏取西歐現金的金雞母，而且札格拉布政府(克羅埃西亞首都)享有較高的政治和文化自主權，因此投注金錢極力維護，歷史古蹟相對保存完好。但蒙特內哥羅就不同了，不僅直接受到貝爾格勒政府(Belgrade，前南斯拉夫首都)掌控，而且傳統上就比克羅埃西亞貧窮，古蹟無法受到相同的對待。

新赫爾采格市區

- 巴士站
- Srbina
- Jadranski Put
- Put X Hercegovačerigade
- 血之塔 Kanli-Kula
- Nikole Đurkovića
- 鐘塔 Clock Tower
- 聖米迦勒天使教堂 Crkva Sv Arhanđela Mihaila
- Njegoševa
- Partizanski Put
- 聖傑羅姆教堂 Crkva Sv Jeronima
- Save Kovačevića
- Šetalište Pet Danica
- 海之塔 Fortemare
- Šetalište Pet Danica

圖例 ◉景點 ✛教堂 🚌巴士站

蒙特內哥羅▽亞得里亞海岸……

新

赫爾采格 Xерцег Нови/ Herceg Novi

鐘塔 Clock Tower

📍 P.263B2

　這座狀似城堡、頂端還有鋸齒狀牆垛的鐘塔建於1667年，曾經是新赫爾采格的主要城門，為土耳其蘇丹麥何慕特(Sultan Mahmud)下令興建。

堡壘 Fortification

📍 P.263B1、B3

　在克羅埃西亞，你所看到的大多數城牆堡壘都是用來防範鄂圖曼土耳其的入侵，但這裡卻恰好相反，都是15世紀鄂圖曼統治新赫爾采格期間所興建的，儘管土耳其人控制了這個區域，卻未在此生根。

　經過新赫爾采格的主要道路，你就可以看到這座宏偉的「血之塔」(Kanli-Kula)，15到17世紀土耳其統治期間，它曾是一座惡名昭彰的監獄。這裡居高臨下，可以俯瞰新赫爾采格的舊城區，不過切勿過度期待，絕對無法和杜布羅夫尼克相比。由於血之塔占地廣闊又有環狀階梯，是舉辦露天音樂會和戲劇表演的好場地。

　在舊城靠海那頭，則有另一座「海之塔」(Fortemare)，是土耳其勢力退去之後，威尼斯人的110年統治期間所重建。

聖米迦勒天使教堂
Црква Светог Архангела Михаила /
Church of St. Arhanđel Mihail

📍 P.263B2

　穿過鐘塔，視野頓時開闊，來到史蒂芬公爵廣場(Trg Herceg Stjepana)，廣場上鋪著閃亮亮的白石，廣場中央有一座水池，一旁矗立的是聖米迦勒天使教堂，年代並不遙遠，約建於1883年到1905年之間，其圓頂呈完美比例，兩旁則挺立著墨綠的棕櫚樹，從其立面玫瑰窗下、正門上方的半圓壁畫，是幅繪著天使的馬賽克鑲嵌畫，

便知這是一座東正教堂。整座教堂共結合了拜占庭、哥德和巴洛克三種風格。

聖傑羅姆教堂
Crkva Sv Jeronima /
St. Jerome's Church

📍 P.263B2

　聖傑羅姆教堂是新赫爾采格的天主教堂，在聖米迦勒天使教堂的下方，興建年代較早，約1856年，取代先前的舊教堂，獻給新赫爾采格的守護神聖傑羅姆。教堂內有來自佩拉斯特(Perast)的畫家Tripo Kokolja的畫作，他是巴洛克時期的重要畫家。

科托爾
Котор/ Kotor

文●李曉萍・林志恆　攝影●周治平・林志恆

就像杜布羅夫尼克之於克羅埃西亞，科托爾正是蒙特內哥羅的頭號招牌景點，不少遊客唯一的「蒙特內哥羅經驗」，僅止於科托爾和蜿蜒曲折的峽灣。

科托爾位於科托爾峽灣的最深處，背後靠著陡峭的洛夫茜山(Mountain Lovćen)，前方則是一片平靜無波的大海灣。

科托爾的歷史，就如同你一路所看到的亞得里亞海的城市，伊利亞人、羅馬人、塞爾維亞人、威尼斯人、拿破崙軍隊、奧地利人輪番主宰，接著是二次世界大戰後狄托的南斯拉夫共產政權，如今，蒙特內哥羅總算獨立，不同的統治者在城市留下不同的印記。

歷史上，科托爾因為有高大厚實城牆的保護，得以免受戰亂侵襲，但是1667年那次幾乎震垮了克羅埃西亞杜布羅夫尼克的毀滅性大地震，同樣也毀去了科托爾四分之三的建築，地震引發大火，罹難者的屍體更引來大批老鼠而爆發鼠疫，成為科托爾史上最黑暗的一章，當時12000人口僅3000人存活。

這座彷彿被鎖在時空膠囊的古城，早在1979年，就被納入世界遺產保護的行列，除了歐洲少見的長城般城牆，各種不同文化也在此融合，尤其東正教和天主教兩大教派竟能在一座教堂裡使用不同角落。過去，科托爾因為海上貿易發達，在這個區域的亞得里亞海扮演重要角色，因而留下珍貴的建築資產。

在科托爾，你可以花幾個小時的時間，悠閒漫步在小巷弄間，你可能很快就迷失在如迷宮般的街道，但走著走著，很容易又能找到自己所在方位，因為科托爾面積不大。

儘管有人說這裡是「小杜布羅夫尼克」，但相較之下，這裡顯得低調多了。不論如何，它絕對稱得上蒙特內哥羅精華中的精華。

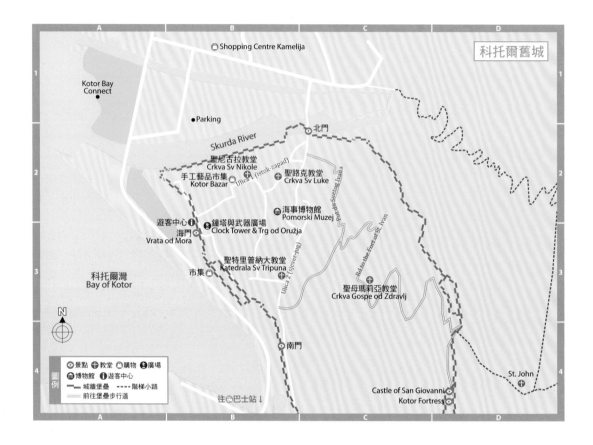

（地圖標示）

Shopping Centre Kamelija
Kotor Bay Connect
Parking
Skurda River
北門
聖尼古拉教堂 Crkva Sv Nikole
手工藝品市集 Kotor Bazar
Ulica 1 (istok-zapad)
聖路克教堂 Crkva Sv Luke
海事博物館 Pomorski Muzej
遊客中心
海門 Vrata od Mora
鐘塔與武器廣場 Clock Tower & Trg od Oružja
聖特里普納大教堂 Katedrala Sv Tripuna
市集
科托爾灣 Bay of Kotor
Ulica 2 (sjever-jug)
Put na Svetog Ivana
Rad to the Fort of Sv. Ivan
聖母瑪莉亞教堂 Crkva Gospe od Zdravlj
南門
St. John
Castle of San Giovanni
Kotor Fortress
往巴士站↓

圖例
◎景點 ✚教堂 🛍購物 🎭廣場
🏛博物館 ℹ遊客中心
━━城牆堡壘 ┄┄┄階梯小路
═══前往堡壘步行道

INFO

人口：13,176
面積：335平方公里
區域號碼：(0)32

如何到達─巴士

　　長途巴士站位於舊城南邊的城外，從克羅埃西亞的杜布羅夫尼克有長途巴士經由新赫爾采格(Herceg Novi)駛往科托爾，車程約2~2.5小時，冬季1天約2~5班車、夏季約7班次。

　　從新赫爾采格搭乘巴士約1小時可抵達科托爾，30~40分鐘一班車；從布達瓦(Budava)搭巴士約40分鐘可抵達科托爾，每小時1~2班次；從首都波德哥里查(Podgorica)搭巴士約2~2.5小時可抵達，平均每小時1~2班次。

科托爾巴士站
🏠Ul. Put Prvoborca bb 📞325-809
🌐www.autobusni-kolodvor-dubrovnik.com、getbybus.com

旅遊諮詢
◎**科托爾遊客服務中心**
🏠Trg od Oružja(位於Vrata od Mora門外)
🕐8:00-20:00 📞325-950 🌐kotor.travel

MAP ▶ P.266B3,C2

城門
Vrata od Mora/Main Town Gate
威尼斯殖民留存至今的防禦石門

🚏從遊客中心步行1分鐘可抵達海門、5分鐘抵達北門、10分鐘抵達南門。

科托爾有三座城門聯絡城內外，最主要的城門就是位於西側的海門(Vrata od Mor)，建於西元1555年威尼斯殖民時期，城門右側斑駁的聖馬可雙翼石獅記錄了這段歷史。城門融合了文藝復興和巴洛克風格，由厚重的石磚和石柱所構成。

城門上方有條通道，右側有座哥德式浮雕刻著聖母子像，在聖母子兩旁是兩位守護神聖特里普納(St. Tryphon)和聖貝爾納德(St. Bernard)。城門正上方刻著「1944年11月21日」，這是二次世界大戰時狄托領導的軍隊解放科托爾，脫離德國掌控的日子，對老城來說猶如新生，每年這天都會舉行慶祝活動。

另外，南門又稱為古爾迪茲門(Gurdic Gate)，中間隔著古爾迪茲河，並架有開合橋。北門(Vrata od Škurde)則呈現文藝復興風格，上面刻了一段銘文，意思是說鄂圖曼曾包圍這座城的2000艘船和30000名士兵，但功敗垂成。

MAP ▶ P.266B2

MOOK Choice

鐘塔與武器廣場
Gradski Toranj & Trg od Oružja/ Clock Tower & Square of the Arms
呈現哥德和巴洛克多面向的磚造塔樓

🚏從遊客中心步行2分鐘可抵達

一進城門，就可看到這座建於1602年的鐘塔，是科托爾的代表性建築之一。面對廣場的這一面呈現巴洛克風格，而北面和東面則是哥德樣式。鐘塔的下方有根「恥辱之柱」(Pillar of Shame)，當科托爾市民犯罪時，會處罰他們跪在石柱前示眾。

鐘塔前的廣場又稱為武器廣場，是全科托爾城最大的廣場，在威尼斯時代，武器都在這附近修理，因而得名，許多慶祝活動都在此舉辦，每年11月21日中午，城市舉辦慶祝重生的活動，穿著傳統服飾的男人們會圍成圈圈在廣場上跳舞，並伴隨軍樂隊的演奏。廣場周邊圍繞著鐘塔、拿破崙劇院、軍械庫及美麗的大宅邸等建築。

蒙特內哥羅▼亞得里亞海岸⋯科 托爾 Kotop/ Kotor

MAP ▶ P.266B3

聖特里普納大教堂

Katedrala Sv Tripuna/
St. Tryphon's Cathedral

MOOK Choice

守護科托爾的聖者神祇

🚶 從遊客中心步行3分鐘可抵達　🏠 Trg Sv. Tripuna 336　◐
9:00~18:00　💲全票€4

儘管科托爾人大部分都信奉東正教，但最重要的教堂卻是這座天主教堂。根據傳說，威尼斯商人於西元809年從今天的土耳其帶回3世紀基督教聖者特里普納的骸骨，卻在科托爾灣遇上風暴，於是在科托爾為祂蓋了一座臨時庇護所，但每每要離去時，天氣就變壞，從此聖特里普納就安放在科托爾，成為這裡的守護神。聖特里普納是基督教世界的聖人，作為科托爾的守護神，不論對東正教或天主教而言，都是他們共同崇敬的神祇。

這棟巍峨的仿羅馬式教堂矗立在聖特里普納廣場前，背後就是險要的山巒。教堂的歷史可以回溯到1166年，以克羅埃西亞科楚拉島的石灰岩所

建，之後經過多次的翻修整建，尤其是1667年那次幾乎震垮了克羅埃西亞杜布羅夫尼克的毀滅性大地震，科托爾同樣毀去了四分之三的建築，聖特里普納大教堂的鐘塔和部分立面也都受損。地震過後，鐘塔重新立起來，但改為今天所看到的巴洛克樣式，只是左邊的那座一直未完成。

走進教堂，原本的仿羅馬式混搭了哥德、文藝復興及巴洛克風格。主祭壇前是一座由4根粉紅色科林斯式石柱所支撐的華蓋，祭壇裡掛的是鍍金的銀雕聖像屏幕，牆壁上還隱約可以看到殘留的拜占庭式壁畫。

整座教堂最寶貴的地方在二樓，爬上樓梯，迎面即看到一座鍛鐵柵欄隔開的禮拜堂，柵欄前是一塊金銀小聖像和1288年的木造十字架，柵欄後方安措了48個聖骨盒，最中間就是聖特里普納，其聖骨放在小盒子裡，而頭顱則在右邊的黃金聖杯裡。

禮拜堂右邊掛了一幅15世紀的聖母子畫像，其畫風反映出科托爾的地理位置正好處於基督教東西兩個教派之間——聖母子的臉是哥德式的天主教，但僵硬而伸長的身體，則是拜占庭式的東正教。

聖路克教堂

Crkva Sv Luke / St. Luka's church

擁有兩個祭壇的拜占庭古風建築

🔾 從遊客中心步行約3分鐘可抵達　🏠 Trg Sv Luke

聖路克廣場上有兩座塞爾維亞東正教堂，一新一舊，較新的是聖尼古拉教堂，較老的是的這座聖路克教堂，於1195年由Mauro Kacafrangi所設計，兼具仿羅馬式和拜占庭風格，也是在1667年大地震中，唯一沒有遭受波及的建築，原本裡面布滿12世紀的拜占庭式壁畫，目前僅剩南邊的牆面還保留著。曾經，這是一座天主教堂，後來轉由東正教徒使用，因此教堂有兩個祭壇，一個是天主教，另一個則是東正教。

聖尼古拉教堂

Crkva Sv Nikole / St. Nicola's Church

站著做禮拜的東正教氛圍

🔾 從遊客中心步行約3分鐘可抵達　🏠 Trg Sv Luke

聖尼古拉教堂的歷史並不久遠，是20世紀初的建築，屬於新拜占庭式的設計，教堂中間有一座大圓頂，立面則有兩座鐘塔。走進教堂，你會立刻發現東正教教堂與天主教堂有很多不同的地方：首先，教堂內沒有靠背長椅，站著作禮拜才代表崇敬上帝；其次，東正教堂的主祭壇是一整面的各種聖像屏幕，來隔開神聖世界(裡面存放著聖經)和世俗世界。

空氣中瀰漫著焚燒蜜蠟的香氣，東正教合唱樂音不斷播送，銀白色聖像淺浮雕襯著深色木框，簡單的彩繪玻璃、灰白的牆壁，陽光透過圓頂投射進來，創造出一種特殊的神秘氛圍。

MAP ▶ P.266C2, C3

MOOK Choice

城牆堡壘
Bedemi Grada/ Fortification
彷彿萬里長城的防禦工事

沿著北門附近的Rd to the Fort of St. Ivan步道前進，可抵達山邊的部分城牆堡壘，大多為階梯路，部分路段較陡峭難行，請留意個人體力狀況

科托爾的防禦工事從海岸邊堅固厚實的城牆堡壘開始，向內陸延伸，碰到陡峭山壁之後仍未停止，呈之字型繼續向上蜿蜒。

全歐洲大概很少見到這麼精心設計的城牆了，彷彿一座長城，延伸了4.5公里，就像中國的萬里長城是經過好幾個朝代的修築，才有後來的規模，科托爾的城牆則是從9世紀到19世紀蓋了1000年，主要都是17到18世紀威尼斯時代所建。城牆的厚度從2到16公尺寬，最高的部分達21.5公尺；靠山的部分高而窄，年代較久遠，靠海的部分厚而寬，年代較新。最值得一提的，就是1657年挺過鄂圖曼長達2個月的包圍，當然，這座繁複的防禦工事也是科托爾能被納入世界遺產的主要原因。

儘管山邊部分城牆年久失修，仍然開放攀爬，到達最高點大約要爬1500層階梯，夏天時得視自己的體力量力而為，不過換得的美好代價，就是能夠從高處坐覽整座科托爾城和海灣。而接近高點有一座聖母瑪麗亞教堂(Crkva Gospe od Zdravlj)，如果不嫌累，繼續往上攻頂，就是全城最高點聖約翰堡壘(Fortress of St John)，海拔260公尺。

海事博物館
Pomorski Muzej/Maritime Museum
記錄昔日風光的海上歲月

🚶 從遊客中心步行約3分鐘可抵達　🏠Trg Bokeljske Mornarice 391　🕐4~11月中：9:00~18:00；11月中~3月：9:00~13:00　☎304-720　💲全票€6，半票€2　🌐www.museummaritimum.com

　　就像大多數的亞得里亞海城市，科托爾人的生活與大海緊緊相繫，科托爾曾經有過一段風光的海上歲月，海事博物館珍藏的正是這段歷史。有免費的語音導覽，帶領你欣賞博物館收藏的照片、圖畫、海軍制服、武器還有船艦模型。

　　博物館坐落在一棟18世紀的Grgurina貴族宅邸裡，為巴洛克式風格，建築立面的兩座石造欄杆裝飾的大陽台特別引人矚目，屋內則保留了威尼斯時代的格局，每層樓有4個房間和1座客廳，剛好成為今天博物館的展間。

科托爾周邊

佩拉斯特
Perast
擁有兩座神奇小島的小城鎮

🚌 佩拉斯特沒有公車站，但行駛於新赫爾采格和科托爾之間的公車會停靠在城鎮上方的主幹道旁。

　　乍看之下，佩拉斯特就像是把威尼斯從亞得里亞的最北端，往南拖行，然後在這座海灣下錨。在威尼斯時代，佩拉斯特曾經享有免稅特權因此變得強而富有，小小的一座城就有16座教堂和17座大宅邸，商船達100艘。不過如今大部分都如謎一般的荒廢了，到處長滿九重葛和無花果樹。全城的焦點則是那座55公尺高的聖尼古拉教堂鐘塔(Crkva Sv Nikole)。

　　然而佩拉斯特最讓人印象深刻的，卻是外海那兩座奇特的小島，較小的那座是自然形成的聖喬治島(Sveti Đorđe)，上面有一座聖本篤修道院；較大的則是聖母岩石島(Gospa od Škrpjela)，為15世紀時由人工填海造島，島上的巴洛克式天主教堂建於1630年。沿著科托爾灣而行，遠遠就會深深被海上這兩座謎樣的小島所吸引。

蒙特內哥羅▼亞得里亞海岸…科 托爾 Korop/Kotor

271

科托爾灣峽灣

📍位於峽灣公路上的卡門納里(Kamenari)和雷佩塔內(Lepetane)隔著海灣相望,兩地之間有汽車渡輪可接駁,含車輛單程約€5起。雷佩塔內的渡輪碼頭附近就有巴士站。 🕐6~10月:6:00~00:00,每10分鐘1班次,00:00~6:00,每15分鐘1班次;10~6月:6:00~00:00,每15分鐘一班,00:00~6:00,每小時1班;全年24小時運行 🌐www.ferry.co.me

當你從科托爾灣的第一站新赫爾采格(Herceg Novi)出發,一開始還算平凡無奇,但隨著你愈來愈深入灣區,兩旁的高山愈來愈陡,灣中有灣,美麗指數也跟著破表,此處就是地中海唯一的峽灣地形,儘管從地理學嚴格的定義仍有爭議,但一般情感上還是認為它就是峽灣。

從遠處望去,一座鋸齒狀的山脈陡直插入波光激灩的海水中,青山映著藍海,上面點綴著如鈕釦般的歷史古城,此般情景直撼人心。英國浪漫詩人拜倫(Lord Byron)於1872年造訪後,不禁發出讚嘆:「陸地與海洋最美的相遇!」

科托爾灣的形狀實在太特殊了,最外圍由兩座半島拱衛第一道關口,新赫爾采格和提瓦特(Tivat)兩座較知名的城鎮都位在外灣;從外灣繼續往內走,則會進入一條像瓶頸一樣的維里格海峽(Verige Strait),兩旁各有

科托爾灣

	A	B	
1	卡門納里 kamenari	佩拉斯特 Perast 雷佩塔內 Lepetane	1
	新赫爾采格 Herceg Novi		
2	科托爾灣	提瓦特 Tivat 科托爾 Kotor	2

往杜布羅夫尼克

圖例 🚢渡輪

一座港口扼守著海峽,分別是卡門納里(Kamenari)和雷佩塔內(Lepetane),而科托爾和佩拉斯特就位於內灣,也是內灣城市能夠成功抵抗外力入侵的重要因素。

因為科托爾灣實在太壯觀了,不論搭乘巴士或自行開車,一定要親自走一趟,從新赫爾采格到科托爾約43公里路程,因為一路上都是狹窄而彎曲的海岸公路,往往要開上1個多小時;如果回程還是走同樣的路(如果要開車回到杜布羅夫尼克),那麼建議搭乘卡門納里和雷佩塔內之間的汽車渡輪,只要短短10分鐘,就可以輕鬆把你送到彼岸。

• 布達瓦

布達瓦
Будва/ Budva

文・攝影●林志恆

布達瓦市區

布達瓦舊城
Budva Stari Grad

斯洛文斯卡海灘
Slovenska Beach

老城海灘
Stari Grad Beach

聖尼古拉島
The Island of St Nikola

圖例 ◉景點 🚌巴士站

蒙特內哥羅人經常如此對外宣傳:「克羅埃西亞有島嶼,但是我們有海灘。」指的就是環繞度假小鎮布達瓦的一彎彎海灘。

這段綿延20多公里的海岸,滿布著粗沙或卵石灘,海灘後方則錯落或群聚著廉價的度假飯店。

布達瓦的歷史超過2500年,從古希臘時代就有人在此建立聚落,是亞得里亞海數一數二古老的海港城市。歷史上,統治者不斷輪替,而待最久的則是威尼斯人和奧地利人。目前所遺留下來的中世紀古城,主體多為威尼斯人的傑作。

對蒙特內哥羅來說,布達瓦是這個國家的搖錢樹,陽光、沙灘、海水,造就了這座「旅遊大都會」,一到夏天,造價昂貴的遊艇紛紛駛進古城旁的遊艇碼頭,每年擠進海灘的泳客超過25萬人,也在此留下超過160萬歐元的消費。

INFO

基本資訊
人口:10,918 **面積**:4.2平方公里 **區碼**:(0)33

如何到達—巴士
從克羅埃西亞的杜布羅夫尼克有長途巴士經由新赫爾采格(Herceg Novi)、科托爾最後抵達布達瓦,車程約3小時,淡季每天2~5班次,旺季每天6班次。長途巴士站步行約20分鐘可抵達舊城。

布達瓦與新赫爾采格(Herceg Novi,車程1小時45分鐘)、科托爾(Kotor,車程40分鐘)、采蒂涅(Cetinje,車程40分鐘)之間,都有頻繁的市區巴士班車往返。
◎布達瓦長途巴士站
📍7 Popa Jola Zeca ☎456-000
🌐www.balkanviator.com、getbybus.com

◎布達瓦市區巴士站
📍Mediteranska St. (圓環交叉路附近)

如何到達—計程車
從杜布羅夫尼克機場(Airport Dubrovnik)可搭計程車前往布達瓦,車費約€95~110;從波德哥里查機場(Airport Podgorica)到布達瓦約€45~90;從科托爾到布達瓦約€20。建議事先電話或上網預約。
Terrae Taxi 🌐www.terraecar.com
Eco Taxi 🌐taxibudva.com

如何抵達—開車
如果自行開車,得留意停車問題,舊城區及海灘周邊路邊幾乎都要付費停車。

旅遊諮詢
◎舊城遊客服務中心
📍28 Njegoševa, Stari Grad ⏰7~8月:週一至週六8:00~21:00,週日15:00~21:00,其他月份開放時間縮短 ☎452-750 🌐budva.travel

MAP ▶ P.273A2

MOOK Choice

舊城區

Стари Град Будва/ Old Town

佇立在岩石半島上的威尼斯老城

🚌 長途巴士站步行約20分鐘可抵達

　　布達瓦的頭號景點就是它的舊城區，坐落在一塊岩石半島上，是繼科托爾舊城之外，蒙特內哥羅境內可以拿來和杜布羅夫尼克相提並論的古城，閃閃發亮的大理石街道、堅固的威尼斯城牆，還有牆外那能見度極高的通透海水。

　　你仍然可以在主城門上看到威尼斯的標誌——雙翼聖馬可石獅。只不過1979年的大地震把老城毀去泰半，儘管城內建築後來都重新修復，但比起科托爾仍然遜色，更遠遠不及杜布羅夫尼克。目前住在舊城區的居民不多，多半是商店、餐廳和酒吧。

布達瓦舊城街道

Vrzdak / Iva Milkovića / Cara Dušana / Njegošana / Vuka Karadžića / Nikole Đurkovića / Petra I Petrovića / Vranjak

🔵 瑪莎海灘 Maša Beach
🔵 老城海灘 Stari Grad Beach
ℹ️ 遊客中心
🏛️ 布達瓦城市博物館 City Museum of Budva
✝️ 聖約翰教堂 Crkva Sv Ivana
✝️ 聖三一教堂 Crkva Sv Trojice
堡壘 Citadel

圖例　🔵景點　🏛️博物館　✝️教堂　ℹ️遊客中心

堡壘
Цитадела / Citadela

📍P.274A2 ⏰5~10月：9:00~23:00，11~4月：9:00~17:00
💲€4.5 🌐www.imobilia.net

臨海的堡壘，可說是舊城區保存得最完好的部分，城牆高大厚實，爬上塔頂，享有極佳的臨海視野。幾個世紀以來，隨著統治者及文化不同，堡壘的大小、形狀外觀都有所改變，如今堡壘兩旁有城牆拱衛著，因此可以從這裡走進布達瓦舊城的城牆。

堡壘由大大小小的崗哨、城塔、通道、樓梯、稜堡、營房所組成，依照不同空間陳列不同展品，目前是小型的海事博物館、圖書館和藝術展覽，你也可以坐下來喝杯咖啡，欣賞以紅瓦和城牆為前景的蔚藍海洋。

聖三一教堂
Српска православна црква Свете Тројице / Holy Trinity Church

📍P.274A2 🏠Trg od Crkava bb ⏰6~9月：8:00~22:00；
10~5月：8:00~12:00、16:00~19:00

這座東正教堂建於1804年，由粉紅及琥珀色岩石所構成，是目前舊城裡唯一經常性開放的東正教堂。教堂內部有許多華麗多彩的塞爾維亞東正教宗教藝術裝飾。

聖約翰教堂
Катедрала Светог Ивана / St. Ivan Church

📍P.274A2

這座天主教堂與聖三一教堂隔著廣場兩兩相對，又是另一個東正教和天主教共容一座城市的案例。這座教堂歷史甚早，部分建築可溯及9世紀。目前教堂裡收藏了一幅12世紀的「布達瓦聖母像」(Madonna of Bidva)，同時受到東正教和天主教徒的崇拜。

布達瓦城市博物館
City Museum of Budva

📍P.274B1 🏠Petra I Petrovića 11 ⏰平日8:00~20:00，週末10:00~18:00 🚫週一 ☎453-308 💲全票€3，半票€1.5

博物館座落在舊城區一棟19世紀的建築內，這是布達瓦最具規模的一座博物館，收藏了與布達瓦歷史相關的所有重要文物，包含考古學和民族學的收藏，最早可溯及西元前500年。

博物館共有3層，包括希臘、羅馬時代的珠寶、陶瓷器、玻璃器皿，而這些易碎文物究竟如何逃過地震和戰亂的威脅，不少人看了總會發出疑問，另外還有古代的盔甲、宗教聖像等。民族學的館藏則包含18~20世紀蒙特內哥羅地區的各類主題。

MAP ▶ P.273A2

老城海灘
Stari Grad Beach/Old Town Beach
城牆邊的礫石海灘

◎從舊城區步行約3分鐘可抵達

布達瓦眾多海灘中,就屬緊連著舊城區西側城牆的這彎礫石灘最為便利,雖然不是細軟的沙灘,但海水清澈,海灘後方是一整排的遮陽傘及咖啡座椅,不論清晨或黃昏,非常適合坐下來欣賞城海相連的悠閒美景。如果嫌這裡人太多,沿著這條海灘繼續向前行,會來到較安靜的摩哥倫海灘(Mogren Beach)。除此之外,在舊城牆的另一側有條長約100公尺的瑪莎海灘(Maša Beach),屬卵石灘;沿著遊艇碼頭後方的濱海大道向東行,則會來到布達瓦的主海灘——斯洛文斯卡海灘(Slovenska Beach),整排的遮陽傘綿延無盡頭,當然傘和座位都是要付費的。

MAP ▶ P.273B3

聖尼古拉島
Острво Свети Никола / The Island of St Nikola
當地人暱稱夏威夷的無人島

⑤從斯洛文斯卡海灘搭水上計程車單程約€3~5,包車來回約€20

離開科托爾,穿過隧道,沿著海岸向南行駛,在到布達瓦之前,遠遠就可以看外海斜插著這座造型奇特的島嶼,它是蒙特內哥羅最大的島嶼,長約2公里,名為聖尼古拉島,地方人暱稱它為「夏威夷」,距離布達瓦和貝齊齊海灘(Bečići)都只有1海里遠。

島上沒有人居住,只有野鹿在這座蒼翠的島上

漫遊,由於島上有3座海灘以及無數小海灣,夏季時島上變得十分繁忙,水上計程車和渡輪頻繁穿梭島嶼和本土之間。島上還有一座16世紀的聖尼古拉教堂,教堂周邊四散著墳墓,根據地方傳說,這些墳塚都是十字軍東征時染上惡疾死亡的士兵。

布達瓦周邊

聖史蒂芬

MOOK Choice

Sveti Stefan

國際影星和歐洲皇族喜愛的度假小島

🚌聖史蒂芬距離布達瓦僅5公里，從布達瓦的公車站可以搭乘Mediteran Express巴士前往，車程20分鐘，車票約€2，夏季每10~15分鐘1班，冬季每小時1班

聖史蒂芬這座陸連島就像浮沉在海岸邊的海市蜃樓，只要從公路邊駛過，朝海上一望，任何人都會發出「哇」的驚嘆之聲，也因為畫面實在太經典，而成為最足以代表蒙特內哥羅的宣傳圖片。

這座僅以一條窄窄的地狹與陸地相連的小島，從15世紀起曾經是人來人往的活躍小漁村，然而第二次世界大戰過後就遭到廢棄，1950年代起，前南斯拉夫政府將老舊屋舍改裝成旅館房間，並發展成一座大型度假村；而它位置絕佳，周遭被藍色海水、白色沙灘、濃綠樹蔭環繞，渾

然天成的度假氛圍，開始吸引各國政商名流前來度假，尤其受到好萊塢影星及歐洲皇家貴族的喜愛。曾經住過的名人包括蘇菲亞羅蘭(Sofia Loren)、桃樂斯黛(Doris Day)、英女王伊莉莎白二世、寇克·道格拉斯(Kirk Douglas)等人。

1960到70年代是聖史蒂芬的全盛年代，足以與南法的坎城(Cannes)、聖托培(St Tropez)相提並論，「炫富」的選擇有很多種，可以租下一個房間、一棟房子、一條街，甚至整座島，這裡隱密性十足，最好的房子還有私人泳池和私人保全。

近年來由於克羅埃西亞的觀光業蓬勃，同時帶動周邊的發展。向來經營頂級客層的阿曼旅館也進駐了聖史蒂芬(Aman Sveti Stefan)，特意保留了古老的紅瓦石牆，加上狹小蜿蜒的石子路、精緻的花園，以及美得令人屏息、長達二公里的粉紅沙灘。為了呈現真實的歷史感，建築的主體都維持傳統，內部陳設則將極致舒適的現代化，不落痕跡地融合一體，是體驗南歐皇室品味的最佳去處。

蒙特內哥羅
內陸地區

蒙特內哥羅內陸地區
The Montenegro Interior

如果不前進內陸地區，就不算來過蒙特內哥羅，「Montenegro」的字意為「黑山」，指的就是這內陸地區峰峰相連的黝黑山脈。傳統上，就是「黑山共和國」心靈的原鄉。新首都波德哥里查(Podgorica)和舊皇都采蒂涅(Cetinje)都位於這個心臟地帶，另外還有兩座國家公園，一是位於東邊的斯卡達湖國家公園(Lake Skadar National Park)，另一個就是最能代表黑山形象的洛夫茜山國家公園(Lovćen National Park)。

杜彌托爾
國家公園

采蒂涅
洛夫茜國家公園

采蒂涅
Цетиње/ Cetinje

文・攝影●林志恆

采蒂涅市區

圖例　⊕教堂　ⓘ遊客中心
　　　⑪博物館　🚌巴士站

往洛夫茜國家公園
Lovćen National Park

Bulevar Crnogorskih Junaka
Nikole Ljetica
Nikca Od Rovina
Vojvode Boža Grahovska
Baja Pvjlanina
Novice Cerovića
Balšića Pazar
Ivanbegova
Ivanbegova
Baja Pvjlanina
Vojvode Vuka Mićunovića
Magistrala

🚌巴士站

歴史博物館與美術館
Istorijski Muzej & Umjetnički Muzej ⑪

涅果什博物館
Njegoš Muzej

采蒂涅修道院
Cetinjski Manastir ⊕

⑪尼古拉國王博物館
Muzej Kralja Nikole

宮廷教堂
Dvorska Crkva ⊕

ⓘ遊客中心

Štampar Makarije
Njegoševa
Stampar Makarije
Vučedolska
Vucedolska
Vucedolska

N

往布達瓦Budava、波德哥里查(Podgorica) ↘

采蒂涅坐落在人煙稀少的山谷裡，四周灰白群山環抱，當車子緩緩駛進采蒂涅，不見大都城模樣，這座曾經作為蒙特內哥羅首都長達5個世紀的城市，反倒像一座山間小鄉鎮，整齊的街道旁只有低矮平房，以及一些過去曾經是各國使館的陳舊宅邸。儘管街頭冷清蕭瑟，但比起當今首都波德哥里查(Podgorica)的單調無趣，采蒂涅仍留存些許故都韻味。

從15世紀起，這裡就是蒙特內哥羅國王的家，也許是建都者伊凡・斯諾耶維契(Ivan Crnojević)的關係，受到文藝復興思潮的影響，顯得低調而不矯作。不過這座古都也實在多災多難，多次被鄂圖曼征服，又從廢墟中站起來，但始終不改低調本色，從未過度妝扮自己。

到了共產時代，1946年首都遷往東方30公里的波德哥里查，采蒂涅更成了狄托(Tito)計畫經濟下的犧牲者，這裡曾是南斯拉夫生產鞋子和冰箱的基地，當南斯拉夫瓦解，采蒂涅曾經扮演的角色也跟著消失，城市容貌更形蕭條。不少年輕一代的居民都出外到沿海城市尋找更好的工作機會，路上稀少的行人只留下老建築的歷史記憶。

INFO

基本資訊
人口：15,137
面積：910平方公里
區碼：(0)41

如何到達─航空

從蒙特內哥羅的主要對外門戶波德哥里查機場(Aerodromi Crne Gore，機場代碼TGD)搭計程車前往采蒂涅，距離約39公里，車費€30起。
波德哥里查機場
☎2044-4244
🌐www.montenegroairports.com

如何到達─巴士

采蒂涅與布達瓦之間每小時1~2班公車行駛，車程約45分鐘，與首都波德哥里查(Podgorica)之間，則每半小時有1班車，車程約40~50分鐘。
采蒂涅巴士站
📍Grahovska, Cetinje
🌐www.balkanviator.com、getbybus.com

市區交通

市區不大，步行即可前往各景點。

旅遊諮詢
◎采蒂涅遊客服務中心
📍Štampara Makarija(大型停車場旁)
🕐9:00~18:00
☎230-250
🌐cetinje.travel

MAP ▶ P.279A1,A2

黑山國家博物館

MOOK Choice

Narodni Muzej Crne Gore/ National Museum of Montenegro

國家代表級的博物館群

🚗 從遊客中心步行約3~7分鐘可抵達各館 🏠Narodni muzej Crne Gore, Novice Cerovića bb. ☎230-310 ◷5座博物館4月中~11月中：9:00~17:00；11月中~4月中：平日9:00~15:00 休11月中~4月中的假日 💲5座博物館聯票：全票€20，半票€10 🌐narodnimuzej.me

　黑山國家博物館指的是蒙特內哥羅5座國家級博物館，包括歷史博物館(Istorijski Muzej)、美術館(Umjetnički Muzej)、尼古拉國王博物館(Muzej Kralja Nikole)、涅果什博物館(Njegoš Muzej)，以及民族博物館(Etnografski Muzej)，分別坐落在采蒂涅市區內4座重要的歷史建築裡。你可以花上半天時間，買張5座博物館的聯票，把全部博物館逛一遍，那麼你會更進一步瞭解這個陌生的國度。

美術館Umjetnički Muzej/ Art Museum

🧭P.279A1 🏠Novice Cerovića 7 ☎230-310 💲全票€5，半票€2.5
　美術館位於歷史博物館的樓上，收藏一些聖像和蒙特內哥羅各個時代的畫作。

　其中最珍貴的一項收藏，就是一幅拜占庭東正教聖母像(Our Lady of Philermos)，為基督教歷史上最重要的遺物之一，據說是由聖路克(St Luke)本人所繪，於12世紀從耶路撒冷傳送過來。這項展品的陳列十分特別，漆黑的展間又稱為藍色禮拜堂，只有這聖母像發出藍光，聖母的臉部被框在一道馬靴狀的光環，周邊鑲著鑽石、珠寶，並由一只黃金盒子裝起來，此盒子為18世紀聖彼得堡和莫斯科的金匠和寶石匠共同打造。

　除此之外，整座美術館展出了蒙特內哥羅知名藝術家的畫作，包括Milunović、Lubarda、Dado Đurić等人，每個人都有不同展間。

歷史博物館
Istorijski Muzej/ Museum of History

🧭P.279A1 🏠Novice Cerovića 7 ☎230-310 💲全票€5，半票€2.5
　歷史博物館和美術館都同樣坐落在這棟建於1910年的國會大廈裡，所收藏的文物跨越年代極廣，從石器時代到西元1955年。儘管只有零星的英文標示，但熱心的博物館管理員會先帶著你簡單介紹一番，然後留下你自行慢慢欣賞。

　博物館裡幾件比較重要的展品包括：西元前8300~5200年前，以鹿角所鑽磨造的魚叉；西元2、3世紀，刻著墨丘利神(Mercury)的墓碑；西元11世紀，多可林國王(Doclean)手持教堂模型，獻給聖母子的壁畫；16世紀早期，塞爾維亞東正教的手抄福音書；1876年Vučji Do戰役中，在槍林彈雨間留下來、有個東正教十字架的蒙特內哥羅國旗。

尼古拉國王博物館
Muzej Kralja Nikole/ King Nikola Museum
⛰ P.279A2　🏠 Dvorski Trg　⏰ 230-555　💲 全票€8，半票€4

　　這棟建築的前身為國王尼古拉一世(Nikola I Petrović Njegoš)所住的官邸，完成於1867年，他於1860到1918年之間統治這個國家，是蒙特內哥羅在成為南斯拉夫之前最後一任領袖。

　　博物館成立於1926年，以這座皇居的格局為主要結構，結合了原本的軍事和民俗博物館，展出蒙特內哥羅從中世紀到1918年之前，歷代的政治、軍事、文化歷史。

　　這些文物包括尼古拉一世的勳章、軍袍、肖像、櫥櫃案頭，以及各個皇室成員的嚴肅肖像，此外，還有當年的寢飾、絨製家具，以及別國餽贈的動物毛皮標本等。

涅果什博物館
Njegoš Muzej/ Njegoseva Biljard Museum
⛰ P.279A2　🏠 Dvorski trg　⏰ 230-310　💲 全票€5，半票€2.5

　　這棟像城堡一樣的建築為俄羅斯人於1838年所建，原本是彼得二世(Petar II Petrović Njegoš)的居所，他可以說是最受蒙特內哥羅人愛戴的英雄，既是王子，又是主教，還是一位詩人。因為他本身喜歡玩撞球，博物館裡就收藏了蒙特內哥羅第一座撞球台，因此這座博物館又稱為撞球博物館(Biljarda)。

　　博物館裡除了撞球台，還收藏彼得二世的私人文件、主教十字架、衣服、家具及藏書，還有克羅埃西亞雕刻大師伊凡‧梅什托維契(Ivan Meštrović)為他所雕刻的半身像。

民族博物館
Etnografski Muzej/ Ethnographic Museum
⛰ P.279A2　🏠 Dvorski trg　💲 全票€4，半票€2

　　民族博物館就位於涅果什博物館的地面層樓，從展品和照片，約略可以看出蒙特內哥羅人如何在這塊土地上生存，以及農漁牧各行業所使用的工具、織品及民俗服飾。

MAP ▶ P.279A2

采蒂涅修道院

Cetinjski Manastir/Cetinje Monastery

塞爾維亞東正教的精神象徵

🚶 從遊客中心步行約4分鐘可抵達　🏠Riznica Cetinjskog manastira　🕐8:00~18:00　☎231-273　💲聖器收藏室€2

這座修道院幾度毀於鄂圖曼土耳其的攻擊，又重建多次，所奉祀的主神為采蒂涅的聖彼得(St. Peter of Cetinje)，根據傳說，他是當地一位傳教士，一手握十字架，一手持著劍，他建立了蒙特內哥羅第一套法律，同時團結人民對抗穆斯林。這座修道院是蒙特內哥羅境內，塞爾維亞東正教的精神首都。

采蒂涅修道院最值得驕傲之處，就是它珍藏了一塊「真十字架」(True Cross，從耶路撒冷挖掘出當年釘死耶穌的十字架，杜布羅夫尼克聖母升天大教堂的寶物室也擁有一小片)的部分碎片，以及聖約翰(St John the Baptist)風乾的右手。尤其是聖約翰的右手歷經多少戰亂，以及拜占庭皇帝、鄂圖曼蘇丹、十字軍騎士、俄國沙皇、塞爾維亞國王等不同政權的傳遞，依然保存完好。

MAP ▶ P.279A2

宮廷教堂

Dvorska Crkva/Court Church

兩位重要歷史人物的埋葬聖地

🚶 從遊客中心過馬路即可抵達　🏠Štampar Makarije

這座小巧可愛的教堂是在1886年建於原本被摧毀的采蒂涅修道院的原址之上，教堂內埋葬了兩位重要歷史人物，一位是伊凡·斯諾耶維契(Ivan Crnojević)，另一位則是蒙特內哥羅在成為南斯拉夫之前最後一任領袖國王尼古拉一世。

斯諾耶維契是采蒂涅這座城市的創建者，15世紀下半葉，為了躲避鄂圖曼的侵略，他率領蒙特內哥羅人民，將首都遷到采蒂涅這個貧瘠的山谷裡，離教堂不遠處，立著一尊他的雕像。至於尼古拉一世則是在第一次世界大戰爆發後，逃離蒙特內哥羅，並客死義大利，直到1989年遺體才移回國內安葬。

采蒂涅周邊

MAP ▶ P.10F8

洛夫茜國家公園

MOOK Choice

Lovćen National Park

茂密黑色山毛櫸守護自然生態

可以從采蒂涅市區(距離7公里)或科托爾(距離20公里)搭乘計程車抵達國家公園;或自行開車;或參加當地旅行團的巴士前往 Bajova 2, Cetinje ⑤入園費€2(包含進入遊客中心和步道) nparkovi.me

國家公園遊客中心

Ivanova korita, Cetinje ⬤4~10月:9:00~17:00,冬天開放時間縮短 67-344-678

洛夫茜山海拔1749公尺,從海岸這頭望去,在科托爾所看到背後那道彷彿黑色高牆的陡峭山脈,就是洛夫茜山;而在山區那一邊,采蒂涅就坐落於洛夫茜山腳下的谷地裡。

把Montenegro這個字作拆解,Monte為「山」,Negro為「黑色」。歷史上,蒙特內哥羅人(Montenegrin)這個身份首度出現,就是15世紀時,一群山裡的斯拉夫人頑強抵抗剽悍的鄂圖曼土耳其人,其畫面彷彿一座高山孤島被多如海水的土耳其軍隊所包圍,而背景就是這座黑色的洛夫茜山。後來,鄂圖曼帝國勢力退去之後,「黑山」便成為這個國家及這塊土地人民的

身份代表。當時首度喊出Montenegro這個字的,是來自義大利的威尼斯人,因而沿用至今,蒙特內哥羅語的「黑山」實為Crna Gora,正式國名則是 Republika Crna Gora。

洛夫茜國家公園面積6220公頃,有三分之二的土地被森林所覆蓋,特別是濃密的黑色山毛櫸,形成了這裡的黑山印象。即便是裸露的岩塊也能冒出野草,像是金絲桃科的聖約翰草(St John's wort)、鼠尾草及薄荷。國家公園以保護自然生態為主,這裡棲息著85種蝴蝶、各種爬蟲、棕熊、狼和200種鳥類飛禽。

國家公園裡最吸引人的景點便是涅果什陵墓(Njegošev Mauzolej),坐落在海拔1657公尺的第二高峰Jezerski Vrh山上,得爬上461層階梯,陵墓外由兩尊花崗岩雕的女巨人守護著這位蒙特內哥羅人心目中的民族英雄,裡面則是28噸重、由黑色花崗岩雕的彼得二世(Petar II Petrović Njegoš)雕像,為克羅埃西亞雕刻大師伊凡·梅什托維契(Ivan Meštrović)所打造。

杜彌托爾國家公園
Durmitor National Park
冰水交互形成高山原生自然景觀

🚌 從波德哥里查(Podgorica)搭巴士到東北方的札布利亞克(Žabljak)，車程約3.5小時，一天約4班車，再由此城市進國家公園；或自行開車前往；或參加當地旅行團前往。 💲 遊客中心：€1；入園費：€3(含遊客中心和步道) 🕸 nparkovi.me、www.durmitor.rs

國家公園遊客中心
🏠 Jovana Cvijića, Žabljak 🕐 春、秋季7:00~14:00，冬、夏季8:00~18:00 ☎ 52-360-228

創立於1952年的杜彌托爾國家公園，由杜彌托爾山脈、塔拉(Tara)峽谷、蘇齊查河(Sušica)和德拉加河(Draga)以及寇馬尼查(Komarnica)峽谷高原組成，面積廣達390平方公里。

冰與水的交互作用，在杜彌托爾的石灰岩山脈上留下13座冰河湖，被稱為「山之眼」(Gorske Oči)，其中最大的一座為「黑湖」(Crno Jezero)，背後就是地標之一、呈圓形的「熊峰」(Međed，海拔2287公尺)。杜彌托爾山脈共有48座高峰超過2000公尺，最高峰為波波托夫庫克(Bobotov Kuk)，海拔2523公尺。另外深達1300公尺的塔拉河峽谷，全世界僅次於美國科羅拉多大峽谷的1500公尺。

這座由冰河形成的國家公園內，遍布溪流與湖泊，除了濃密的針葉林外，還有種類繁多的原生植物，交織出絕美的自然景觀。由於此區於中世紀時為塞爾維亞的核心，因此也散布著村落和多座教堂與修道院等古蹟。

冬天此地是蒙特內哥羅主要的滑雪勝地，夏天則適合健行、泛舟等活動。

驚心動魄的黑山自駕行

人們常說，台灣北宜公路的九彎十八拐、蘇花公路的清水斷崖，總是挑戰駕駛的技術和膽量極限，然而比起這段聯繫托爾和洛夫茜國家公園之間的公路，卻是小巫見大巫了。

整段公路幾乎沿著洛夫茜山的懸崖而行，17公里的路程，從海平面爬升到海拔一千多公尺，共盤繞25道髮夾彎；從Google地圖上察看，道路畫得曲曲折折，儘管這種形狀難得一見，卻不足以道盡它的驚險，這裡一邊是陡峭山壁，另一邊是萬丈懸崖，大部分路面寬度僅容一輛車身通行，如果迎面遇上來車，隨時要有在懸崖邊倒車、錯車的心理準備，順利的話，單趟車程得耗上一個多小時。

儘管走完一趟可能讓你氣力放盡，但換得的代價卻足以讓你永生難忘。如果從科托爾方向往上爬升，下一道彎的景觀比上一道還壯觀，直到爬完第25道彎，你的車子就幾乎掛在懸崖邊，此時此刻，不僅雙腳早已癱軟，握著方向盤的雙手不停發顫抖動，然而不可思議的科托爾峽彎美景，也保證讓你看得目瞪口呆。

The Savvy Traveler
聰明旅行家

速寫克羅埃西亞
◎正式國名
克羅埃西亞共和國(Republika Hrvatska/Republic of Croatia)
◎首都
札格拉布(Zagreb)
◎面積
約56,594平方公里
◎人口
約389萬人
◎種族
大約90%是克羅埃西亞人，4%為塞爾維亞人，其餘則多為鄰近國家的民族，包括匈牙利、捷克、義大利、斯洛維尼亞等。
◎語言
官方語言為克羅埃西亞語，北部及內陸地區通德語，南部及海岸地區通義大利語。
◎宗教
78.9%信奉羅馬天主教，3.3%為東正教，1.3%為伊斯蘭教。

速寫斯洛維尼亞
◎正式國名
斯洛維尼亞共和國(Republika Slovenija /Republic of Slovenia)
◎首都
盧布里亞納(Ljubljana)
◎面積
約20,273平方公里
◎人口
約210萬人
◎種族
88%為斯洛維尼亞人，其餘則有克羅埃西亞人、塞爾維亞人、波士尼亞人、阿爾巴尼亞人，以及義大利人和匈牙利人。
◎語言
官方語言為斯洛維尼亞語，屬南斯拉夫語系的一支，英語為第二通行語言，北部通匈牙利語，西邊通義大利語。
◎宗教
主要信仰羅馬天主教，另有3.7%為東正教、3%為伊斯蘭教。

速寫蒙特內哥羅
◎正式國名
蒙特內哥羅共和國(Црна Гора/ Republika Crna Gora /Republic of Montenegro)
◎首都
波德哥里查(Podgorica)
◎面積
約13,812平方公里
◎人口
約60萬4千人
◎種族
約45%為蒙特內哥羅人，主要居住在海岸和中央區；29%為塞爾維亞人，主要住在北方；8.6%為波士尼亞人，主要住在東方；5%為阿爾巴尼亞人，大部分在南邊，都與鄰國疆界有關。
◎語言
蒙特內哥羅語、塞爾維亞語
◎宗教
超過72%為東正教徒，19%為穆斯林，只有3.4%為羅馬天主教。

簽證辦理
　　克羅埃西亞與斯洛維尼亞屬於申根國，從2011年1月開始，持台灣護照前往包含斯洛維尼亞和歐洲36個國家和地區，無需辦理申根簽證，只要持有效護照即可在6個月內最多停留90天。有效護照的定義為，預計離開時上述地方最少還有3個月的效期，且護照上註明有台灣身分證字號。

至於蒙特內哥羅，雖然已簽署申根國公約，但尚未完全生效。儘管尚非申根國，然而自2016年起，已對台灣實施免簽證。因此持台灣護照，可以在這三個國家之間暢行無阻。

要注意的是，儘管開放免簽證待遇，卻不代表遊客可無條件入境，可能需查驗的相關文件，包括來回航班訂位紀錄或機票、英文行程表、當地旅館訂房紀錄或足夠的旅費。此外，原本辦理申根簽證所需的旅遊醫療保險，雖然同樣非入境必備的文件，為了避免抽查，最好同樣投保並申請英文證明。

旅遊諮詢

克羅埃西亞旅遊局
⌂Iblerov trg 10/IV, 10000 Zagreb
☎+385 1 469 93 33
🌐croatia.hr

斯洛維尼亞旅遊局
⌂Dimičeva 13, 1000 Ljubljana
☎+386 1 586 85 50
🌐www.slovenia.info

蒙特內哥羅旅遊局
⌂Slobode 2, 81000 Podgorica
☎+382 77 100 001
🌐www.montenegro.travel/en

飛航資訊

台灣與克、斯、蒙三國之間沒有直飛航線，通常得飛到歐洲各大城市，例如阿姆斯特丹、柏林、維也納、法蘭克福、巴黎、倫敦、羅馬、蘇黎世、土耳其等，再轉乘歐籍航空公司或克羅埃西亞航空前往首都札格拉布(Zagreb)、中部大城斯普利特(Split)、南部大城杜布羅夫尼克(Dubrovnik)，或斯洛維尼亞首都盧布里亞納(Ljubljana)。最快的方法是搭乘華航或長榮直達維也納，再從維也納轉搭克羅埃西亞航空或搭火車，可抵達札格拉布或盧布里亞納；或是搭乘土耳其航空直飛伊斯坦堡、搭乘荷蘭航空直飛阿姆斯特

丹，都是轉機一次即可抵達札格拉布。唯因疫情期間，各家航空公司班次和班表變動幅度較大，相關資訊請洽各大航空公司或上網查詢。

◎**台灣飛航歐洲主要航空公司**

航空公司	訂位電話	網址
德國漢莎航空	(02)2325-8861	www.lufthansa.com
中華航空	(02)412-9000	www.china-airlines.com
長榮航空	(02)2501-1999	www.evaair.com
荷蘭航空	(02)7752-7424	www.klm.com.tw
土耳其航空	(02)2718-0849	www.turkishairlines.com

當地旅遊資訊

◎**邊境**
克、斯、蒙三國對台灣已實施免簽證待遇，過邊境一般問題不大，但記得得隨身攜帶護照，如果搭乘長途巴士，切勿把護照鎖到大行李箱，因為克羅埃西亞還不屬於申根國家，因此克、斯之間、克、蒙之間過邊境仍要查驗護照。此外，在克羅埃西亞的斯普利特和杜布羅夫尼克之間會經過一段「波士尼亞與赫塞哥維納」領土，記得隨身攜帶護照，以備查驗。

◎**時差**
屬於中歐時區，比台北時間慢7小時，夏令日光節約時間(3月底至9月底)則調快1小時。

◎**電壓**
三國皆使用歐規雙腳圓形插頭。克羅埃西亞和斯洛維尼亞電壓為230伏特，50Hz；蒙特內哥羅為220伏特，50Hz。

◎**貨幣及匯率**
克羅埃西亞
克羅埃西亞自2023年1月1日起，成為歐元區第20個成員國，正式改變幣制，使用歐元取代原有的貨幣庫納（Kuna），歐元成為克羅地亞法定貨幣，庫納停止流通。

庫納簡稱KN，其意思是「貂」，因為中世紀時

貂皮是一種最主要的交易商品。Kuna紙幣面額有500、200、100、20、10、5，分別印上克羅埃西亞史上最具代表性的英雄人物肖像及重要歷史建築。而1Kuna等於100Lipa(其意思是菩提樹)，在硬幣上才看得到，硬幣有1、2、5Kuna及1、2、5、10、20、50 lipa。

斯洛維尼亞‧蒙特內哥羅

斯洛維尼亞和蒙特內哥羅兩國都已加入歐盟，使用歐元，一般以Euro和€表示，本書皆以€表示。可以在當地的銀行、飯店、旅行社的貨幣兌換處兌換；目前1歐元約等於台幣31.76元。(匯率隨時變動，僅供參考)

◎信用卡

三個國家的信用卡接受度都很高，旅館、高級餐廳、商店、超級市場、加油站及渡輪都可用信用卡付款，但大部份民宿不收信用卡。

◎電話

克羅埃西亞的電話國碼為385、斯洛維尼亞為386、蒙特內哥羅為382，公共電話在城鎮裡到處都可看到，可以事先在書報攤、售票亭或郵局購買電話卡。電信和歐洲其他地區一樣發達，大部分區域都能接收到行動電話訊號。

以克羅埃西亞為例：

從克羅埃西亞打電話到台灣：＋886-區域號碼(去0)-電話號碼

從台灣打電話到克羅埃西亞：＋385-區域號碼(去0)-電話號碼

除了外交部的旅外國人急難救助專線（0800-085-095），各國急難救助電話如下：

克羅埃西亞：警察局92、救護車122

斯洛維尼亞：警察局113、救護車112

蒙特內哥羅：警察局122、救護車124

◎網路

三國的電信網路涵蓋率均相當普及，除了利用各大城市的免費WiFi熱點以外，也可選擇中華電信漫遊（費率最高）、出發前於國內租用WiFi分享器或購買歐洲多國通用網卡、或是至當地購買網路SIM卡。

租用WiFi分享器或通用網卡的好處是在各國之間移動沒煩惱，不需要換個國家就換一張SIM卡。WiFi分享器大多以天數計價，優點可多人同時使用，缺點是背包中要多放一台機器；多國通用網卡的方案很多，有幾天內吃到飽或是直接購買需要的網路流量，可通用的國家數量也會影響價格。

想得到最佳的行動網路訊號，最好的方法還是購買當地電信公司的網路SIM卡。克羅埃西亞最主要的電信公司為Tele2和VIP，斯洛維尼亞的電信公司為Mobitel 或Simobil，都有提供單純上網或是上網加

通信的預付卡方案。機場入境大廳一定會有電信公司櫃檯，或是在兩國的書報攤也可購買，若擔心更換SIM卡有設定上的問題，建議於電信公司櫃檯購買，請店員協助更換。

◎飲水

基本上三個國家的生水都可直接飲用，但因為多喀斯特地質，水中的礦物質含量偏高，腸胃較敏感的人可能不太習慣。

◎小費

收到帳單時可以先確認是否包含服務費，有些會列出服務費用，如果沒有內含於帳單中，可根據餐廳的種類決定，高級餐廳大約10%，一般餐廳3~5％或是算個整數，咖啡館或快餐店就隨意了。

◎購物退稅

克羅埃西亞的一般稅率高達25%，斯洛維尼亞為22%，不論吃的、買的、住的都要扣稅，有些標價已內含，有些則要另外扣稅。

在克羅埃西亞，部分貼有VAT(Value-addedTax)的商店購買超過98.21歐元以上，在離境時可退大約13~25%的稅。在斯洛維尼亞，一次購買超過50.01歐元以上，可以辦理退稅，退稅約22%。退稅手續須於3個月內至海關辦理。

退稅基本步驟如下：

1. 在購物商店出示護照，向售貨員索取退稅單，並由售貨員協助填寫（需填寫英文姓名、地址、護照號碼和國籍）。

2. 於海關退稅櫃台出示購買的商品，讓海關人員在退稅單上蓋章。

3. 在機場內的退稅公司Global Blue 或Premier 辦理退稅，可選擇退還現金或指定信用卡；或將已加蓋海關印戳之退稅憑單投入機場內郵筒，寄回退稅處理公司，退款將會退回信用卡或指定帳戶，一般作業時間約需時2~3個月。（札格拉布機場無退稅公司）

◎住宿

三國的觀光旅遊業都相當發達，從一星級到五星級旅館，在三個國家旅遊局網站及各種聯合訂房網站上都可以查詢預定。

比較特別的是三國都有許多公寓式民宿，租用的空間內包含客廳、廚房和房間，公寓內設備齊全、裝潢舒適而風格各異，非常適合多人旅行或是喜歡自己下廚的人，但這類的公寓大多不與屋主同住，聯絡方式需靠當地電話或網路通訊軟體，建議選擇時多參考網友評價。此外，舊城區有許多老房子改建的房源，通常沒有電梯設備。

一般民宿或公寓都不含早餐，靠海的、景觀佳的房子在旅遊旺季一房難求，有些地區甚至有不接受只住一晚的客人。

克羅埃西亞
斯洛維尼亞・蒙特內哥羅

MOOK NEWAction no.71
Croatia・Slovenia
Montenegro

作者
李美蒨・墨刻編輯部

攝影
墨刻攝影組

主編
李美蒨

美術設計
董嘉惠・羅婕云

地圖繪製
墨刻編輯部

出版公司
墨刻出版股份有限公司
地址：台北市104民生東路二段141號9樓
電話：886-2-2500-7008
傳真：886-2-2500-7796
E-mail：mook_service@cph.com.tw
讀者服務：readerservice@cph.com.tw
墨刻官網：www.mook.com.tw

發行公司
英屬蓋曼群島商家庭傳媒股份有限公司城邦分公司
地址：台北市104民生東路二段141號2樓
電話：886-2-2500-7718　886-2-2500-7719
傳真：886-2-2500-1990　886-2-2500-1991
城邦讀書花園：www.cite.com.tw
劃撥：19863813
戶名：書虫股份有限公司

香港發行所
城邦(香港)出版集團有限公司
地址：香港灣仔駱克道193號東超商業中心1樓
電話：852-2508-6231
傳真：852-2578-9337

馬新發行所
城邦(馬新)出版集團 Cite (M) Sdn Bhd
地址：41, Jalan Radin Anum, Bandar Baru Sri Petaling,
57000 Kuala Lumpur, Malaysia.
電話：(603)90563833
傳真：(603)90576622
E-mail：services@cite.my

製版・印刷
漾格科技股份有限公司

經銷商
聯合發行股份有限公司（電話：886-2-29178022）
誠品股份有限公司
金世盟實業股份有限公司

城邦書號
KV3071

定價
480元

ISBN
978-986-289-866-6・978-986-289-869-7（EPUB）
2023年5月初版

首席執行長　Chief Executive Officer
何飛鵬　Feipong Ho
生活旅遊事業總經理暨墨刻出版社長　PCH Group President & Mook Managing Director
李淑霞　Kelly Lee

總編輯　Editor in Chief
汪雨菁　Eugenia Uang
資深主編　Senior Managing Editor
呂宛霖　Donna Lu
編輯　Editor
趙思語・唐德容・陳楷琪・王藝霏
Yuyu Chew, Tejung Tang, Cathy Chen, Wang Yi Fei
資深美術設計主任　Senior Chief Designer
羅婕云　Jie-Yun Luo
資深美術設計　Senior Designer
李英娟　Rebecca Lee
影音企劃執行　Digital Planning Executive
邱茗晨　Mingchen Chiu

業務經理　Advertising Manager
詹顏嘉　Jessie Jan
業務副理　Associate Advertising Manager
劉玫玟　Karen Liu
業務專員　Advertising Specialist
程麒　Teresa Cheng
行銷企劃經理　Marketing Manager
呂妙君　Cloud Lu
行銷企劃專員　Marketing Specialist
許立心　Sandra Hsu
業務行政專員　Marketing & Advertising Specialist
呂瑜珊　Cindy Lu

印務部經理　Printing Dept. Manager
王竟為　Jing Wei Wan

國家圖書館出版品預行編目資料

克羅埃西亞.斯洛維尼亞.蒙特內哥羅/李美蒨, 墨刻編輯部作. -- 初版. --
臺北市：墨刻出版股份有限公司出版：英屬蓋曼群島商家庭傳媒股份有
限公司城邦分公司發行, 2023.05
288面；16.8×23公分. -- (New action；71)
ISBN 978-986-289-866-6(平裝)
1.CST: 旅遊 2.CST: 克羅埃西亞 3.CST: 斯洛維尼亞 4.CST: 蒙特內哥羅
749.369　　　　　　　　　　　　112005587